A fantasia da história feminista

Coleção
HISTÓRIA & HISTORIOGRAFIA

Coordenação
Eliana de Freitas Dutra

Joan Wallach Scott

A fantasia da história feminista

TRADUÇÃO
Elisa Nazarian

autêntica

Copyright © 2011 Duke University Press
Copyright desta edição © 2024 Autêntica Editora

Título original: *The Fantasy of Feminist History*

Todos os direitos reservados pela Autêntica Editora Ltda. Nenhuma parte desta publicação poderá ser reproduzida, seja por meios mecânicos, eletrônicos, seja via cópia xerográfica, sem a autorização prévia da Editora.

COORDENADORA DA COLEÇÃO HISTÓRIA E HISTORIOGRAFIA
Eliana de Freitas Dutra

EDITORAS RESPONSÁVEIS
Rejane Dias
Cecília Martins

REVISÃO TÉCNICA
Mariana Silveira

REVISÃO
Mariana Faria

PROJETO GRÁFICO
Diogo Droschi

CAPA
Alberto Bittencourt
(*sobre* Maddalena Svenuta, *pintura de Guido Cagnacci, 1663, Galleria Nazionale d'Arte Antica, óleo sobre tela, 72x86 cm*)

DIAGRAMAÇÃO
Waldênia Alvarenga

Dados Internacionais de Catalogação na Publicação (CIP)
(Câmara Brasileira do Livro, SP, Brasil)

Scott, Joan Wallach
  A fantasia da história feminista / Joan Wallach Scott ; [tradução Elisa Nazarian]. -- 1. ed. -- Belo Horizonte, MG : Autêntica Editora, 2024. (Coleção História & Historiografia, v. 26)

  Título original: The Fantasy of Feminist History

  ISBN 978-65-5928-392-7

  1. Feminismo - História 2. Psicanálise e feminismo 3. Teoria feminista I. Título. II. Série.

24-195544   CDD-305.42

Índices para catálogo sistemático:
1. Feminismo : Teoria : Sociologia 305.42

Cibele Maria Dias - Bibliotecária - CRB-8/9427

Belo Horizonte
Rua Carlos Turner, 420
Silveira . 31140-520
Belo Horizonte . MG
Tel.: (55 31) 3465 4500

São Paulo
Av. Paulista, 2.073, Conjunto Nacional
Horsa I . Salas 404-406 . Bela Vista
01311-940 . São Paulo . SP
Tel.: (55 11) 3034 4468

www.grupoautentica.com.br
SAC: atendimentoleitor@grupoautentica.com.br

Apresentação
Fantasia, desejo e prática da história feminista como crítica
Maria da Glória de Oliveira...7

Introdução
"Voos para o desconhecido": gênero, história e psicanálise.............15

Capítulo 1
A história do feminismo..45

Capítulo 2
Eco da fantasia: história e a construção da identidade..................73

Capítulo 3
Reverberações feministas..103

Capítulo 4
Sexularismo: sobre secularismo e igualdade de gênero.................133

Capítulo 5
A teoria da sedução francesa..167

Epílogo
Um arquivo da teoria feminista..197

Referências...209

Agradecimentos..227

APRESENTAÇÃO

Fantasia, desejo e prática da história feminista como crítica

Maria da Glória de Oliveira[1]

> *[...] o movimento feminista deve sonhar com algo maior do que a eliminação da opressão das mulheres. Ele deve sonhar em eliminar sexualidades compulsórias e os papéis sexuais. O sonho que me parece mais cativante é o de uma sociedade andrógina e sem gênero (mas não sem sexo), na qual a anatomia sexual de uma pessoa seja irrelevante para quem ela é, para o que ela faz [...].*
> Gayle Rubin, *"O tráfico de mulheres"*, 1975

Alguns anos após a célebre formulação do conceito de gênero como elemento constitutivo das relações sociais, Joan Wallach Scott fez uma advertência acerca da incômoda ambiguidade inerente à história das mulheres.[2] Mais do que um simples acréscimo de sujeitos excluídos, essa história despontaria sob a dupla e contraditória condição de suplemento à historiografia geral e, ao mesmo tempo, teria o potencial de provocar o deslocamento crítico das suas premissas epistêmicas fundacionais.[3] No entanto, submetida aos parâmetros científico-disciplinares,

---

[1] Professora associada de Teoria da História no Departamento de História do Instituto de Ciência e Humanas e Sociais da Universidade Federal Rural do Rio de Janeiro (ICHS-UFRRJ).

[2] Scott, Joan Wallach. História das mulheres. *In*: Burke, Peter (org.). *A escrita da história*: novas perspectivas. Tradução de Magda Lopes. São Paulo: Unesp, 1992. p. 75-79.

[3] Scott, Joan Wallach. Gender: a useful category of historical analysis. *The American Historical Review*, v. 91, n. 5, p. 1053-1075, 1986; Scott, Joan Wallach. História das mulheres. *In*: Burke, Peter (org.). *A escrita da história*: novas perspectivas. Tradução de Magda Lopes. São Paulo: Unesp, 1992. p. 75-79.

uma historiografia com ambições de documentar o protagonismo de um grupo social como o das mulheres tampouco estaria livre de ser mantida em uma posição "marginal e particularizada em relação aos temas (masculinos) já estabelecidos como dominantes e universais".[4]

A despeito de suas contribuições teóricas específicas para a historiografia das mulheres, a obra seminal de Scott reverbera a experiência geracional compartilhada por intelectuais e historiadoras que, entre os anos 1960 e 1980, confrontaram a enganosa oposição, ainda hoje presumida, entre profissionalismo acadêmico e militância política, apostando no desafio de produzir conhecimento alinhado aos ativismos feministas de base ampla, voltados a uma mudança social radical. Sendo ou não reconhecido pelo *mainstream* acadêmico, o pensamento feminista provocou tensionamentos importantes, como a crítica *cogito* cartesiano universal e às condições gerais de produção do conhecimento científico moderno, denunciando os vieses sexistas, raciais e eurocêntricos dos paradigmas teórico-conceituais vigentes em diferentes campos disciplinares.[5]

Passadas mais de três décadas das advertências de Scott, ainda caberia indagar se o processo de institucionalização da historiografia das mulheres e estudos de gênero, a despeito de suas variações nos diferentes tempos e contextos acadêmicos, não teria coincidido com a neutralização da força política disruptiva dos feminismos e, sobretudo, com o esvaziamento de seu impacto efetivo como crítica epistemológica em uma área de conhecimento como a da história. Uma dimensão mais ampla do problema se encontra nos termos com que Wendy Brown formulou a indagação em torno dos futuros possíveis dos estudos sobre mulheres "sem um horizonte revolucionário", ou seja, a partir das demandas contemporâneas de construção de novas formas de ação política e de reinvenção de imaginários utópicos.[6]

---

[4] Scott, Joan Wallach. *Género e historia*. Tradução de Consol Vilà. México: FCE; Universidad Autónoma de la Ciudad de Mexico, 2008 [1999]. p. 21.

[5] Oliveira, Maria da Glória de; Hansen, Patrícia. Corpos, tempos, lugares das historiografias. *História da historiografia*, v. 16, n. 41, p. 1-13, 2023.

[6] Brown, Wendy. Women's Studies Unbound: Revolution, Mourning, Politics. *Parallax*, v. 9, n. 2, p. 3-16, 2003.

Se não faltam evidências de que a história das mulheres despontou em forte correlação com os ativismos feministas e movimentos sociais por direitos civis e democráticos, a sua consolidação como área de pesquisa específica tampouco pode ser compreendida fora das dinâmicas sociopolíticas dos campos disciplinares de produção do conhecimento. No caso da historiografia ocidental, em que o protagonista presumido dos fenômenos históricos sempre foi o homem branco cisgênero heterossexual, uma história das mulheres – assim como a de outros grupos excluídos e/ou marcados como coadjuvantes por raça, etnia, classe e sexualidade –, se confronta inevitavelmente com o dilema das identidades e diferenças.

Além de problema epistemológico e historiográfico, esse dilema foi – e permanece sendo – uma das condições constitutivas das lutas feministas. Tal é o sentido da expressão usada por Joan Wallach Scott quando observou que a história dos feminismos possui "somente paradoxos a oferecer", pois se organiza por meio da afirmação e da recusa concomitantes da diferença sexual.[7] Dito de outro modo, a reivindicação contida nos feminismos é paradoxal porque corresponde a demandas por igualdade formuladas em nome das mulheres, postulando que a categoria "mulheres" é produzida através da diferença sexual, mas igualmente pressupõe a denúncia e a contestação de seus efeitos excludentes. Ademais, a diferença binária entre os sexos, como a própria Scott já nos ensinou, é construída historicamente, indissociável das relações de poder e, portanto, não pode ser tomada como consequência natural das singularidades anatômicas dos corpos. A resolução do dilema não estaria na aceitação da diferença tal como ela é normativamente constituída e tampouco estaria na mera substituição do esquematismo binário "homem/ mulher" por um pluralismo de diferenças.[8] O ponto que permanece crucial é o

---

[7] Scott, Joan Wallach. *Only Paradoxes to Offer*: French Feminists and the Rights of Man. Cambridge: Harvard University Press, 1996. p. 3-4.

[8] Butler, Judith. Speaking up, talking back: Joan Scott's critical feminism. *In*: Butler Judith; Weed, Elizabeth (ed.). *The Question of Gender*. Bloomington, Indiana: Indiana University Press, 2011. p. 19.

da construção normativa dos corpos generificados por meio de um conjunto de práticas, discursos e tecnologias:

> [...] gênero é a organização social da diferença sexual. O que não significa que gênero reflita diferenças físicas fixas e naturais entre homens e mulheres, mas sim que gênero é o saber que estabelece significados para as diferenças corporais. Esses significados variam no tempo, de acordo com as culturas e os grupos sociais, porque não há nada no corpo, incluídos aí os órgãos reprodutivos femininos, que determine univocamente como a divisão social será definida.[9]

Além do gênero, categorias basilares da história disciplinada são objeto de uma vigorosa problematização nas obras de Scott, o que contribui para desestabilizar sua pressuposta transparência, naturalização ou autoevidência na descrição dos fenômenos sociais. Exemplo disso está em uma noção recorrente nas ciências humanas como a de "experiência", cujo uso criterioso não poderia dispensar sua historicização, sobretudo a historicização das identidades que ela produz. Desde que a experiência é sempre (de)codificada discursivamente, tornando-se inteligível somente por meio de sua elaboração, como argumenta Scott, "o que conta como experiência não é autoevidente nem direto, é sempre contestado, sempre político".[10]

Por meio de uma postura vigilante em relação a seus fundamentos e pressupostos epistêmicos, a escrita da história poderia ultrapassar o propósito usual de oferecer descrições sobre "o que aconteceu" a homens e mulheres para se afirmar como prática de investigação crítica que não se esquiva do trabalho teórico e autorreflexivo sobre as próprias ferramentas conceituais mobilizadas para a compreensão do passado, buscando "desestabilizar o presente, mais do que estabilizá-lo através de continuidades".[11] Trata-se, acima de tudo,

---

[9] Scott. *Género e historia*, p. 20.

[10] Scott, Joan Wallach. The evidence of experience. *Critical Inquiry*, v. 17, n. 4, p. 773-797, 1991.

[11] Ávila, Arthur Lima de. Joan Scott: história e crítica. *In*: Bentivoglio, Júlio; Avelar, Alexandre de S. (orgs.). *O futuro da história*: da crise à reconstrução de teorias e abordagens. Vitória, ES: Milfontes, 2019. p. 32.

de uma história que privilegia suas potencialidades contestadoras, o que hoje talvez seja imprescindível no enfrentamento da ascensão das políticas neoconservadoras, de "servir como uma alavanca, desenterrando as premissas fundacionais sobre as quais repousam nossas verdades sociais e políticas".[12]

Publicada originalmente em 2011, *A fantasia da história feminista* evidencia a magnitude e o vigor da reflexão analítica com que Scott sempre chamou a atenção para a zona de conforto da ortodoxia disciplinar dos historiadores, ortodoxia que comumente se manifestou, senão em uma rejeição explícita, em usos instrumentais da teoria a serviço da sua domesticação.[13] Exemplo notório disso estaria nos modos como o conceito de gênero rapidamente se tornou não apenas sinônimo de "mulheres", mas sobretudo um "rótulo útil cuja aplicação nos tranquilizava em vez de nos incomodar, transformando perguntas, antes mesmo de serem formuladas, em respostas".[14]

Do mesmo modo com que o pensamento feminista forneceu aportes críticos incontornáveis para os historiadores, como o de que não há identidade individual ou coletiva, sem um Outro (ou outros), o aparato léxico da teoria psicanalítica interessa a Scott como uma lente de leitura e análise renovada da história como crítica. Longe do pressuposto da correlação direta entre corpos físicos e identificações psíquicas, na perspectiva da psicanálise, a diferença sexual mantém-se como problema insolúvel que sinaliza, mais do que determina, todas as variações nos modos como as diferenças são vividas e percebidas. Inconsciente, fantasia e desejo, categorias fundacionais do pensamento de Freud e Lacan, despontam como chaves para uma abertura conceitual da análise histórica em direção ao questionamento de realidades supostamente tomadas como estáveis, coerentes e autoevidentes. Seriam, assim, categorias úteis para a compreensão crítica dos paradoxos

---

[12] Scott, Joan Wallach. A escrita da história como crítica. Tradução de Eduardo W. Cardoso, Naiara Damas e Nathália Sanglard. *Revista de Teoria da História*, v. 26, n. 2, p. 121-140, 2023. p. 129.

[13] Scott. "A escrita da história como crítica", p. 125.

[14] Scott. "A escrita da história como crítica", p. 124.

que atravessam a história dos feminismos, a começar pelo dilema das identidades e diferenças.

Mais do que "salvar do esquecimento", dar voz e protagonismo às mulheres, a escrita da história feminista, para Scott, é orientada pelo exame crítico dos meios e efeitos da própria construção de identidades previamente fixadas das mulheres como sujeitos históricos. Sem desconsiderar sua função política estratégica nas lutas sociais, Scott argumenta que "ficar satisfeito com qualquer identidade – mesmo com aquela que ajudamos a produzir – é desistir do trabalho de crítica e isso vale para a nossa identidade, tanto como historiadoras quanto como feministas". Isso porque a própria ideia de identidade como um substrato contínuo se revela uma fantasia – no sentido freudiano de busca de realização de um desejo inconsciente –, porque encobre as divisões, contradições e descontinuidades, as ausências e diferenças dos sujeitos nos tempos e espaços diversos. Como recurso constitutivo das identidades individuais e coletivas, a fantasia não é tomada como contraponto à realidade, mas como dispositivo essencial de sutura das identificações coletivas, por meio do apagamento das diferenças e invenção de continuidades e semelhanças aparentes. Todos os processos de identificação (que produzem as identidades coletivas) operam, então, como um eco fantasioso [*fantasy echo*] repetindo no tempo, e ao longo de gerações, o processo que forma indivíduos como atores sociais e políticos. A fantasia não deixa de operar, assim, como uma narrativa que condensa e organiza diacronicamente antagonismos, disparidades e contradições.

Submetido ao léxico psicanalítico, o próprio conceito de gênero adquire maior complexidade e amplitude para designar a relação entre o normativo, o psíquico e o social. Em síntese, na definição revigorada por Scott, "gênero consiste nas articulações historicamente específicas e, em última instância, incontroláveis que visam resolver os paradoxos da diferença sexual, dirigindo a fantasia a algum fim político ou social: mobilização de grupo, construção da nação, apoio a uma estrutura familiar específica, consolidação étnica, ou prática religiosa".

Para contestar sua posição coadjuvante, suplementar e estéril, a história feminista de Scott não pretende ser a face reversa da historiografia hegemônica como narrativa dos feitos heroicos e exemplares de mulheres do passado, mas, de modo ousado e corajoso, reconhece tais pretensões como fantasia. Cabe-nos seguir os desafios da abertura crítica e reflexiva proposta pela historiadora, tomando como menos certa e mais problemática a própria relação entre passado e presente para, talvez, deixarmo-nos mover mais pelo desejo de uma história justa.

Referências

Ávila, Arthur Lima de. Joan Scott: história e crítica. *In*: Bentifoglio, Júlio; Avelar, Alexandre de S. (orgs.). *O futuro da história*: da crise à reconstrução de teorias e abordagens. Vitória, ES: Milfontes, 2019. p. 9-34.

Brown, Wendy. Women's Studies Unbound: Revolution, Mourning, Politics. *Parallax*, v. 9, n. 2, p. 3-16, 2003.

Butler, Judith. Speaking up, talking back: Joan Scott's critical feminism. *In*: Butler, Judith; Weed, Elizabeth (eds.). *The Question of Gender*. Bloomington, Indiana: Indiana University Press, 2011. p. 11-30.

Oliveira, Maria da Glória de; Hansen, Patrícia. Corpos, tempos, lugares das historiografias. *História da historiografia*, v. 16, n. 41, p. 1-13, 2023.

Rubin, Gayle. O tráfico de mulheres [1975]. *In*: *Políticas do sexo*. Tradução de Jamille Pinheiro Dias. São Paulo: Ubu Editora, 2017. p. 8-61.

Scott, Joan Wallach. Gender: a useful category of historical analysis. *The American Historical Review*, v. 91, n. 5, p. 1053-1075, 1986.

Scott, Joan Wallach. The evidence of experience. *Critical Inquiry*, v. 17, n. 4, p. 773-797, 1991.

Scott, Joan Wallach. História das mulheres. *In*: Burke, Peter (org.). *A escrita da história*: novas perspectivas. Tradução de Magda Lopes. São Paulo: Unesp, 1992. p. 75-79.

Scott, Joan Wallach. *Only Paradoxes to Offer*: French Feminists and the Rights of Man. Cambridge, MA: Harvard University Press, 1996.

Scott, Joan Wallach. *Género e historia*. Tradução de Consol Vilà. México: FCE; Universidad Autónoma de la Ciudad de Mexico, 2008 [1999].

Scott, Joan Wallach. A escrita da história como crítica. Tradução de Eduardo W. Cardoso, Naiara Damas e Nathália Sanglard. *Revista de Teoria da História*, v. 26, n. 2, p. 121-140, 2023.

INTRODUÇÃO

"Voos para o desconhecido"
Gênero, história e psicanálise

*Essa tendência dos historiadores de se afundarem em seu próprio conservadorismo me soa realmente lamentável.
[...] Se quisermos que haja um progresso, sem dúvida precisamos ter novas ideias, novos pontos de vista, e novas técnicas. Precisamos estar prontos, de tempos em tempos, para pegar voos para o desconhecido, ainda que alguns deles possam se revelar bem equivocados.*
William L. Langer, *"The Next Assignment"*

É por isso que se deve ser justo com Freud.
Michel Foucault, *História da Loucura*

Nunca esqueci a resenha de meu primeiro livro, *The Glassworkers of Carmaux* [Os vidreiros de Carmaux] (1974), feita pelo professor Harold Parker, historiador na Duke University. O que guardei não foi o vasto elogio feito por ele (o título da resenha era "Uma joia metodológica") – embora com certeza tenha gostado disso – foi sua única observação crítica ("Esta joia não tem defeito?"). Isso tinha a ver com o fato de o livro, "apesar dos reveladores incidentes pessoais sobre personalidades de trabalhadores obscuros, é excessivamente frio em sua análise". Ele continuava:

A própria Scott é uma pessoa muito calorosa, mas existe muito pouca paixão, muito pouca loucura no trabalho dela. O homem é precariamente são, no sentido de que as imagens que tem de si mesmo, de outras pessoas, e do universo, raramente são corretas. Às vezes, quando a paixão entra, as imagens dele estão completamente equivocadas. A iniciativa científica, tanto em história, quanto em outras matérias, é dedicada ao esforço de fazer as imagens corresponderem à realidade analítica e visual. Mas parte da realidade é que os homens, com frequência, são loucos, e o historiador precisa mostrar isso. Tenho certeza de que, em seu próximo livro, Scott mostrará.[15]

Levei um bom tempo, mais de trinta anos, para valorizar a sabedoria oferecida por esse historiador da era napoleônica.[16] Depois daquela resenha, escrevi vários outros livros, nenhum dos quais aceitou plenamente a sua sugestão sobre a necessidade de observar a paixão e a loucura ao escrever história. Meu interesse em psicanálise – em teorizar a realidade daquela loucura – veio tarde e após muita resistência. Entre outras objeções, achava redutivos e inúteis os usos que alguns psico-historiadores faziam dos conceitos freudianos, uma aplicação de classificações diagnósticas a comportamentos que, mesmo quando rotulados, permaneciam intrigantes. Michel de Certeau disse que essas abordagens "circunscrevem o inexplicado; não o explicam".[17] Eu também achava que a história, com sua insistência em especificidade, variabilidade e mudança, era incompatível com a psicanálise, que lidava com patologias individuais e, em se tratando de gênero, universalizava as categorias e os relacionamentos de homens e mulheres, fixando os sexos em um antagonismo permanente.[18] Havia um lado normativo nisso a que eu também resistia, uma vez que considerava as descrições das

---

[15] Parker, Harold T. Review Essay: A Methodological Gem. *Journal of Urban History*, v. 2, n. 3, p. 373-376, 1976.

[16] Agora é tarde demais para agradecer pelo conselho. O professor Parker morreu em 2002, aos 94 anos.

[17] Certeau, Michel de. *The Writing of History*. Tradução de Tom Conley. New York: Columbia University Press, 1988. p. 288. [Ed. bras.: Certeau, Michel de. *A escrita da História*. Rio de Janeiro: Forense, 2015.]

[18] Para as minhas objeções, ver Scott, Joan Wallach. Gender: A Useful Category of Historical Analysis. *American Historical Review*, v. 91, n. 5, 1053-1075, 1986. [Ed. bras.: Scott, Joan Wallach. Gênero: uma categoria útil de análise histórica. *Educação & Realidade*. Porto Alegre, v. 20, n. 2, p. 71-99, jul./dez. 1995.]

operações psíquicas de diferença sexual como prescrições para a sua regulação. Além disso, no entanto, agora acho que considerei o estudo do sexo e da sexualidade – que estão, afinal, no centro da teorização psicanalítica – de certo modo trivial em comparação com as vastas forças sociais e econômicas que moldam a ação humana. Eu funcionava dentro de uma estrutura conceitual mais ou menos binária, em que o sexo estava no lado do privado (mesmo que eu pudesse repetir minha lição feminista de que o pessoal era político), ao passo que forças e estruturas eram o lado público, o qual fornecia aos historiadores suas explicações.

Meus primeiros trabalhos sobre história das mulheres tiveram esse enfoque, e mesmo quando comecei a escrever sobre gênero, era uma categoria social que pouco tinha a ver com processos inconscientes, aquilo que o professor Parker considerava "paixão" e "loucura". A fascinação com o funcionamento da linguagem (por meio de Derrida, Foucault e da crítica literária feminista) levou-me lentamente a Freud, Lacan e teóricas psicanalíticas feministas.[19,20] Demorei a ver a ligação entre a psicanálise e os questionamentos pós-estruturalistas de conceitos e categorias fundamentais, que crescentemente chamavam minha atenção; a entender que a análise freudiana procurava o rompimento e a contradição; a compreender que a análise freudiana se ocupava de buscar ruptura e contradição; a compreender que não se tratava de fechar um caso aplicando-lhe um rótulo, e sim de explicitar coisas, explorando os significados ambíguos vinculados a problemas insolúveis e questões irrespondíveis. Ler Certeau, um estudioso de história, religião e psicanálise lacaniana, ajudou-me nessa articulação. Achei sua crítica das pressuposições disciplinares da história convincente:

---

[19] Nos casos em que a marcação de gênero era ambígua/ausente no original em inglês, optamos pelo que pareceu mais apropriado no contexto e, nos casos em que se discutiam os estudos feministas e a história das mulheres, optamos, de modo geral, pelo feminino. (N.E.)

[20] Ver: Scott, Joan Wallach. Finding Critical History. *In*: Banner, James; Gillis, John. *Becoming Historians*. Chicago: University of Chicago Press, 2009. p. 26-53.

Com certeza, a historiografia "conhece" a questão do outro. A relação do presente com o passado é sua especialidade. Mas ela tem, como disciplina, que criar lugares "adequados" para cada um, relegando o passado a um lugar diferente do presente, ou então supondo a continuidade de uma filiação genealógica (sob a forma da pátria, da nação, do meio etc...). Tecnicamente, ela postula incessantemente unidades homogêneas (o século, o país, a classe, a extração econômica ou social etc.), e não pode ceder à vertigem que um exame crítico dessas fronteiras frágeis provocaria: ela não o quer saber. Em todo o seu trabalho, fundado nessas classificações, ela parte pressupõe que o lugar em que ela própria é produzida tem a capacidade de dar sentido, uma vez que as demarcações institucionais da disciplina na atualidade sustentam, em última instância, as repartições do tempo e do espaço. Sob esse aspecto, o discurso histórico, político em sua essência, supõe a razão do lugar. Ele legitima um lugar, aquele de sua produção, "incluindo" os outros em uma relação de filiação ou de exterioridade.[21]

Certeau achava que esse tipo de pensamento poderia ser abalado por um encontro com a psicanálise, pela atenção aos investimentos psíquicos que os próprios historiadores tinham nas histórias que produziam, bem como àqueles assuntos sobre os quais escreviam. A "vertigem" benéfica produzida por um "exame crítico" exporia os conflitos e contradições contidos por categorias supostamente homogêneas, questionariam as explicações inteiramente racionais, normalmente dadas à ação humana, e tornariam os historiadores mais atentos a seus próprios investimentos, ao escrever sobre o passado.

A visão de Certeau sobre a interdisciplinaridade – nesse caso, a reunião da história com a psicanálise – rejeitava a importação de

---

[21] Certeau. *The Writing of History*, p. 343. Graças à história pós-colonial, a "lei do lugar" já não é tida como certa. Ver, por exemplo, Chakrabarty, Dipesh. *Provincializing Europe*: Postcolonial Thought and Historical Difference. Princeton: Princeton University Press, 2000; Zimmerman, Andrew. *Alabama in Africa*: Booker T. Washington, the German Empire and the Globalization of the New South. Princeton: Princeton University Press, 2010; Wilson, Kathleen. *The Island Race*: Englishness, Empire, and Gender in the Eighteenth Century. London: Routledge, 2003.

conceitos "transformados em figuras de estilo".[22] Ele clamava, ao contrário, por confrontação e diferenciação: "A interdisciplinaridade que poderia estar em questão busca sobretudo apreender constelações epistemológicas, em meio a um processo de dar uma à outra um novo recorte de seus objetos e um novo estatuto para os seus procedimentos".[23] Considero que isso signifique precisamente aquele vertiginoso "exame crítico de [...] fronteiras frágeis" e do trabalho que elas desempenham em manter pontos cegos disciplinares. Para Certeau, a psicanálise permite uma crítica da prática histórica, e, além disso, a escrita de um tipo diferente de história. Isso tem mais a ver com métodos de leitura e interpretação do que com categorização e classificação. Ele sugere que, assim como a práxis freudiana, ela poderia "encontrar seu verdadeiro significado não nas elucidações com as quais substitui representações anteriores, mas no próprio ato, jamais acabado, de elucidar".[24] Palavras ambíguas seriam lidas pelo que sua ambiguidade revelasse, e não por determinados significados estabelecidos; e sempre haveria surpresas, não apenas sob a forma de documentos inesperados em uma caixa de materiais de arquivo, mas também nas palavras escolhidas para expressar ideias, na forma e no conteúdo das representações, nos deslizes da língua e da caneta, em observações entre parênteses destinadas a conter algum pensamento louco, irreprimível.

Os ensaios contidos neste livro representam meu envolvimento com a teoria psicanalítica como uma prática de leitura crítica para a história. Eles se preocupam particularmente com a história das mulheres e questões de gênero, conceito que há muito defendo como útil para se pensar a constituição histórica dos relacionamentos entre mulheres e homens, a articulação em diferentes contextos (inclusive culturais e temporais) dos significados para o sexo e para a diferença sexual. Nunca fiquei totalmente satisfeita com minhas próprias formulações, e estou, sem dúvida, preocupada com a maneira como o

---

[22] Certeau. *The Writing of History*, p. 288.

[23] Certeau. *The Writing of History*, p. 291.

[24] Certeau. *The Writing of History*, p. 303.

gênero tem sido, com tanta frequência, esvaziado de suas implicações mais radicais, tratado como um referente conhecido, em vez de como uma maneira de se chegar a significados que não são nem literais, nem transparentes. Então, procurei maneiras de insistir com mais empenho em sua mutabilidade. Tenho certeza de que alguns leitores acham irônico que seja a psicanálise a permitir tal historicização, mas não é a psicanálise associada a uma prescrição normativa, não é a psicanálise invocada para patologizar a homossexualidade, não é a psicanálise que atribui indivíduos a categorias. É a teoria que postula a diferença sexual como um dilema insolúvel.[25]

Defendo que, quando entendida dessa maneira, a psicanálise anima o conceito de gênero para os historiadores. O gênero já não é simplesmente uma construção social, um modo de organizar divisões do trabalho sociais, econômicas e políticas em torno de linhas sexualmente diferenciadas. É, em vez disso, uma tentativa histórica e culturalmente específica de resolver o dilema da diferença sexual, de atribuir significados fixos para aquilo que, em última análise, não pode ser fixado. As diferenças sexuais não são definidas nem como uma oposição transcendente masculino/feminino, nem simplesmente como uma completude do homem e uma falta da mulher, mas como um problema insanável que desafia soluções simples. É precisamente

---

[25] Estou ciente dos argumentos (de teóricos *queer* e algumas teóricas feministas) que alertam contra o uso de "diferença sexual" como uma ferramenta psicanalítica, ou na verdade uma ferramenta analítica de qualquer tipo, porque essa noção parece presumir uma relação fixa entre o corpo físico, o gênero e a sexualidade que reproduz as normas heterossexuais prevalecentes. Por exemplo, Didier Eribon argumenta que a psicanálise *tout court* é inerentemente homofóbica. Ver seus *Echapper à la psychanalyse* (Paris: Léo Scheer, 2005) e *Hérésies: Essais sur la théorie de la sexualité* (Paris: Fayard, 2003). Isso é um problema apenas se a diferença sexual for colocada como tendo um significado inerente e inalterável. Meu argumento é de que a psicanálise, na verdade, questiona a ideia de qualquer possível correlação direta entre corpos físicos e identificações psíquicas. Ela postula a diferença sexual como um dilema insolúvel, portanto aberto a todo tipo de variações na maneira como é vivida. O fato de as variações serem, ao mesmo tempo, infinitas (possibilitadas pela fantasia) e restritas (por regulações normativas) abre nossas análises para a historicização de indivíduos e grupos em seus contextos temporalmente delimitados.

o esforço fútil de fixar um significado que torna o gênero um objeto histórico tão interessante, que inclui não apenas regimes de verdade sobre sexo e sexualidade, mas também as fantasias e transgressões que se recusam a ser reguladas ou categorizadas. Na verdade, é a fantasia que fragiliza qualquer noção de imutabilidade psíquica ou de identidade fixa, que infunde motivações racionais com desejo insaciável, que contribui para as ações e para os acontecimentos que narramos como história. Nessa perspectiva, a fantasia torna-se uma ferramenta criticamente útil para a análise histórica, como defendo no Capítulo 2.

Para explicar esses comentários de modo mais amplo, tentei, nesta introdução, traçar a trajetória de meu pensamento sobre gênero, conforme minha participação, ou escuta, em conversas entre feministas ao longo das várias últimas décadas – particularmente, mas não exclusivamente, aquelas feministas que trabalham com teorias da linguagem, frequentemente chamadas de pós-estruturalistas. Não afirmo que o que escrevi aqui seja um guia para a evolução do pensamento feminista; meu envolvimento com a psicanálise chegou muito tarde. Já na década de 1970, algumas feministas trabalhavam com teoria psicanalítica, a maioria delas em filosofia ou literatura. (Não havia falta de interesse em psicanálise por parte dos historiadores, especialmente nas décadas de 1960 e 1970, mas raramente eram historiadores das mulheres ou do feminismo).[26] A grande cisão entre feministas na década de 1980 foi, supostamente, entre as que assumiram uma abordagem mais sociológica, trabalhando com o conceito de gênero, e as que optaram pela psicanálise, insistindo na diferença sexual como uma ferramenta crítica mais poderosa. Considerou-se que a cisão foi geopolítica, bem como filosófica, separando feministas anglo-americanas de suas irmãs na França e

---

[26] Para um panorama histórico, ver: Burke, Peter. Freud and Cultural History. *Psychoanalysis and History*, v. 9, n. 1, p. 5-15, 2007; Loewenberg, Peter. *Decoding the Past*: The Psychohistorical Approach. New York: Alfred Knopf, 1983; Loewenberg, Peter. *Fantasy and Reality in History*. New York: Oxford University Press, 1995; Manuel, Frank. The Use and Abuse of Psychoanalysis for History. *Daedalus*, v. 100, n. 1, p. 187-213, 1971.

em outros lugares da Europa. Nunca pensei em mim mesma como categoricamente no lado do gênero, e conheci inúmeras americanas que estavam no lado da diferença sexual. Ainda assim, com certeza resisti por um tempo à psicanálise, e talvez minha resistência refletisse a força de minha formação disciplinar como historiadora.

A mudança veio lentamente, produto de curiosidade, inquietação e um desejo obstinado de me agarrar ao gênero como um desafio crítico à história convencional. Se eu tivesse que resumir minha mudança de pensamento quanto à teorização do gênero, diria que o caminho vai desde o sexo como algo conhecido a partir de corpos físicos, e logo o referente para o gênero, até a diferença sexual como um dilema permanente – porque em última instância não se pode conhecer – para os sujeitos modernos, e logo, de novo, o referente impossível para o gênero. Em outras palavras, gênero não é a atribuição de papéis a corpos fisicamente diferentes, mas a atribuição de significado a algo que sempre escapa uma definição. O que a psicanálise ajuda a esclarecer é impossibilidade definitiva de conhecer a diferença sexual, e a natureza da busca de seu conhecimento, por meio da fantasia, da identificação e da projeção. A vertigem que resulta à historiadora priva-a da certeza de suas categorias de análise, e a deixa buscando apenas as perguntas certas a serem feitas.

Sexo e gênero

De início pareceu fácil. Tínhamos o brilhante "O tráfico de mulheres", de Gayle Rubin, que tomou como sua premissa a distinção sexo/gênero.[27] Sexo tinha a ver com a divisão de corpos físicos em tipos masculinos e femininos; gênero era a atribuição social ou cultural de papéis a essa realidade instituída. "Gênero" significava que os limites impostos às mulheres não eram físicos, mas sociais e

---

[27] Rubin, Gayle. The Traffic in Women: Notes on the "Political Economy" of Sex. *In*: Reiter, Rayna R. *Toward an Anthropology of Women*. New York: Monthly Review Press, 1975. p. 157-210. [Ed. bras.: Rubin, Gayle. O tráfico de mulheres. *In*: *Políticas do sexo*. São Paulo: Ubu, 2017, p. 9-61.]

históricos. Daí seguiu-se que atribuições existentes estavam abertas a mudança. Escutemos Natalie Davis em 1974, em uma daquelas primeiras e inovadoras Berkshire Conference of Women Historians [Conferências de Historiadoras de Berkshire]. "Nosso objetivo", ela disse, "é entender o significado dos *sexos*, dos grupos de gênero no passado histórico. Nosso objetivo é descobrir o espectro dos papéis sexuais e do simbolismo sexual em diferentes sociedades e períodos, descobrir que significado tinham, e como funcionavam para manter a ordem social ou promover mudança."[28] Mudança era o ponto crucial, uma vez que, como feministas, buscávamos subverter os limites colocados em nossas aspirações, o tratamento desigual que nós (e outras mulheres) vivenciávamos. A história forneceu a evidência que precisávamos para defendermos nossa causa. Se os papéis das mulheres tinham variado de acordo com classe, raça, cultura, e a época em que viviam, não havia nada inevitável ou permanente quanto a nosso próprio momento.

A conversa ficou mais complicada com a crítica da distinção sexo/gênero, natureza/cultura. Algumas feministas (entre elas Judith Butler, Donna Haraway, aquelas ligadas ao periódico britânico *m / f*) argumentavam que não bastava observar que o problema não eram os corpos físicos – colocá-los de lado e focar exclusivamente na cultura –, porque isso mantinha a ideia de que o sexo era um fenômeno natural e transparente, e assim não contestava, de fato, as bases de legitimação da atribuição de papéis de gênero.[29] A realidade biológica, sob a forma da divisão sexual prévia de corpos, continuou se esgueirando nos argumentos sobre cultura, prejudicando-os e

---

[28] Davis, Natalie Zemon. "Women's History" in Transition: The European Case. *Feminist Studies*, v. 3, n. 3-4, p. 90, 1976.

[29] Adams, Parveen; Cowie, Elizabeth (eds.). *The Woman in Question*: *m/f*. Cambridge: MIT Press, 1990; Butler, Judith. *Gender Trouble*: Feminism and the Subversion of Identity. New York: Routledge, 1990 [ed. bras.: Butler, Judith. *Problemas de gênero*: Feminismo e subversão da identidade. Rio de Janeiro: Civilização Brasileira, 2003]; Haraway, Donna J. *Simians, Cyborgs, and Women*: The Reinvention of Nature. New York: Routledge, 1991 [Ed. bras.: *A reinvenção da natureza*. 1. ed. Trad. Rodrigo Tadeu Gonçalves. São Paulo: Martins Fontes, 2023].

deslocando-os. A fim de parar com isso, o próprio sexo precisava ser historicizado, como o produto de discurso social e cultural. A diferença dos sexos foi o referente que adquiriu seu status natural apenas retrospectivamente, como base lógica para a atribuição dos papéis de gênero. Em outras palavras, a natureza (a diferença dos sexos, neste caso) foi produzida pela cultura como a justificação da cultura – não foi uma variável independente, nem um fundamento ontológico, nem a base invariável sobre a qual eram construídos edifícios de gênero.

Essa desconstrução da oposição sexo/gênero encorajou importantes trabalhos históricos sobre a história da ciência e da medicina. Também levou a investigações de normas regulatórias mutáveis e sua aplicação; estudos do impacto de estruturas simbólicas na vida e nas práticas de pessoas comuns; questões sobre como poder e direitos estavam relacionadas a definições de masculinidade e feminilidade; e avaliações sobre as maneiras pelas quais forjavam-se identidades sexuais dentro de, e contra, prescrições sociais. Ao recusar a noção de que a identidade sexual era determinada pela biologia, isso também contribuiu para a emergência da teoria *queer*. Com esses desdobramentos, o gênero deixou de ser visto como um comentário sobre sexo; em vez disso, o sexo foi entendido como um efeito do gênero. Ou, colocando em outros termos, gênero e sexo eram ambos construções culturais, criando, em vez de refletir, uma realidade precedente.

Os limites da construção cultural: "mulheres"

A noção de construção cultural foi uma ferramenta importante de análise, tanto na articulação, quanto na desconstrução da distinção sexo/gênero. Em parte adaptada da teoria linguística pós-estruturalista europeia, e em parte dos trabalhos americanos de estudos de ciência e das ciências sociais (particularmente a antropologia), "a construção cultural" tornou-se um atalho para a origem exclusivamente humana das ideias e categorias conceituais que organizaram as realidades da experiência. No campo dos estudos de gênero, ela substituiu natureza por cultura, na determinação tanto do sexo quanto do gênero. O sexo, os sexos, o gênero e seus papéis – identidades sexuadas, tanto coletivas quanto individuais –: tudo era entendido como produto da cultura, o que, com grande frequência, queria dizer ideologias sociais e políticas, usadas como expressões de tradição ou modernidade. Entendia-se que essas ideologias promoviam algum poderoso interesse – status, classe, estado, sexo –, já que estabeleciam as normas de cultura e sociedade, as justificativas para hierarquia, as regras de comportamento sexual e muito mais. Sob essa perspectiva, a lei (seja legislação formal, seja regulação normativa) não era um reflexo da natureza, como seus criadores afirmavam, mas um produtor dos próprios objetos que ela regulava. "O reconhecimento legal", observaram Parveen Adams e Jeffrey Minson, "é um processo real e circular. Reconhece as coisas que correspondem à definição que ele próprio constrói."[30]

Esse tipo de raciocínio embasou uma vasta literatura sobre as maneiras como homens e mulheres, masculinidade e feminilidade eram representados na medicina, na ciência, na arte (erudita e popular), na arquitetura (doméstica e pública), na literatura (infantil e adulta), na filosofia, no direito, na teoria política, na política pública, na teoria econômica e em textos históricos. A tendência era presumir que sujeitos (coletivos ou individuais) eram interpelados por essas representações, trazidos à existência por elas, seja como produtos conformistas dos discursos sociais, seja como manifestantes contra seus limites restritivos, subordinativos ou marginalizadores.[31]

Em grande parte da literatura histórica que usou a noção de construção cultural, "gênero" referia-se a essas representações, às características e papéis atribuídos a mulheres (e homens), mas não à própria categoria de mulheres (ou homens). Acho que isso teve muito a ver com os laços da história feminista com o movimento feminista, e seu consequente objetivo de produzir um sujeito político

---

[30] Adams, Parveen; Minson, Jeffrey. 'The "Subject" of Feminism. *In*: Adams, Parveen; Cowie, Elizabeth (eds.). *The Woman in Question*. Cambridge: MIT Press, 1990. p. 99.

[31] Althusser, Louis. Ideology and Ideological State Apparatuses. *In*: *Lenin and Philosophy, and Other Essays*. Tradução de Ben Brewster. New York: Monthly Review Press, 1972. p. 127-188.

baseado na identificação com uma coletividade de mulheres. Havia uma enorme tensão entre uma teoria que enfatizava o trabalho produtivo de representação (e assim suas várias articulações), e um movimento político que mobilizava mulheres baseado numa experiência universal de subordinação.

Um sintoma dessa tensão foi que, mesmo quando apontava para o gênero como mutável, o trabalho histórico feito por muitas feministas presumia um significado fixo para as categorias "mulheres" e "homens", ou pelo menos não as problematizava. Em vez disso, com maior frequência, tomava as semelhanças físicas de pessoas do sexo feminino como sinônimo para uma entidade coletiva designada "mulheres". Dizia-se que gênero tinha a ver com relacionamento entre mulheres e homens, presumindo-se ser não apenas hierárquico mas também invariavelmente hierárquico: um antagonismo permanente que assumiu formas diferentes em épocas diferentes. E apesar de muitas pesquisas inovadoras sobre sexualidade, gênero – pelo menos na escrita de historiadores –, referia-se, em geral, à diferença sexual, como se fosse uma conhecida e permanente oposição masculino/feminino, uma junção normativa (se não nitidamente biológica) heterossexual, mesmo quando a homossexualidade era o tema que estava sendo abordado.

Não é que não houvesse uma história voltada às mulheres, claro que havia. Dizia-se que as ideias sobre elas mudavam, bem como suas experiências, variando com a época e a classe, raça, etnia, cultura, religião e geografia. A abundante literatura sobre a história social das mulheres está repleta de distinções importantes que insistem na especificidade das experiências de mulheres trabalhadoras, camponesas, lésbicas, medievais, judias, afro-americanas, muçulmanas, latinas ou do Leste Europeu. Mas por mais que elas tratem da vida cotidiana de diversas populações, essas diferenças tomam como certo o que Denise Riley chama "uma continuidade subjacente de mulheres reais sobre cujos corpos constantes dançam descrições etéreas e mutáveis".[32] (Gênero era tido como aquelas "descrições etéreas"

---

[32] Riley, Denise. *Am I That Name?* Feminism and the Category of "Women" in History. London: Macmillan, 1988. p. 7.

dançantes.) Paradoxalmente, a história das mulheres manteve as "mulheres" fora da história, e o resultado é que "mulheres", como um fenômeno natural (um lado dessa permanente divisão sexual) foi reinscrito, mesmo quando afirmamos que elas foram discursivamente construídas. Colocando de outra maneira, o binarismo sexo/gênero, que definia gênero como a atribuição social de significado a diferenças sexuais determinadas biologicamente, permanecia o mesmo, apesar de uma geração de estudiosos voltados para desconstruir a oposição. Enquanto "mulheres" continuarem a "constituir um pano de fundo passivo para as concepções mutáveis de gênero", nossa história permanece em uma fundamentação biológica que as feministas, pelo menos em teoria, querem contestar.[33]

Logicamente, houve alguns historiadores (com a importante influência de Michel Foucault) que realmente questionaram os possíveis significados diferentes dos termos "homens" e "mulheres". O trabalho de Riley é, ao mesmo tempo, exemplar e um raro caso da historicização da categoria de mulheres. Seu *Am I that Name? Feminism and the Category of "Women" in History* [*Será que sou esse nome? Feminismo e a categoria de "mulheres" na história*] dirige-se a feministas, e foca na dificuldade que se nos apresenta pela necessidade de, simultaneamente, insistir e recusar a identidade de "mulheres". Segundo ela, não é uma desvantagem, mas a condição que dá origem ao feminismo. "'Mulheres' é, na verdade, uma categoria instável [...] esta instabilidade tem um fundamento histórico, e [...] o feminismo é o terreno de lutas sistemáticas em torno daquela instabilidade".[34] Não é apenas que existam diferentes tipos de mulher reunidos sob o termo, mas também que a identidade coletiva tem significados diferentes em épocas diferentes. Até mulheres individuais nem sempre estão conscientes de serem uma mulher. A identidade, diz Riley, não nos impregna, e sendo assim é "inconstante, não podendo oferecer um fundamento ontológico".[35]

---

[33] Riley. *Am I That Name?*, p. 7.

[34] Riley. *Am I That Name?*, p. 5.

[35] Riley. *Am I That Name?*, p. 2.

FANTASIA DA HISTÓRIA FEMINISTA

"O corpo" também não proporciona esse fundamento, uma vez que é um conceito que deva ser "lido em relação a tudo o mais que o suporte e o rodeie".[36] "Por toda sua corporalidade", Riley observa, o corpo não é "um ponto originário nem ainda um término; é um resultado ou um efeito."[37]

A ausência de um fundamento ontológico poderia sugerir que seja fútil tentar estudar a história das mulheres: se não existem mulheres, alguns dos críticos de Riley reclamaram, como pode haver história das mulheres ou, nesse sentido, do feminismo?[38] De fato, ao tornar "mulheres" o objeto de investigação histórica, Riley ocupa-se daquele exame crítico indutor de vertigem, reivindicado por Certeau, se bem que não em termos explicitamente psicanalíticos. Sua genealogia mais foucaultiana questiona quando a categoria "mulheres" entra em discussão, e em que termos, e ela aponta para as maneiras pelas quais, em diferentes momentos históricos, tem havido diferentes tipos de abertura criados para as pretensões feministas: "As disposições de pessoas sob as insígnias de 'homens' ou 'mulheres' também estão enredadas nas histórias de outros conceitos, inclusive aqueles do 'social' e do 'corpo'. E isso tem profundas repercussões para o feminismo".[39] Riley mostra como, na Europa da primeira modernidade, noções da alma andrógina definiam um tipo de relação de "mulheres" com a humanidade, enquanto, no século XVIII, a atenção com a natureza e o corpo levou a uma crescente ênfase na sexualidade das mulheres. Conforme "o social" encontrou um lugar entre "o doméstico" e o "político", no século XIX, isso "estabeleceu 'mulheres' como um novo tipo de coletividade sociológica".[40] E, obviamente, até os indivíduos serem definidos como sujeitos políticos, não poderia haver nenhuma reivindicação de cidadania para as mulheres. Não é apenas que elas tenham diferentes tipos de

---

[36] Riley. *Am I That Name?*, p. 104.

[37] Riley. *Am I That Name?*, p. 102.

[38] Ver, por exemplo: Modleski, Tania. *Feminism without Women*: Culture and Criticism in a Postfeminist Age. New York: Routledge, 1991.

[39] Riley. *Am I That Name?*, p. 7.

[40] Riley. *Am I That Name?*, p. 50.

possibilidade em suas vidas, mas que "mulheres" é algo diferente em cada um desses momentos. Não existe uma essência de feminilidade (ou de masculinidade) para fornecer um sujeito estável a nossas histórias; existem apenas iterações sucessivas de uma palavra que não tem um referente fixo, e assim nem sempre significa a mesma coisa. Se isso for verdade para "mulheres", também é verdade para "gênero". O relacionamento suposto entre macho e fêmea, masculino e feminino, não é previsível; não podemos pressupor que sabemos de antemão o que ele é. Essa verdade se dá tanto no nível do entendimento social quanto, de maneira diferente, mas conectada, no nível da autoidentificação de um sujeito.

Os limites da construção cultural: causalidade

Mesmo que, como Riley argumentou tão convincentemente, "mulheres" seja uma categoria instável, isto não significa que não tenha existência histórica. Pode ser transitória, entrando e saindo de cena, mas existe em seu contexto temporal, com efeitos importantes. Ela serve para organizar mulheres em sua imagem, seja como sujeitos receptivos, seja como sujeitos que protestam. De qualquer maneira, pensamos em mulheres como construídas culturalmente, ou seja, como se encaixando mais ou menos confortavelmente em uma maneira de ser socialmente especificada.

A noção de construção cultural ou social foi criticada desde o começo (qualquer que seja ele) por teóricos que reconheceram seus limites filosóficos. Judith Butler descreve a "problemática da construção" da seguinte maneira: "o que é construído é, por necessidade, anterior à construção, mesmo quando não parece haver qualquer acesso a esse momento anterior, exceto através da construção".[41]

Alguns críticos psicanalíticos foram mais longe, contrapondo-se não apenas ao modelo construtivista da causalidade mas também a sua falha em levar em conta processos psíquicos. Eis Joan Copjec, uma lacaniana, em 1989:

---

[41] Butler, Judith. *Undoing Gender*. New York: Routledge, 2004. p. 186. [Ed. bras.: Butler, Judith. *Desfazendo gênero*. São Paulo: Ed. UNESP, 2022. p. 312.]

O sistema social de representação é concebido como lícito, regulatório, e por esta razão, a causa do sujeito. Pressupõe-se que o sujeito já esteja virtualmente ali, no social, e que ganhe existência por realmente querer o que as leis sociais querem que ele queira. A construção do sujeito depende, então, de ele assumir representações sociais como imagens de seu próprio ser ideal.[42]

Copjec argumenta que tal visão deixou de fora "o fato essencial da duplicidade da linguagem, ou seja, o fato de que o que quer que ela diga pode ser negado. Essa duplicidade garante que o sujeito *não* ganhará existência como significado determinado da linguagem".[43] Em vez disso, Copjec sustenta que foi "a própria impossibilidade de representar o sujeito ao sujeito [...] que funda a identidade do sujeito":

> Somos construídos, então, não em conformidade com leis sociais, mas em resposta a nossa incapacidade de nos conformarmos, ou nos vermos como definidos por limites sociais. Embora sejamos definidos e limitados historicamente, a ausência do real, que fundamenta esses limites, não é historicizável. É apenas esta distinção, que embasa a definição lacaniana de causa, que nos permite pensar a construção do sujeito sem sermos, por causa disso, obrigados a reduzi-lo às imagens que os discursos sociais constroem dele.[44]

O sujeito não é o produto determinado da lei, mas "antes algo que escapa à lei e sua determinação, algo que não conseguimos precisar [...]. Este algo indeterminado [...] que causa o sujeito tem especificidade histórica (é produto de uma ordem discursiva específica), mas nenhum conteúdo histórico. O sujeito é produto da história, sem ser o cumprimento de uma demanda histórica".[45] Ou, como coloca Certeau: "o trabalho pelo qual o sujeito *se autoriza*

---

[42] Copjec, Joan. Cutting Up. *In*: Brennan, Teresa (ed.). *Between Feminism and Psychoanalysis*. New York: Routledge, 1989. p. 229. Ver também: Copjec, Joan. *Read My Desire*: Lacan against the Historicists. Cambridge: MIT Press, 1996.

[43] Copjec. "Cutting Up", p. 238.

[44] Copjec. "Cutting Up", p. 241-242.

[45] Copjec. "Cutting Up", p. 238.

a existir é de um tipo diferente do trabalho do qual ele recebe a *permissão* para existir. O procedimento freudiano tenta articular essa diferença".[46]

Certeau pode estar se referindo ao breve ensaio de Freud: "Construções na Análise", mas esteja ou não, é proveitoso levá-lo em conta aqui. Para Freud, "construção" não significa causalidade cultural ou interpelação, mas a tentativa nem sempre certeira ou bem-sucedida do analista de "inferir o esquecido a partir dos sinais por ele deixados" da memória revelados no processo analítico.[47] Construções vão além de interpretações, ele observa, por serem tentativas de reunir, sistematicamente, peças de uma história anterior esquecida de um paciente (semelhante a uma reconstrução arqueológica de um pote, a partir de cacos encontrados em uma escavação). Toda construção é necessariamente incompleta, uma vez que "abarca apenas um pequeno fragmento do acontecimento esquecido".[48] E está sujeita a distorções e enganos em ambos os lados do processo analítico. Nesse sentido, raramente a construção é um relato totalmente preciso, mas sim um esforço contínuo, necessariamente incompleto, uma maneira de elucidar as complexidades que noções de construção cultural em geral negligenciam ou ignoram. O uso do termo por Freud inverte de forma interessante aquele significado de "construção", definindo-o como uma maneira de se chegar às repressões, deslocamentos, e fantasias que colorem as autorrepresentações de um paciente (e que, com frequência são tomadas literalmente por aquelas invocadas construções culturais do sujeito). Jean Laplanche e Jean-Bertrand Pontalis comentam que "em última instância, o termo 'construção' levanta todo o

---

[46] Certeau. *The Writing of History*, p. 303.

[47] Freud, Sigmund. Construction in Analysis. *In: The Standard Edition of the Complete Psychological Works of Sigmund Freud*. Tradução de James Strachey *et al.* London: The Hogarth Press, 1995. v. 23, p. 259. Todas as futuras referências a Freud serão desta edição padrão, assinaladas por "SE". [Ed. bras.: Freud, Sigmund. Construções na análise. *In: Fundamentos da clínica psicanalítica*. 2. ed. Tradução de Claudia Dornbusch. Belo Horizonte: Autêntica, 2023. p. 367.]

[48] Freud. "Construction in Analysis", p. 263. [Ed. Bras.: p. 372.]

problema de estrutura inconsciente, e do papel estruturante do tratamento".[49]

A questão do inconsciente e da fantasia nos devolve ao ponto crucial de Copjec. Eu diria que o ser do sujeito está entrelaçado em fantasias que tentam propiciar substância para aquele "algo indeterminado", aquela ausência ou núcleo de "sem sentido" (por ser uma ausência, não pode ter conteúdo histórico) que decorre da impossibilidade de representar o sujeito para si mesmo. A identidade, tal como é, não é a "imitação de alguma visão ideal", mas uma resposta à "própria impossibilidade de um dia tornar visível essa parte faltante".[50] Não se trata do caso de que um *self* plenamente formado esteja resistindo às imposições da ordem social, ou avaliando o que ele sabe de seu verdadeiro *self* frente a uma impressão externa equivocada, como algumas teorias liberais de vontade individual autônoma afirmariam. Antes, o que temos é a ideia de uma psique que não tem acesso a certa confirmação de sua identidade; ela não existe "realmente". Pelo contrário, ela depende de alguns outros ou Outro para concretização ou reconhecimento. Mas esses outros, sejam objetos ou pessoas, não estão livres das fantasias projetivas do sujeito, ou de suas próprias. Além disso, essas fantasias expressam impulsos e desejos que não estão sob controle de um raciocínio consciente.

Tomando a questão de um ângulo ligeiramente diferente, mas ressoando de forma notável o pensamento desses teóricos, Foucault também recusa uma noção simples de determinação cultural. O sujeito moderno é "um modo de ser tal que nele se funda esta dimensão sempre aberta, jamais delimitada de uma vez por todas, mas indefinidamente percorrida".[51] Ele prossegue:

> quando ele tenta se definir como ser vivo, só descobre seu próprio começo sobre o fundo de uma vida que por sua vez

---

[49] Laplanche, Jean; Pontalis, Jean-Bertrand. *The Language of Psycho-analysis.* Tradução de Donald Nicholson-Smith. New York: W. W. Norton, 1974. p. 89.

[50] Copjec, "Cutting Up", 242.

[51] Foucault, Michel. *The Order of Things*: An Archaeology of the Human Sciences. New York: Vintage, 1994. p. 322. [Ed. bras.: *As palavras e as coisas.* São Paulo: Martins Fontes, 1999, p. 455.]

começara bem antes dele; quando tenta se apreender como ser no trabalho, traz à luz as suas formas mais rudimentares somente no interior de um tempo e de um espaço humanos já institucionalizados, já dominados pela sociedade; e quando tenta definir sua essência de sujeito falante, aquém de toda língua efetivamente constituída, jamais encontra senão a possibilidade da linguagem já desdobrada.[52]

O processo é mais dinâmico, mais complexo e mais imprevisível do que simples noções de construção cultural considerariam:

> A cadeia significante pela qual se constitui a experiência única do indivíduo é perpendicular ao sistema formal a partir do qual se constituem as significações de uma cultura; a cada instante a estrutura própria da experiência individual encontra nos sistemas da sociedade certo número de escolhas possíveis (e de possibilidades excluídas); inversamente, as estruturas sociais encontram, em cada um de seus pontos de escolha, certo número de indivíduos possíveis (e outros que não o são) – assim como na linguagem a estrutura linear torna sempre possível, em dado momento, a escolha entre várias palavras ou vários fonemas (mas exclui todos os outros).[53]

Foucault apresenta essa descrição quase no final de *As palavras e as coisas*, como parte de uma discussão da relação entre etnologia e psicanálise, os dois "ramos do conhecimento que investigam o homem", funcionando em um "perpétuo princípio de inquietude" com formas estabelecidas de conhecimento.[54] Ele sugere que ambos os campos permanecem em uma relação crítica com as ciências humanas empíricas, expondo as dimensões inconscientes que lhes escapam. São "contraciências", "o que não quer dizer que sejam menos 'racionais', ou 'objetivas' que as outras, mas que elas assumem no contrafluxo, reconduzem-nas a seu suporte epistemológico e não

---

[52] Foucault. *The Order of Things*, p. 330. [Ed. bras.: p. 455-456.]

[53] Foucault. *The Order of Things*, p. 380. [Ed. bras.: p. 527.]

[54] Foucault. *The Order of Things*, p. 373. [Ed. bras.: p. 517.]

cessam de 'desfazer' esse homem que, nas ciências humanas, faz e refaz sua positividade".[55]

A dimensão psíquica da existência humana não pode ser simplesmente reduzida a exposições a um significado implícito, ou a interpretações de resistência e defesa. Para Foucault, a grande virtude da abordagem freudiana é esclarecer as "três figuras pelas quais a vida, com suas funções e suas normas, vem fundar-se na repetição muda da Morte, os conflitos e as regras, na abertura desnudada do Desejo, as significações e os sistemas, numa linguagem que é ao mesmo tempo Lei".[56] Ele prossegue: "É bem verdade que nem esta Morte, nem este Desejo, nem esta Lei podem jamais encontrar-se no interior do saber que percorre em sua positividade o domínio empírico do homem; mas a razão disto é que designam as condições de possibilidade de todo saber sobre o homem".[57] Esse conhecimento tem a ver não com informação empírica, mas sim com aquela que não pode ser conhecida: "o que está aí e se furta, que existe com a solidez muda de uma coisa, de um texto fechado sobre si mesmo, ou de uma lacuna branca num texto visível".[58] "A psicanálise se encaminha em direção ao momento – inacessível, por definição, a todo conhecimento teórico do homem, a toda apreensão contínua em termos de significação, de conflito ou de função – em que os conteúdos da consciência se articulam com, ou antes, ficam abertos para a finitude do homem."[59] Elizabeth Weed sugere que "a cena da finitude humana encontra forte encenação na teoria psicanalítica da diferença sexual".[60]

---

[55] Foucault. *The Order of Things*, p. 379. [Ed. bras.: p. 525-526.]

[56] Foucault. *The Order of Things*, p. 374. [Ed. bras.: p. 519.]

[57] Foucault. *The Order of Things*, p. 376. [Ed. bras.: p. 519.]

[58] Foucault. *The Order of Things*, p. 374. [Ed. bras.: p. 518.]

[59] Foucault. *The Order of Things*, p. 374. [Ed. bras.: p. 518.]

[60] Weed, Elizabeth. Gender and Sexual Difference in Joan W. Scott: From the "Useful" to the "Impossible". *In*: Butler, Judith; Weed, Elizabeth (eds.). *The Question of Gender*: Engaging with Joan W. Scott's Critical Feminism. Bloomington: Indiana University Press, 2012. Logicamente, existem acadêmicos que insistem em que Foucault não pode ser compatibilizado com a

"VOOS PARA O DESCONHECIDO"

Diferença sexual

Para a psicanálise, o dilema da identidade gira em torno da questão da diferença sexual. O termo "diferença sexual" não faz parte tecnicamente do vocabulário psicanalítico, mas vem das feministas, particularmente daquelas que trabalham com as teorias de Jacques Lacan.[61] Refere-se ao processo complexo pelo qual são formuladas identidades sexuadas, à dificuldade – se não impossibilidade – de finalmente dar uma resposta às questões colocadas pelo sexo e pela sexualidade: de onde venho? O que esses corpos significam? Como explicar as diferenças entre eles? O que fazer com o desejo sexual? Butler apresenta esta definição: "Diferença sexual é o lugar em que se coloca e se recoloca uma questão referente à relação do biológico com o cultural, em que ela deve e pode ser colocada, mas em que não pode, estritamente falando, ser respondida. Entendida como conceito fronteiriço, a diferença sexual tem dimensões psíquicas, somáticas e sociais que nunca estão totalmente sobrepostas, mas que não são, por esse motivo, em última instância, distintas".[62]

Para Freud, a diferença sexual passa a existir com o Complexo de Édipo e a ameaça da castração. Esse é o ponto em que uma criança percebe que não se pode ser ambos, masculino e feminino; a criança ouve histórias a esse respeito (os mitos de sua cultura, com suas regras

---

psicanálise. Por exemplo, Eribon escreve: "C'est Foucault ou la psychanalyse" (É Foucault ou a psicanálise; *Echapper à la psychanalyse*, p. 86). No entanto, outros apresentam leituras que demonstram maior simpatia pela psicanálise em Foucault. Ver, por exemplo: Shepherdson, Charles. *Vital Signs*: Nature, Culture, and Psychoanalysis. New York: Routledge, 2000; Suzanne Gearhart, "The Taming of Foucault: New Historicism, Psychoanalysis and the Subversion of Power", *New Literary History* 28, n. 3 (1997): 457-80, uma "Reply to Stephen Greenblatt", *New Literary History* 28, n. 3 (1997): 483-85; Judith Butler, *The Psychic Life of Power: Theories in Subjection* (Stanford: Stanford University Press, 1997). [Ed. bras.: Butler, Judith. *A vida psíquica do poder*: Teorias da sujeição. Belo Horizonte: Autêntica, 2017.]

[61] Debra Keates, "Sexual Difference", em *Feminism and Psychoanalysis: A Critical Dictionary*, ed. Elizabeth Wright (Oxford: Basil Blackwell, 1992), 402-405.

[62] Butler, *Undoing Gender*, p. 186.

e regulações normativas) e reflete sobre o que tudo isso significa. As fantasias inconscientes jogam, adaptam, transgridem e excedem normas culturais; encontram expressão em impulsos e desejos que não podem ser inteiramente correlacionados seja com intenções conscientes, seja com a materialidade do corpo. Fantasias pueris e infantis persistem na fase adulta, evidentes em sonhos e ganhando vida por alguma experiência tangível ou estímulo acidental. Elas passam a ser incorporadas, mesmo que de forma invisível, nas maneiras conscientes como percebemos o mundo e relatamos a nós mesmos.

O fato de não se poder ser tanto masculino quanto feminino é intrigante e, de fato, perturbador, mas não restringe a identificação nem limita as atuações do desejo. Como Butler coloca: "uma mulher pode encontrar o resto fantasmático de seu pai em outra mulher ou substituir seu desejo pela mãe em um homem; e, nesse momento, produz-se certo cruzamento de desejos heterossexual e homossexual".[63] Essas identificações, semelhanças imaginadas, trabalham com e contra aquilo a que Lacan se referiu como o simbólico, uma estrutura de significantes que estabelece a ordem em que os sujeitos humanos estão inseridos. Embora alguns seguidores de Lacan considerem o simbólico uma estrutura imutável, que legisla um significado singular dimórfico para diferença sexual, para mim a interpretação feita por Laplanche e Pontalis é mais adequada. Por um lado, eles sugerem que o simbólico é "a lei em que esta ordem se baseia"; por outro lado, uma vez que os significantes não podem estar "permanentemente vinculados ao significado", as fronteiras são permeáveis e não determinam, irrevogavelmente, quem será o sujeito.[64] Por conseguinte, não existe uma correspondência necessária entre a anatomia de homens e mulheres, e as posições psíquicas de masculinidade e feminilidade a que eles chegam. Weed escreve que a diferença sexual "é um termo que poderia significar, *ao mesmo tempo*, o posicionamento psíquico coercivo no simbólico e a

---

[63] Butler, Judith. *Bodies That Matter*: On the Discursive Limits of "Sex". New York: Routledge, 1993. p. 99. [Ed. bras.: Butler, Judith. *Corpos que importam*: Os limites discursivos do "sexo". São Paulo: n. 1; Crocodilo, 2019. p. 174.]

[64] Laplanche; Pontalis. *The Language of Psycho-analysis*, p. 440.

impossibilidade de algum dia ocupar o próprio lugar sexual".[65] É na interação entre o simbólico (significantes da lei) e o imaginário (identificações narcisistas com outros) em torno do enigma insolúvel da diferença sexual (em termos lacanianos, o real; cerne do absurdo em Copjec) que a psicanálise interroga; o processo é dinâmico para sujeitos e analistas. Seus efeitos fazem a história.

Talvez, nesse ponto, um exemplo possa ser útil para se ir além da abstração de alguns desses termos. Ele decorre de um trabalho que fiz sobre feministas francesas dos séculos XIX e XX, que contestaram a associação entre masculinidade e universalismo em teorias republicanas da cidadania.[66] Às vezes, apelando a promessas de igualdade para todos, essas feministas insistiam em que sua humanidade as tornava qualificadas para a cidadania; corpos sexuados eram irrelevantes. Em outras vezes, argumentavam que o indivíduo universal não era singular, incluía ambos, machos e fêmeas; o reconhecimento de que corpos eram sexuados os tornaria, mais uma vez, irrelevantes. Com toda ingenuidade de seus argumentos, com toda sua plausibilidade lógica, essas feministas, ainda assim, acharam quase impossível refutar a crença profundamente arraigada de que as diferenças de sexo impossibilitavam uma igualdade genuína. Isso não significa que elas não tenham conseguido mudar leis ou conscientizar sobre a discriminação contra mulheres; e sim que as premissas fundamentais sobre diferença sexual persistiram em outras formas. Conseguir o voto, por exemplo, não melhorou o acesso de mulheres a cargos políticos ou a posições de liderança na indústria. A lei que deveria garantir esse acesso era baseada não em uma noção de igualdade de gênero, mas de complementaridade dos sexos, tendo como modelo o casal heterossexual.

---

[65] Elizabeth Weed, "Feminist Psychoanalytic Literary Criticism", em *The Cambridge Companion to Feminist Literary Theory*, ed. Ellen Rooney (Cambridge: Cambridge University Press, 2006), 262.

[66] Scott, Joan Wallach. *Only Paradoxes to Offer*: French Feminists and the Rights of Man. Cambridge: Harvard University Press, 1996; Scott, Joan Wallach. *Parité*: Sexual Equality and the Crisis of French Universalism. Chicago: University of Chicago Press, 2005.

Weed sugere que olhemos para o simbólico, uma dimensão inconsciente, para explicar a persistência dessas ideias. Ela segue a adaptação de Lacan da noção de Freud sobre o Complexo de Édipo, que diz que a masculinidade e a feminilidade são definidas em relações assimétricas com o falo, o significante do desejo em culturas ocidentais modernas. Segundo Lacan, tanto o masculino quanto o feminino pressupõem-se castrados, mas de maneiras diferentes. O feminino é castrado de antemão, uma vez que lhe falta o pênis, erroneamente equiparado ao falo. O masculino é castrado pela proibição paterna contra relações sexuais com a mãe, mas também convencido de que alguém com quem ele se identifica (o pai primevo, seu próprio pai, ou o legislador imaginário, em quem falo e pênis são considerados sinônimos) está isento de castração. Essa concepção torna a posição masculina paradoxal. O sujeito masculino é simultaneamente castrado e isento da lei simbólica; ele é simultaneamente singular e universal. O sujeito feminino também é castrado, mas não tem acesso a essa exceção fálica. Weed coloca da seguinte maneira: "a vida psíquica, *la femme*, em sua falta infinita, não pode ser generalizada; apenas *l'homme* pode ser tomado pelo universal".[67] Ela, então, liga isso às maneiras pelas quais, desde o Iluminismo, tem-se presumido que o indivíduo abstrato da teoria política é masculino, ao passo que o feminino tem sido sinônimo do particular e do concreto. (Simone de Beauvoir expressou esse contraste em termos da transcendência do homem, sua descorporização, e a imanência da mulher, seu confinamento em seu corpo.)[68] A linguagem dessa teoria política, e as mutáveis e diversas práticas justificadas em seu nome, são os efeitos da estrutura simbólica da diferença sexual.

---

[67] Weed. "Gender and Sexual Difference in Joan W. Scott." Ver também: Fink, Bruce. *The Lacanian Subject*: Between Language and Jouissance. Princeton: Princeton University Press, 1995. p. 104. É esta assimetria de posições masculina e feminina que leva Lacan a concluir que "não há relação sexual". Discuto isso mais a fundo no Capítulo 4.

[68] Beauvoir, Simone de. *The Second Sex*. Tradução de H. M. Parshley. New York: Random House, 1974. [Ed. bras.: Beauvoir, Simone de. *O segundo sexo*. 2 v. São Paulo: Difel, 1970.]

Isso não quer dizer que homens e mulheres reais sejam totalmente determinados por esses conceitos. (Precisamente porque o falo não é o pênis, não existe uma correspondência necessária entre anatomia e posicionamento psíquico.) Se fossem, não haveria movimentos feministas, nenhuma contestação à ordem estabelecida das coisas. É preciso dizer, no entanto, que os conceitos constituem a linguagem pelas quais são formadas as identidades, os fundamentos inconscientes sobre os quais práticas sociais são implementadas, mas também – uma vez que a linguagem é móvel, e nos termos de Copjec, dúbia – contestadas e mudadas. As operações da fantasia entram em cena aqui, uma vez que a fantasia possibilita contestação e mudança. A fantasia oferece aos historiadores uma maneira de pensar a história da sexualidade, além dos limites estreitos da política identitária, dos movimentos sociais comparativos e das culturas sexuais nacionais ou transnacionais.[69]

Fantasia

Em alguns usos da ideia de construção cultural, o gênero é visto como um simples efeito do poder; haveria um objetivo racional em jogo na atribuição de características e funções a mulheres e homens: exploração econômica, dominância política, conquista imperial, interesses de estado, raça, classe, status ou sexo. Ao serem associadas ao gênero (literal ou metaforicamente), as hierarquias e desigualdades são naturalizadas, levadas a parecer parte da ordem da natureza. Mas como esses apelos conseguem seu efeito? Ao que é que eles estão apelando? Aqui, a fantasia pode oferecer uma resposta, porque as pessoas não são simplesmente racionais, seres visando um objetivo, mas sujeitos de desejo inconsciente, desejo articulado em termos do simbólico, mas não definidos por ele, em que a relação entre significante e significado nunca pode ficar clara. Assim, as pessoas não se mobilizam segundo interesses puramente objetivos, mas sim de acordo com interesses criados para elas por fantasias

---

[69] Ver: Forum on Transnational Sexualities. *American Historical Review*, v. 114, n. 4, p. 1250-1353, 2009.

coletivas. Tais fantasias infundem o desejo no interesse, e parecem apresentar uma resposta à questão impossível da identidade, à busca dos sujeitos por completude e coerência, fundindo-os em um grupo. A filiação a um grupo proporciona a ilusão de completude; parece dar sentido àquele núcleo evasivo do absurdo. O reconhecimento mútuo alivia as ansiedades psíquicas da identidade.[70]

Nessa perspectiva, os movimentos feministas não são a expressão inevitável da categoria de mulheres construída socialmente, mas os meios para obter tal identidade. A fantasia à qual se apela é uma promessa de completude e integridade, de representação adequada; os termos de apelo e os interesses políticos, sociais e econômicos, identificados como objetos de necessidade ou desejo, são temas para a investigação histórica. Nada disso é para negar o fato social dos movimentos feministas (ou de algum outro movimento político identitário), nem questionar a existência de sujeitos políticos ativos (feministas ou cidadãos, por exemplo). É para sugerir que a psicanálise orienta-nos, proveitosamente, para as dimensões inconscientes desses fenômenos, para o fato de que eles devem, pelo menos, um tanto de sua existência às operações de fantasias que nunca podem satisfazer totalmente o desejo, ou assegurar a representação que tentam oferecer.

O funcionamento inconsciente da psique individual pode começar no que Laplanche chama de "significantes enigmáticos", mensagens não verbais comunicadas a bebês, cujo significado nunca é claro.[71] Mas elas não são forjadas de maneira totalmente independente do que, mais tarde, torna-se percepção consciente de categorias normativas e sua aplicação. Categorias normativas não são reflexos diretos do simbólico nem são simplesmente declarações racionais de identificação desejável: são produtos de ordens discursivas

---

[70] Žižek, Slavoj. *The Plague of Fantasies*. Londres: Verso, 1997; Salecl, Renata. *The Spoils of Freedom*: Psychoanalysis and Feminism after the Fall of Socialism. London: Routledge, 1994.

[71] Laplanche, Jean. *New Foundations for Psychoanalysis*. Tradução de David Macey. London: Basil Blackwell, 1989. p. 41-45. [Ed. bras.: Laplanche, Jean. *Novos fundamentos para a psicanálise*. São Paulo: Martins Fontes, 1992.]

historicamente específicas, tentativas contextualmente variáveis de representar o simbólico, eliminar a confusão ou ansiedade psíquica que a diferença sexual gera e a qual frequentemente é abordada pela fantasia. A fantasia entrelaça o desejo pueril, infantil e adulto em uma mescla instável, expressa variavelmente em sonhos, devaneios e histórias. Ela se torna coerente no que Freud denomina de "revisão secundária", a qual François Duparc define como o "rearranjo de elementos aparentemente incoerentes do sonho em uma forma aproveitável para a narração. Isso envolve reorganização lógica e temporal em obediência aos princípios de não contradição, sequência temporal e causalidade, que caracterizam os processos secundários do pensamento consciente".[72] Como Ben Kafka destaca, é claro que os historiadores começam, precisamente, com essas narrativas. O desafio que enfrentamos é ler retroativamente a partir delas, com atenção a sua especificidade e idiossincrasia, e para isso necessitamos das ferramentas da teoria psicanalítica.[73]

As categorias normativas buscam alinhar fantasias de sujeitos com mito cultural e organização social, mas nunca o conseguem totalmente. Essas mesmas categorias não são isentas de investimentos fantasmáticos. Para pegar um exemplo gritante, quando as feministas fizeram campanha pela Emenda dos Direitos Iguais à Constituição dos Estados Unidos, no final da década de 1970 e início da década de 1980, a oposição regularmente promovia o espectro da divisão obrigatória dos banheiros públicos por sexo como um alerta contra os piores perigos da emenda. Em alguns cenários tétricos, os banheiros tornaram-se lugares de estupro (foram projetadas violações de privacidade, invasões em locais privados de mulheres), invasão racial (homens negros entrando em "dependências" de mulheres brancas) e miscigenação. A catastrófica realização do desejo

---

[72] Duparc, François. Secondary Revision. *In*: Mijolla, Alain de. *International Dictionary of Psychoanalysis*. Framington Hills, MI.: Thomson Gale, 2005. v. 3, p. 1558-1560. Ver também: Duparc, François. *L'image sur le divan*. Paris: L'Harmattan, 1995; Freud. "The Interpretation of Dreams", SE V: p. 488-508.

[73] Agradeço a Ben Kafka por este argumento (desenvolvido em conversa privada) e por me encaminhar a Duparc.

transgressivo só poderia ser evitada mantendo-se os limites de diferença sexual e racial.[74]

Gênero, então, é o estudo da relação entre o normativo e o psíquico. Gênero consiste nas articulações historicamente específicas e, em última instância, incontroláveis que visam resolver os paradoxos da diferença sexual, dirigindo a fantasia a algum fim político ou social: mobilização de grupo, construção da nação, apoio a uma estrutura familiar específica, consolidação étnica, ou prática religiosa.[75] Para dar um exemplo, a análise da dominância masculina em suas diversas formas se beneficia de tal abordagem psicanalítica, uma que questione como estão sendo forjadas ligações entre ansiedade social e psíquica, na depreciação ou exaltação da sexualidade das mulheres em relação à dos homens, nos limites que mantêm diferenças de sexo e nos alarmes fantasmáticos sobre as consequências de se alterar ou romper esses limites.

A fantasia da história feminista

A teoria psicanalítica não oferece uma causalidade para substituir a construção cultural, pelo menos não da maneira que quero usá-la. Ao contrário, ela reformula muitas das minhas questões originais sobre gênero e abre novas maneiras de pensar a respeito. Essa nova abordagem toma o gênero como sendo a história das articulações da distinção masculino/feminino, macho/fêmea, seja em termos de corpos, papéis ou características psicológicas. Ela não presume a existência anterior da distinção masculino/feminino, macho/fêmea, mas sim examina a maneira complicada, contraditória e ambivalente

---

[74] Mathews, Donald G.; De Hart, Jane Sherron. *Sex, Gender, and the Politics of the era*: A State and the Nation. New York: Oxford University Press, 1990. Ver também: Walton, Jean. *Fair Sex, Savage Dreams*: Race, Psychoanalysis, Sexual Difference. Durham: Duke University Press, 2001.

[75] Precisamos de mais teorizações sobre a criação de fantasias coletivas e o uso de fantasias individuais para fins políticos ou sociais. Seria útil, por exemplo pensar em como a revisão secundária funciona de fato em situações concretas. Para uma tentativa de pensar a fantasia em linhas lacanianas, ver: Žižek, Slavoj. *The Plague of Fantasies*. Londres: Verso, 1997, p. 26-27.

com a qual ela emergiu em diferentes discursos sociais e políticos. Ela também não presume que discursos normativos determinem a maneira com que os sujeitos se identificam. A fantasia desestabiliza esses tipos de correlação, recusando a certeza de categorias da história disciplinar. Em seu lugar, existe a busca fugidia da linguagem, não apenas como a expressão consciente de ideias mas também como a revelação de processos inconscientes. Temos que perguntar como, sob que condições, e com que fantasias as identidades de homens e mulheres – que tantos historiadores assumem como autoevidentes – são articuladas e reconhecidas. As categorias, então, não mais precederão a análise, mas surgirão no decorrer dela. Certeau coloca isso da seguinte maneira: "A história pode ser o gesto de um recomeço [...]. Pelo menos é isso que mostra essa forma de história que já é a práxis freudiana. Por fim, ela encontra seu verdadeiro significado não nas elucidações com as quais substitui representações anteriores, mas no próprio ato, sempre inacabado, de elucidação".[76]

No fim, o que pego da psicanálise é a ênfase no incognoscível, e sua busca incessante. Um dos aspectos mais interessantes desse pensamento é que ele desestabiliza a certeza, põe em questão nossa capacidade de alcançar o conhecimento definitivo. Nas palavras de William Langer, um historiador de uma geração anterior (que escandalizou seus colegas quando, em seu discurso como presidente na American Historical Association, em 1957, clamou por uma virada para a psicanálise), "de tempos em tempos, precisamos estar prontos para alçar voos para o desconhecido".[77] Nem nossas categorias de análise, nem a evidência que acumulamos podem fornecer um significado definitivo para a diferença sexual, o que explica, entre outras coisas, a ansiedade com que limites estabelecidos são policiados e o poder disciplinador exercido sobre aqueles que transgridem limites estabelecidos. Podemos perguntar como a diferença sexual é significada, o que essas significações revelam em suas ambivalências

---

[76] Certeau. *The Writing of History*, p. 303.

[77] Langer, William L. The Next Assignment. *American Historical Review*, v. 63, n. 2, p. 284, 1958. Agradeço a Brian Connolly por me indicar o discurso de Langer.

e instabilidades, e que efeitos têm tido. Podemos tentar expor as fantasias entrelaçadas como apoio a essas significações e especular sobre os desejos inconscientes que elas expressam; podemos nos deslumbrar com a capacidade humana de criar variações em temas sobre sexo, diferença sexual e sexualidade; e podemos questionar nossos próprios investimentos nessas histórias. Logicamente, existe um aspecto político nesse tipo de indagação, embora não seja utópico em qualquer sentido final. A indefinição da diferença sexual é irrealizável e, por esse exato motivo, histórica. Trata-se de uma busca que nunca acaba. Como tal, ela interrompe a certeza de categorias estabelecidas, criando, assim, aberturas para o futuro. Nossas histórias tornam-se algo como a descrição de Freud de um "sonho diurno" (ou devaneio) ou "fantasia", em que "passado, presente, futuro se alinham como um cordão percorrido pelo desejo".[78]

Minha fantasia da história feminista, aquela que anima este livro, é uma busca por compreensão nunca plenamente satisfeita com os próprios resultados. Uma em que a leitura crítica substitui as operações de classificação, em que a relação entre passado e presente não é tomada como certa, mas considerada um problema a ser explorado, e na qual o pensamento do historiador é um objeto de questionamento, juntamente com o de seus sujeitos. Isso sugere que a "loucura" e a "paixão" do professor Parker devam ser encontradas em ambos os lados do processo analítico. Por essa razão, como Certeau ressalta, "a práxis analítica permanece *um ato arriscado*. Ela nunca elimina uma *surpresa*. Não pode ser identificada com a execução de uma norma. A ambiguidade de uma série de palavras não poderia ser levantada apenas pela 'aplicação' de uma lei. O saber nunca garante esse 'benefício'".[79]

---

[78] Freud, "Creative Writers and Day-Dreaming", SE IX: 148. [Ed. Bras.: O poeta e o fantasiar. *In: Arte, literatura e os artistas*. Belo Horizonte: Autêntica, 2015, p. 58.]

[79] Certeau. *The Writing of History*, p. 304.

CAPÍTULO 1

A história do feminismo[80]

Em 1974, Lois Banner e Mary Hartman publicaram um livro de ensaios chamado *Clio's Consciousness Raised*[81] [A conscientização de Clio]. Composto por trabalhos apresentados na Conferência de Berkshire sobre História das Mulheres, em 1973, para muitas de nós foi um grito de ordem, uma afirmação de nosso propósito em tornar as mulheres legítimos objetos de estudo histórico. Se a musa da história por um longo período cantara os louvores dos homens ("glorificando os inúmeros feitos importantes dos tempos antigos, para a instrução da posteridade"), agora era hora de outorgar uma glória semelhante às mulheres.[82] Segunda das nove filhas de Zeus e Mnemosine (a deusa da memória), a principal província de Clio era a história (ou a pocsia épica, gêncro histórico na Grécia antiga). Nosso desafio a ela parecia simples: tornar as histórias das mulheres centrais na memória que ela transmitia aos mortais. Para facilitar

---

[80] Este capítulo foi escrito, originalmente, para ser apresentado em um painel sobre "O futuro da história feminista" em um encontro da American Historical Association, em janeiro de 2003.

[81] Banner, Lois; Hartman, Mary S. (eds.). *Clio's Consciousness Raised*: New Perspectives on the History of Women, Sex and Class in Women's History. New York: Harper and Row, 1974.

[82] Platão. *Phaedrus*. Tradução de R. Hackforth. Cambridge: Cambridge University Press, 1952. p. 57. [Ed. port.: Platão. *Fedro ou da beleza*. Tradução de Pinharanda Gomes. 6. ed. Lisboa: Guimarães Editores, 2000.]

sua tarefa, forneceríamos o material de que ela precisava, as histórias das vidas e atividades das mulheres.

Logicamente, nenhum desafio aos deuses é simples, nem nossos esforços foram desprovidos de húbris, porque tínhamos a pretensão de dizer a Clio o que dizer. As musas aplicavam punições terríveis para quem procurasse interferir ou competir com elas. As Piérides foram transformadas em pegas, patos e outras aves grasnadoras, por tentar cantar melhor do que as musas. Quando as sereias afirmaram cantar melhor, as musas arrancaram suas penas para fazer coroas para o seu próprio uso. O menestrel Tâmiris foi cegado e mandado para o Hades, por ter se vangloriado de cantar mais lindamente. E, com menos crueldade, as musas tiveram a última palavra quando Prometeu alegou que fora ele, e não elas, quem criara as letras do alfabeto. Dizem os cronistas que esse poderia ser assunto de discussão, "caso as Musas não tivessem inventado todas as histórias, inclusive a de Prometeu".[83]

Nosso objetivo não era tanto competir com Clio, mas tornar-mo-nos suas agentes, embora sempre haja um elemento competitivo em tal identificação. Assim como ela, queríamos contar histórias edificantes, cuja importância fosse além de seu conteúdo literal, para revelar uma verdade mais ampla sobre as relações humanas – em nosso caso, sobre gênero e poder. Assim como ela, queríamos ser reconhecidas como a fonte dessas histórias. Também como ela, queríamos que toda a história fosse nossa província; não estávamos apenas acrescentando mulheres a um conjunto existente de histórias, queríamos mudar a maneira como elas seriam contadas. Clio foi nossa inspiração, mas também queríamos ser ela, inspirando outras pessoas a documentar a memória que revelávamos.

As últimas décadas testemunharam certo progresso em relação a esses objetivos. É claro que eles não foram totalmente alcançados, nem a história das mulheres, nem as historiadoras tornaram-se agentes totalmente iguais na disciplina, e de maneira alguma rees-crevemos todas as histórias. Na verdade, a irregularidade temporal e geográfica de nossa realização – um sucesso bem maior na história

---

[83] Agradeço a Froma Zeitlin pelas referências que forneceram essa informação.

moderna europeia e americana, do que na história antiga, medieval, da primeira modernidade ou na história não ocidental; um sucesso muito maior na introdução das mulheres no cenário do que em reconcebê-lo em termos de gênero – mostra claramente que existe mais a ser feito. Ainda assim, os ganhos são inegáveis. Diferentemente de Clio, não podemos punir os que negam nossa conquista nem podemos nos permitir achar divertido a loucura daqueles irmãos de Prometeu, que afirmavam ser os verdadeiros inovadores, tratando-nos como imitadoras ou usurpadoras. (Ainda ficamos furiosas.) No entanto, podemos indicar um *corpus* escrito enorme, uma presença institucional impressionante, uma lista substancial de periódicos e uma presença na consciência popular inimaginável, quando Banner e Hartman publicaram o livro. Se não dominamos a história, afirmamos nela uma posição justa; uma vez vistas como aspirantes, agora temos uma reivindicação legítima à inspiração de Clio.

Mas, para aquelas que começam como revolucionárias, a legitimidade é sempre uma conquista ambígua. Ao mesmo tempo, é uma vitória e uma traição, o triunfo da crítica e seu abandono. Algo difícil para as feministas, que, apesar de todo o escárnio lançado sobre elas pelos socialistas nos séculos XIX e XX, foram revolucionárias voltadas a derrubar o patriarcalismo, quebrando as cadeias opressivas do sexismo, liberando as mulheres dos estereótipos que as restringem, e trazendo-as para o palco da história. A realização de, pelo menos, alguma mudança positiva desde o início da década de 1970 – que acabei de caracterizar para as historiadoras das mulheres como a obtenção de uma reivindicação legítima à inspiração de Clio – produziu certa ambivalência e incerteza em relação ao futuro. Ganhamos ou perdemos? Sofremos mudanças com nosso sucesso? O que a transição de *outsider* combativa para *insider* reconhecida anuncia para a nossa identidade coletiva? Nossa presença transformou a disciplina, ou fomos simplesmente absorvidas por ela? Devemos ficar satisfeitas em manter e reproduzir o que conseguimos, ou deveríamos reagir a novos desafios que possam ameaçar nossa posição legítima? A história das mulheres tem um futuro, ou é história? Como poderíamos imaginar seu futuro? Estas questões também estão sendo levantadas pelos estudos das mulheres e pelo feminismo.

Com a aproximação da virada do milênio, foram organizados vários fóruns nos Estados Unidos para especular sobre o futuro. Citando apenas dois exemplos: em 1997, editei um número especial do periódico *differences*, chamado "Women's Studies on the Edge" ["Estudos sobre Mulheres no Limite"], título concebido para evocar o filme de Pedro Almodóvar, *Mulheres à beira de um ataque de nervos*. Embora o tivéssemos escolhido de maneira brincalhona, a alusão acabou se revelando uma caracterização oportuna do quanto algumas de nós se sentiam no limite, quando instadas a pensar sobre o futuro.[84] Em 1999, o *Journal of Women's History* organizou um diálogo intergeracional fantástico entre as americanistas Anne Firor Scott, Sara Evans, Elizabeth Faue e Susan Cahn.[85] (As quatro constituem uma linhagem: Scott foi professora de Evan; Evan lecionou para Faue e Cahn.) A discussão poderia ser considerada rica e de amplo escopo, se não fosse o fato de essas historiadoras evitarem o tema "futuro", embora fosse este o propósito declarado da conversa. A certa altura, Scott confessou que, ao refletir sobre "aonde a história das mulheres deveria ou poderia ir a partir daqui", viu-se "correndo de encontro a um muro".[86] Faue achava que precisávamos "tirar um tempo para sonhar", para exercitar a imaginação e a criatividade para superar o impasse.[87] Mas Evans resumiu o que parecia ser uma relutância geral entre elas: "Ah, o futuro", ela suspirou. "Concordo [..] essa é a parte da conversa que acho mais arriscada."[88]

---

[84] O dossiê foi *differences,* v. 9, n. 3 (1997). Foi publicado com ensaios adicionais, como o de Joan Wallach Scott, *Women's Studies on the Edge* (Durham: Duke University Press, 2009).

[85] Scott, Anne Firor; Evans, Sara M.; Cahn, Susan K.; Faue, Elizabeth. Women's History in the New Millennium: A Conversation across Three Generations. Part I. *Journal of Women's History*, v. 11, n. 1, p. 9-30, 1999a; Scott, Anne Firor; Evans, Sara M.; Cahn, Susan K.; Faue, Elizabeth. Women's History in the New Millennium: A Conversation across Three Generations. Part II. *Journal of Women's History*, v. 11, n. 2, p. 199-220, 1999b.

[86] Scott; Cahn; Faue. "Women's History in the New Millennium", p. 29.

[87] Scott; Cahn; Faue. "Women's History in the New Millennium", p. 211.

[88] Scott; Cahn; Faue. "Women's History in the New Millennium", p. 205.

Futuros

Por que seria tão difícil antever o futuro de um movimento de sucesso?

Sob certos aspectos, já sabemos a resposta: é uma forma de análise de movimento social. Uma geração envelhecida de ativistas acadêmicas feministas relembra com nostalgia sua juventude rebelde, perguntando-se (mas não se atrevendo a fazê-lo em voz alta) se todos os ganhos que conseguimos valeram a pena. A institucionalização da história das mulheres implica seu fim como campanha. Nossas atividades profissionais e de pesquisa parecem ter perdido seu viés político intencional, e seu senso de dedicação a construir algo maior do que uma carreira individual. A comunidade de acadêmicas feministas, cuja vitalidade ficou evidente em divisões acirradas, e igualmente em compromissos compartilhados, agora parece difusa. Pelo menos entre historiadoras das mulheres, as apostas políticas e teóricas não parecem mais tão altas, enquanto as discordâncias parecem mais pessoais ou geracionais. Se houver alívio com o final da necessidade de se conspirar em sessões de estratégia noite adentro, e de constantemente ter que justificar a própria produção acadêmica e a de seus alunos para colegas céticos ou hostis – bem como prazer na quantidade, qualidade e diversidade do trabalho produzido sob a rubrica de história das mulheres –, também existe uma sensação de perda. Para muitas de nós, era energizante ser combativa; induzia uma criatividade intelectual e estratégica, incomparável com nossas experiências pregressas na pós-graduação. Inspiradas por Clio, buscávamos mudar a versão estabelecida da história. Apelos a Clio consolidavam nossa identidade como historiadoras e feministas; o ativismo confirmava a agência. Éramos produtoras de um novo conhecimento e transmissoras de uma memória revista, criando histórias para inspirar tanto a nós mesmas quanto a geração seguinte – tudo perante oponentes mais consideráveis do que as Piérides ou as sirenas, oponentes que tinham o poder de nos disciplinar no que consideravam ser nossas pretensões e delitos. Não mais insurgentes, tornamo-nos disciplinadoras, e desconfio que exista, inevitavelmente, algo de desapontamento nessa mudança de identidade. Uma coisa é criticar o poder disciplinar estando do lado de fora, outra é estar do lado de dentro, comprometida com o ensino de corpos estabelecidos de estudos acadêmicos. Esse tipo de ensino busca, necessariamente, reproduzir a história feminista em gerações de estudantes em formação, mas com frequência é resistente ao questionamento crítico, que era sua característica determinante.

Conforme o feminismo acadêmico ganhou credibilidade institucional, ele também pareceu perder sua associação estreita com o movimento político que o inspirou. Nas décadas de 1970 e 1980, nós éramos o braço produtor de conhecimento de um movimento feminista de base ampla, voltado a uma mudança social radical. Durante a década de 1990, houve ataques críticos, e condenações levadas pela culpa, à diminuição de contato entre acadêmicos e as bases, bem como injunções para manter ou refazer aqueles laços. Mas esse esforço fracassou. Isso não ocorreu, como às vezes se alega, porque acadêmicas feministas se retiraram para torres de marfim; a oposição entre feminismo acadêmico e político sempre foi uma caracterização equivocada. Foi, sobretudo, porque o próprio movimento político fragmentou-se, dispersou-se em áreas específicas de ativismo. O que não significa, como alguns jornalistas afirmaram, que o feminismo morreu. Na verdade, preocupações quanto ao status e às condições de diferentes mulheres infiltraram-se em muito mais áreas da legislação e da política, do que acontecia no auge do movimento, assim como questões sobre gênero se infiltraram em áreas de estudo que eram resistentes ao feminismo nos primeiros tempos de estudos das mulheres.[89]

Operações estratégicas descontínuas, coordenadas individualmente com outros grupos substituíram uma luta contínua em prol de mulheres representadas como uma entidade singular. Tal mudança está associada à perda de uma grande narrativa teleológica de emancipação, que nos permitia conceber o efeito cumulativo

---

[89] Este é o caso, tanto doméstica quanto internacionalmente, com maior evidência no trabalho do Comitê para a Eliminação de todas as Formas de Discriminação contra a Mulher, das Nações Unidas, ou Cedaw. Ver: Gaspard, Françoise. Les Femmes dans les relations internationales. *Politique Étrangère*, v. 3, n. 4, p. 731-741, 2000.

A HISTÓRIA DO FEMINISMO

de nossos esforços; acreditávamos que liberdade e igualdade eram o resultado inevitável da luta humana, e essa crença dava coerência a nossas ações, definia-nos como participantes de um movimento progressivo. Estávamos no lado da história redentora. Embora a descontinuidade e a dispersão de operações estratégicas sejam eminentemente políticas por natureza (e para uma geração mais recente, uma maneira conhecida de atuar), a perda da continuidade que acompanhava a noção de história como inevitavelmente progressiva ajuda a explicar a dificuldade que uma geração mais velha tem de imaginar um futuro. Eles tomam a descontinuidade como regressiva – o oposto de progressiva, o que, de fato, era para aqueles que assistiram, na década de 1930, à destruição das instituições liberais na Europa, pelo fascismo –, enquanto, no século XXI, a descontinuidade parece estar mais aliada a críticas radicais (de esquerda).

Outro aspecto da institucionalização bem-sucedida da história das mulheres é o enfraquecimento da acuidade crítica que vem com o fato de se estar à margem. Na década de 1980, havia muito debate, talvez um pouco mais entre acadêmicos da área de Letras do que historiadores, sobre os benefícios definitivos da integração. A ausência de mulheres no currículo era simplesmente uma lacuna no conhecimento que precisava ser preenchida? Ou revelava algo mais pernicioso sobre a organização patriarcal ou falogocêntrica do próprio conhecimento? Que tipo de impacto os estudos de mulheres teriam na universidade? Simplesmente forneceríamos informações que então faltavam, ou mudaríamos a própria natureza do que era considerado conhecimento? Esses objetivos eram necessariamente contraditórios? "Enquanto os estudos das mulheres não questionarem o modelo existente da universidade", observou Jacques Derrida em um encontro do seminário do Pembroke Center, em 1984, "eles se arriscam a ser apenas mais uma célula na colmeia da universidade."[90] Algumas feministas insistiram que, por definição, uma presença feminina em manuais e departamentos de história, dos quais as mulheres normalmente eram excluídas, era uma subversão ao *status quo*. Não

---

[90] Derrida, Jacques. Women in the Beehive: A Seminar. *In*: Jardine, Alice; Smith, Paul. *Men in Feminism*. New York: Methuen, 1987. p. 190.

era o próprio fato de se tornar visível um desafio à ortodoxia histórica prevalecente, que mantinha as mulheres ausentes da política e da história? Outras entre nós argumentaram que o potencial radical da história das mulheres se perderia sem uma crítica conscienciosa das presunções da disciplina; por exemplo, sua noção de que agência é, de certo modo, inerente à vontade dos indivíduos; sua desatenção à linguagem na construção de sujeitos e suas identidades; e sua falta de reflexão sobre os poderes interpretativos implícitos da narrativa. Acho significativo que o debate vigoroso "reforma *versus* revolução" tenha recuado nas discussões entre as historiadoras. Agora, com a conquista de, no mínimo, algum grau de reforma, os assuntos preocupantes são mais mundanos: ultraespecialização, superprodução e fragmentação, todos eles enfraquecendo a coesão da comunidade de acadêmicas feministas, e impossibilitando qualquer domínio do *corpus* da história das mulheres em sua totalidade. Mesmo aquelas que realmente compartilham uma lista de leitura comum estão mais propensas a debater os méritos de uma determinada interpretação do que a perguntar como ela promove uma agenda crítica feminista. Preocupadas com os detalhes da administração de programas, implementação ou ajuste de ofertas curriculares, supervisão de cursos de graduação e colocação de estudantes de doutorado, imaginamos o futuro como uma continuação do presente, e não como uma libertação dele.

Ainda outro motivo pelo qual é tão difícil olhar para a frente é que a própria universidade à qual fomos incorporadas está passando por uma importante mudança estrutural. Tendo sido críticas do lado de fora, agora advogamos pelo lado de dentro, procurando preservar a instituição – como um espaço de investigação crítica dirigido pelo corpo docente, com concessão de estabilidade, e produtor de conhecimento – daqueles que a reorganizariam segundo modelos corporativos em que, como coloca Bill Readings "os clientes compram serviços mediante uma taxa".[91] A necessidade de impedir a "ruína" da universidade elenca as feministas, com mais frequência, como defensoras do status do que como agentes de mudança. A tentação é usar nossas

---

[91] Readings, Bill. *The University in Ruins*. Cambridge: Harvard University Press, 1996. p. 32.

análises do poder para reforçar o que conquistamos, protegendo-o da erosão por parte de CEOs disfarçados de reitores, e de administradores que tratam ideias como *commodities* e acadêmicos, como seus varejistas; e não seus produtores. Existe uma nova necessidade de cooperação com colegas, alguns dos quais já foram nossos adversários, em uma agenda comum comprometida com a preservação da academia como a conhecemos. Nesse contexto, reivindicações de uma reforma radical de todo o empreendimento parecem fora de lugar, senão perigosas. Em vez disso, protegemos atentamente os limites de nosso campo, protestando contra distribuições injustas de recursos, alertas a incursões em nosso território de novas e mais sedutoras áreas pesquisa e cautelosas com topógrafos que poderiam redesenhar os mapas que seguimos tão bem. Às vezes, nosso protecionismo até nos leva a colaborar com aqueles administradores que têm o intuito de mercantilizar a vida da mente. Se somos, de fato, uma das células da colmeia da universidade, agora nosso interesse está em manter tanto a posição daquela célula, quanto a saúde de toda a colmeia. A defesa do *status quo*, e dos princípios humanistas que lhe são subjacentes, parece bem mais urgente do que se apegar a sonhos de transformação radical. Penso que estamos testemunhando uma versão daquilo que Nancy Cott, referindo-se à era pós-sufrágio chamou de "o enraizamento do feminismo moderno" – a implementação prática, que necessariamente deixa a desejar, de ideias e reivindicações emancipatórias; a aceitação do que existe, em vez de uma contínua busca do que deveria ser; a domesticação de um desejo ardente.[92]

Desejo ardente

O desejo ardente é um presente das musas, um tipo de loucura que toma conta, inflamando e transformando o sujeito. Segundo Platão, "fecunda uma alma delicada e imaculada, esta recebe a inspiração e é lançada em transportes [mas seja] quem for que, sem a loucura das Musas, se apresente nos umbrais da poesia, na convicção

---

[92] Cott, Nancy. *The Grounding of Modern Feminism*. New Haven: Yale University Press, 1987.

de que basta a habilidade para fazer o poeta [poderíamos substituir por 'um bom historiador de formação'], esse não passará de um poeta frustrado, e será ofuscado pela arte poética que jorra daquele a quem a loucura possui".[93]

Nossas cuidadosas análises de causas estruturais e efeitos da ascensão e queda dos movimentos sociais não deixam muito espaço para loucura divina, nem nos deixam ver suas operações, mas se estamos trabalhando com, ou como Clio, precisamos levar essa loucura em conta, e quando de fato procuramos por ela, encontramos evidência de sua importância em nossa capacidade de imaginar o futuro. Repetidas vezes, no diálogo entre gerações publicado no *Journal of Women's History*, as quatro historiadoras descrevem sua atração pela história das mulheres em termos de paixão, expressando a inspiração e a excitação suscitadas pelas musas.[94] Evan fala da história das mulheres como uma "paixão que absorve a vida";[95] Faue reconta o despertar, na pós-graduação, de sua "paixão" pela história das mulheres,[96] e a incrível excitação de compartilhar "uma mistura de novas palavras, novas ideias, e novas experiências" numa "louca cacofonia";[97] Scott relembra uma "declaração apaixonada", feita por ela em um encontro da Organization of American Historians, pedindo atenção para aquelas que haviam sido ignoradas pelos relatos históricos tradicionais;[98] e Cahn refere-se a sua busca "apaixonada" pelo feminismo e pela história.[99] Olhando para a redução atual dos postos docentes com estabilidade, Evans preocupa-se de que estudantes com "uma grande paixão pela história das mulheres" serão dissuadidas, pelo mercado de trabalho, de seguir seu desejo.[100]

---

[93] Platão. *Phaedrus*, p. 57.

[94] Scott; Cahn; Faue. "Women's History in the New Millennium", p. 9-30; 199-220.

[95] Scott; Cahn; Faue. "Women's History in the New Millennium", p. 11.

[96] Scott; Cahn; Faue. "Women's History in the New Millennium", p. 13.

[97] Scott; Cahn; Faue. "Women's History in the New Millennium", p. 23.

[98] Scott; Cahn; Faue. "Women's History in the New Millennium", p. 19.

[99] Scott; Cahn; Faue. "Women's History in the New Millennium", p. 15.

[100] Scott; Cahn; Faue. "Women's History in the New Millennium", p. 214.

A HISTÓRIA DO FEMINISMO

Logicamente, é possível que a paixão aqui tenha uma característica mecânica, até moralizante, mas acho que ela de fato conota um sentimento profundo com um componente erótico. O mundo evocado pela noção de paixão é o "mundo feminino de amor e ritual" que Carroll Smith-Rosenberg descreveu com tanto brilhantismo em 1975. Existindo dentro dos termos da heterossexualidade normativa (na verdade, definido por eles), era, ainda assim, profundamente "homossocial" e empolgante por esse motivo.[101] Bonnie Anderson e Leila Rupp retrataram movimentos feministas internacionais em termos semelhantes.[102] A história das mulheres, antes de sua institucionalização, era como aqueles mundos do século XIX e começo do XX. Toda aquela energia libidinosa dedicada às mulheres como objeto de pesquisa, sujeitos de direitos, estudantes, colegas e amigas, que foi reforçada pela excitação da transgressão. Estávamos destemidamente reivindicando um direito de acesso ao campo da história, antes negado. Com certeza, homens estavam presentes como alvo de raiva, como detentores de poder, cuja resistência, ou indiferença, precisava ser vencida, mesmo como aliados; mas eram amplamente irrelevantes para a experiência do movimento. Homens eram o Outro contra quem nossa comunidade política e afetiva se definia.

Um pouco da dificuldade que temos agora em pensar sobre o futuro me parece ser um sintoma de melancolia, uma falta de vontade de abrir mão do afeto altamente carregado do mundo homossocial que perdemos – na verdade, uma falta de vontade até de reconhecer que ele foi perdido. O melancólico quer reverter o tempo, continuar a viver como antes. Freud nos conta que a melancolia é uma "reação à perda de uma pessoa querida ou de uma abstração que esteja no lugar dela, como a pátria, a liberdade, um ideal, etc.".[103] Ao contrário

---

[101] Smith-Rosenberg, Carroll. The Female World of Love and Ritual: Relations between Women in Nineteenth-Century America. *Signs*, v. 1, n. 1, p. 1-29, 1975.

[102] Anderson, Bonnie S. *Joyous Greetings*: The First International Women's Movement, 1830-1860. New York: Oxford University Press, 2000; Rupp, Leila. *Worlds of Women*: The Making of an International Women's Movement. Princeton: Princeton University Press, 1997.

[103] Freud, Sigmund. Mourning and Melancholia. *In: The Standard Edition of the Complete Psychological Works of Sigmund Freud*. Tradução de James Strachey

do luto, que lida conscientemente com a perda, a melancolia é um processo inconsciente; o objeto perdido não é entendido como tal. Em vez disso, o melancólico se identifica com o objeto perdido e desloca sua tristeza e raiva para si mesmo. No melancólico, "a sombra do objeto caiu sobre o Eu, que agora pôde ser julgado [...] como um objeto, o objeto abandonado".[104] O julgamento é severo, e o processo normal, pelo qual a libido ou energia sexual é dirigido a outro objeto, é interrompido. Voltado para si mesmo, o melancólico vive apenas no passado. Ser capaz de pensar no futuro significa estar disposto a se separar do objeto perdido, reconhecer a perda e encontrar um novo objeto para um vínculo passional.[105]

Não existe dúvida de que, quando a história das mulheres amadureceu, a intensidade da paixão associada à campanha para garantir sua legitimidade esmoreceu. Embora muito reste a ser feito nesse campo desenvolvido irregularmente, os primeiros entusiasmos da descoberta já não conduzem nosso trabalho da mesma maneira. Por um lado, embora os programas de estudos das mulheres permaneçam homossociais, o mundo dos departamentos de história, assim como o da universidade em geral, é heterossocial: nosso mundo não é mais exclusivamente feminino. Por outro lado, a expansão do campo trouxe uma inovação notável. Agora, nós não apenas consideramos axiomáticas as diferenças entre as mulheres, tendo levado em conta a crítica de mulheres de cor, de mulheres do Terceiro Mundo, e de lésbicas na década de 1980, como também refinamos nossa teoria, e crescentemente substituímos as mulheres pelo gênero, como o objeto de nossa pesquisa. Assim, os estudos que produzimos já não são focados unicamente em mulheres como uma categoria singular. E isso significou que a coesão satisfatória do movimento – mulheres

---

et al. London: The Hogarth Press, 1995. v. 14, p. 243-258. [Ed. bras.: Luto e melancolia. *In: Neurose, psicose, perversão.* Tradução de Maria Rita Salzano Moraes. Belo horizonte: Autêntica, 2016, p. 100.]

[104] Freud. "Mourning and Melancholia", p. 249. [Ed. bras.: p. 107.]

[105] Butler, Judith. *Gender Trouble*: Feminism and the Subversion of Identity. New York: Routledge, 1990. [Ed. bras.: Butler, Judith. *Problemas de gênero*: Feminismo e subversão da identidade. Rio de Janeiro: Civilização Brasileira, 2003.]

como sujeito e objeto de sua própria história – desapareceu, se é que, de fato, ela chegou a existir. Sugerirei mais adiante que essa coesão foi amplamente estabelecida retrospectivamente, como parte da nostalgia da melancolia.[106]

A certo ponto de seu diálogo transgeracional,[107] Faue usa uma metáfora ocupacional para caracterizar a mudança na prática da história das mulheres ao longo das décadas passadas. Ela sugere que uma geração de artesãs e suas aprendizes cuidadosamente criaram histórias "que possuem significado político e uma metodologia sólida".[108] Então, enfrentaram a competição de "outras historiadoras" que, ou menos comprometidas com o feminismo, ou de posse de "teorias quentes" (ou ambos) inundaram o mercado com bens inferiores, de produção em massa. Embora as artesãs continuassem a produzir trabalho de alta qualidade, era difícil distingui-lo do material barato. O resultado é que toda a iniciativa foi desvalorizada. As colegas de Faue rejeitaram a metáfora como inadequada. Cahn observa que "com certeza, não houve escassez de história 'ruim' produzida pelo modo 'artesanal' mais antigo",[109] e Faue não insiste nisso. (Um aspecto realmente interessante dessa conversa, possibilitada pela tecnologia de e-mail, é sua informalidade e a disposição das participantes de serem hesitantes, experimentais e abertas.)

Acho revelador o recurso a um modelo de proletarização, não por causa de sua impossibilidade de aplicação no campo da história das mulheres – teorias de movimentos sociais oferecem comparações mais relevantes do que teorias de transformação ocupacional –, mas porque trabalhadores nos séculos XIX e XX, e historiadores do trabalho lamentam repetidamente o mundo pré-capitalista que perdemos. No uso que Faue faz dele, o tema da proletarização articula

---

[106] Para uma análise contundente do estado atual dos estudos das mulheres, ver: Brown, Wendy. Women's Studies Unbound: Revolution, Mourning, Politics. *Parallax*, v. 9, n. 2, p. 3-16, 2003.

[107] Scott; Evans; Cahn; Faue. "Women's History in the New Millennium", p. 199-220.

[108] Scott; Evans; Cahn; Faue. "Women's History in the New Millennium", p. 210.

[109] Scott; Evans; Cahn; Faue. "Women's History in the New Millennium", p. 215.

perda afetiva em termos econômicos mais familiares (e mais distanciados). Sugiro que seja, pelo menos parcialmente, a incapacidade de reconhecer diretamente a perda afetiva – a idealização passional de mulheres que conduziram a história das mulheres e historiadoras das mulheres – que torne isso, nas palavras de Faue "tão difícil de ver através do véu que esconde o futuro do presente".[110]

Melancolia

O "véu que esconde o futuro" é "a sombra do objeto" de Freud: melancolia. Entendo que isto signifique que estivemos confusas quanto à origem de nossa paixão, confundindo "mulheres" com a excitação do novo e do desconhecido. E se nossa sensação de que já sabemos o que é a história feminista bloqueia a loucura divina, o estímulo inspirado, que é precisamente o encontro com o desconhecido? E se reescrevêssemos a história do feminismo como a história de uma paixão crítica que circula, infiltrando-se metonimicamente ao longo de uma sequência de objetos contíguos, pousando, por um tempo, em um lugar inesperado, realizando uma tarefa, e depois seguindo em frente? Uso aqui o termo "história do feminismo" para significar não apenas a história do feminismo e a história escrita por feministas, mas também como uma insinuação coloquial, como em "bom, você sabe, aquela mulher tem uma história".

Pelo menos desde o século XVIII, o feminismo usou a história de diferentes maneiras e em épocas diferentes, como uma arma crítica na luta pela emancipação das mulheres. A história do feminismo demonstrou, sob a forma de casos exemplares do passado, o mérito das mulheres em se empenhar nas mesmas atividades dos homens, tais como trabalho assalariado, educação, cidadania e governo. Isso proporcionou heroínas a serem imitadas e linhagens para as ativistas contemporâneas – filiação em famílias fictícias de fazedoras de história. A história do feminismo expôs, como instrumentos do poder patriarcal, histórias que explicaram a exclusão de mulheres como um fato da natureza, e escreveu novas histórias para se contraporem

---

[110] Scott; Cahn; Faue. "Women's History in the New Millennium", p. 211.

à mentira da passividade das mulheres, bem como seu apagamento dos registros que constituem a memória coletiva. Ela não só contestou versões estereotipadas da mulher, como também insistiu nas profundas diferenças entre mulheres, e constituiu inúmeras alianças, focadas em muitos aspectos de poder, para promover seus objetivos. A história do feminismo é tanto uma compilação de experiências de mulheres quanto um registro das diversas intervenções estratégicas empregadas para defender a causa das mulheres. Ela pode, claro, se sustentar por si só, mas é mais bem entendida como um engajamento crítico duplamente subversivo: em relação aos códigos normativos de gênero prevalecentes, e às convenções e – desde a constituição da história como disciplina no final do século XIX – regras da escrita da história. A história do feminismo tem sido uma empreitada mutável, variável, um instrumento estratégico flexível, desvinculado de qualquer ortodoxia. A produção de conhecimento em relação ao passado, embora crucial, não tem sido um fim em si mesma, mas sim – em certos momentos, e nem sempre a serviço de um movimento político organizado – tem oferecido os termos substantivos para uma operação crítica, que usa o passado para interferir nas certezas do presente, abrindo, assim, o caminho para se imaginar um futuro diferente. Essa operação crítica é a dinâmica que impulsiona o feminismo; em termos lacanianos, é uma operação de desejo, não satisfeito por qualquer objeto determinado, "constante em sua pressão", sempre em busca de uma realização que é fugidia, porque realizar o objetivo utópico de abolir completamente a diferença sexual significaria a morte do feminismo.[111]

Lacan nos conta que o desejo é acionado pela falta, regido pelo inconformismo; ele é "insatisfeito, impossível, desconhecido".[112]

---

[111] Lacan, Jacques. Subversion of the Subject and the Dialectic of Desire in the Freudian Unconscious. *In: Ecrits*. Tradução de Alan Sheridan. New York: W. W. Norton, 1977. p. 292-324; Ver também o verbete "Desire" em: Evans, Dylan. *An Introductory Dictionary of Lacanian Psychoanalysis*. London: Routledge, 1996. p. 37.

[112] Lacan, Jacques. *The Four Fundamental Concepts of Psycho-Analysis*. New York: W. W. Norton, 1981. p. 154. [Ed. bras.: Lacan, Jacques. *Os quatro conceitos fundamentais da psicanálise*. Rio de Janeiro: Jorge Zahar, 1988. p. 146.]

Sua existência expõe a insuficiência de qualquer acordo conclusivo; sempre se quer algo mais. O desejo move-se metonimicamente; as relações entre seus objetos caracterizam-se por contiguidades inesperadas. Os movimentos são laterais, e não seguem em uma única direção. Poderíamos dizer aqui que, para o feminismo, o desejo é impulsionado por uma forma de crítica – ou melhor, ele mesmo é uma faculdade crítica. Como os filósofos alemães, entre eles Kant, Hegel, Marx e os membros da Escola de Frankfurt definiram-na, a crítica tem a mesma característica passional, inconsciente, inconformista. Embora suas formulações sejam racionais, suas motivações não são totalmente conhecidas. Wendy Brown e Janet Halley descrevem a crítica como "uma iniciativa perturbadora, desorientadora, e, às vezes destrutiva do conhecimento".[113] Elas escrevem: "Na insistência da disponibilidade de toda produção humana à crítica, ou seja, à possibilidade de ser repensada através de uma análise de premissas constitutivas, o trabalho da crítica não tem, potencialmente limites, nem fim".[114] Os objetos de crítica são as formas e manifestações da ideologia e do poder, suas verdades subjacentes e pressupostos fundamentais, e estes são tão variados e imprevisíveis quanto objetos de desejo. Como descrita por Brown e Halley, a crítica (assim como o desejo) consiste em busca: "ela incorpora uma vontade de saber", cujo exercício gera prazer, o prazer que decorre da contemplação do desconhecido.[115] Para elas, a "crítica aventura-se na abertura de novas modalidades de pensamento e possibilidade política, e potencialmente também proporciona a possibilidade de um enorme prazer – político, intelectual e ético".[116] O fato de o prazer significar não apenas afeto positivo mas também paixão, é indicado por referências a um "ânimo instigado", uma "euforia" e ao "próprio prazer como uma fonte crucial de motivação política".[117]

---

[113] Brown, Wendy; Halley, Janet (eds.). Introduction. *In*: *Left Legalism/Left Critique*. Durham: Duke University Press, 2002. p. 28.

[114] Brown; Halley, "Introduction", p. 26.

[115] Brown; Halley, "Introduction", p. 30.

[116] Brown; Halley, "Introduction", p. 29.

[117] Brown; Halley, "Introduction", p. 32.

A concepção do feminismo como uma operação crítica incessante, como um movimento de desejo, desassocia-a de suas origens nas teleologias do Iluminismo, e da promessa utópica de uma total emancipação. No entanto, ela não presume que o desejo opere fora do tempo; antes, é um fenômeno histórico mutante, definido como seus deslocamentos e através deles. O feminismo emergiu no contexto da proclamação da igualdade universal pela democracia liberal, posicionada discursivamente na contradição e como contradição, não apenas na arena da cidadania política como também na maioria das áreas de vida econômica e social. Apesar das muitas mudanças nos significados e práticas da democracia liberal, sua hegemonia discursiva se mantém, e o feminismo é uma de suas contradições. Ao chamar a atenção para si mesmo como contradição, o feminismo questionou os modos pelos quais as diferenças de sexo têm sido usadas, para organizar relações de poder. A especificidade histórica do feminismo provém do fato de que ele trabalha internamente e contra quaisquer que sejam as premissas fundamentais prevalecentes de seu tempo. Sua força crítica decorre do fato de que ele expõe as contradições em sistemas que afirmam ser coerentes – tais como o republicanismo, que exclui as mulheres da cidadania; a economia política, que atribui os menores salários das mulheres a seu menor valor como produtoras, determinado biologicamente; o ensino médico que confunde desejo sexual com os imperativos naturais de reprodução; e exclusões dentro de movimentos de mulheres que pressionam pela emancipação universal – e questiona a validade de categorias consideradas os princípios fundamentais da organização social: *a* família, *o* indivíduo, *o* trabalhador, masculino, feminino, Homem, Mulher.[118]

Um exemplo de nossa própria época da atuação crítica do feminismo é a relação da história das mulheres com a história social. Diz-se com frequência e certo senso de inevitabilidade, que a história das mulheres passou a ser aceitável com o crescimento de importância da história social. A ênfase na vida cotidiana, nas pessoas comuns e na ação coletiva tornou as mulheres um grupo

---

[118] Scott. *Only Paradoxes to Offer.*

óbvio a incluir. Eu colocaria isso de outra maneira: não havia nada na história social que tornasse inevitável a ascensão da história das mulheres. Ao contrário, as feministas argumentavam, dentro dos termos e a contrapelo do behaviorismo e do marxismo da nova esquerda, que as mulheres eram uma reflexão necessária para os historiadores sociais. Se fossem omitidas, estariam perdidos *insights* fundamentais sobre a maneira como a classe foi constituída. Enquanto historiadores homens celebravam os impulsos democráticos da classe trabalhadora nascente, as historiadoras das mulheres apontavam para as suas hierarquias de gênero. Nós não apenas corrigimos a ausência de mulheres em histórias do trabalho – embora, certamente, fizéssemos isso mostrando que "trabalhador" era uma categoria excludente; que mulheres eram trabalhadoras capacitadas, não apenas uma fonte barata de trabalho; e que mulheres convocavam greves e organizavam sindicatos, em vez de serem simplesmente membros de apoio de organizações masculinas –, nós também apresentamos uma crítica sobre as maneiras pelas quais os historiadores do trabalho reproduziam o machismo de sindicalistas. Algo que nem sempre caiu bem; na verdade, as feministas continuaram a se ver postas num gueto, em encontros de historiadores do trabalho. Mas houve certa empolgação de descoberta, ao tentarmos levar nossos colegas a um território desconhecido. No processo, convencemos, de fato, alguns deles a considerar o modo como o gênero consolidava a identidade dos homens como trabalhadores e membros de uma classe trabalhadora, e o modo pelo qual a natureza era usada, não apenas para justificar tratamentos diferenciados de trabalhadores e trabalhadoras mas também para regulamentar a estrutura familiar e padrões de emprego.

Na história do trabalho, bem como em outras áreas da história, da diplomática à cultural, Faue comenta: "a história das mulheres 'desfamiliarizou' o terreno de outros historiadores".[119] "Desfamiliarizou" está exato: os significados tidos como certos, os termos pelos quais os historiadores explicaram o passado, as listas dos chamados tópicos apropriados para a pesquisa histórica foram todos postos em

---

[119] Scott; Evans; Cahn; Faue. "Women's History in the New Millennium", p. 205.

questão, demonstrando que não eram tão abrangentes nem tão objetivos como se acreditara anteriormente. O que já fora impensável – que o gênero fosse uma ferramenta útil de análise histórica – passou a ser pensável. Mas a história não acaba aí. Agora uma categoria disciplinar acolhida, o gênero está sendo criticamente analisado pela próxima onda de feministas, entre outros, que acertadamente insistem ser apenas uma de várias vertentes de diferença igualmente relevantes. O sexo não subsome raça, etnia, nacionalidade nem sexualidade; essas atribuições de identidade se interseccionam de maneiras que precisam ser especificadas. Assim, restringir nosso enfoque à diferença sexual é deixar escapar os modos sempre complexos pelos quais as relações de poder são manifestadas por *diferenças*. Agora, o próprio terreno recentemente seguro de gênero e história das mulheres está sendo desfamiliarizado, uma vez que estudos *queer*, étnicos e pós-coloniais (entre outros campos) nos desafiam a forçar os limites de nosso conhecimento, a deslizar ou saltar metonimicamente para domínios contíguos. Pode parecer prematuro diversificar, antes de termos consolidado totalmente nossos ganhos, mas esse é o jeito errado de se pensar a história do feminismo. O impulso de reproduzir o que já é conhecido é profundamente conservador, quer ele venha de historiadores políticos tradicionais, quer ele venha de historiadores das mulheres. O que continua a fazer a história do feminismo tão excitante é precisamente sua recusa radical em se acomodar, até de chamar de lar uma habitação confortável.

A fantasia do lar

A melancolia baseia-se em uma fantasia de um lar que nunca existiu realmente. Nossa idealização do momento intensamente político, voltado para a mulher, da recente história feminista e nosso desejo de preservá-lo, falando dele como a essência da história das mulheres, impediu-nos de avaliar a excitação e energia da atividade crítica que era então, e continua sendo, a característica definidora do feminismo. A história feminista nunca se preocupou fundamentalmente em documentar as experiências das mulheres no passado, ainda que isso fosse o meio mais visível pelo qual perseguíamos nosso objetivo. A questão de olhar para o passado era desestabilizar o presente, contestar as instituições patriarcais e maneiras de pensar que se legitimavam como naturais, elaborar o pensamento impensável, por exemplo, destacar gênero de sexo. Nas décadas de 1970 e 1980, a história das mulheres era parte de um movimento que consolidava a identidade das mulheres como sujeitos políticos, possibilitando o ativismo em muitas esferas da sociedade, ganhando uma visibilidade pública sem precedentes e, por fim, algum sucesso. A Equal Rights Amendment [Emenda dos Direitos Iguais] não passou, e sim outras medidas antidiscriminatórias. O Title IX[120] teve um tremendo impacto, bem como ações afirmativas e campanhas para identificar e punir assédio sexual. O patriarcado não caiu, as hierarquias de gênero permanecem e a retaliação é evidente (a psicologia evolutiva é sua mais recente encarnação), mas muitas barreiras a mulheres – especialmente a mulheres profissionais brancas, de classe média – foram removidas. E as Nações Unidas têm apelado para que o mundo todo reconheça que os direitos das mulheres são direitos humanos. O status das mulheres como sujeitos da história, sujeitos produtores do conhecimento histórico e sujeitos da política parece ter sido assegurado, em princípio, ainda que nem sempre na prática.

A aceitação pública da identidade das mulheres como sujeitos políticos tornou redundante a construção histórica daquela identidade; não havia nada de novo a ser defendido nessa esfera. Histórias designadas a celebrar a agência de mulheres começaram a parecer previsíveis e repetitivas, apenas mais informação acumulada para afirmar um argumento que já tinha sido provado. Além disso, a política de identidade deu uma virada conservadora melancólica nas últimas décadas do século XX, como Wendy Brown demonstrou com tanta persuasão.[121] Vítimas e seus traumatismos vieram à frente, e, embora bastante esforço tenha sido despendido a seu favor, a situação de mulheres como sujeitos feridos não inspira política criativa

---

[120] Lei americana de 1972 que proíbe qualquer tipo de discriminação baseada em sexo, em qualquer escola ou programa educacional que receba verba federal. (N.T.)

[121] Brown, Wendy. *States of Injury*: Power and Freedom in Late Modernity. Princeton: Princeton University Press, 1995.

nem história. Crescentemente, também, diferenças entre mulheres tornaram mais difícil sua conciliação em uma única categoria, ainda que pluralizada. "Mulheres", por mais que fosse modificado, parecia demais uma universalização de mulheres brancas, ocidentais, heterossexuais, uma categoria não suficientemente ampla para realizar, sozinha, o trabalho exigido pelas considerações de diferenças entre mulheres. A emergência de novos movimentos políticos pareceu clamar por novos tipos de sujeito político; identidades singulares já não funcionavam como antes para a construção de alianças estratégicas múltiplas e mutáveis. Nesse contexto, uma nova geração de feministas voltou a crítica para a construção da própria identidade como um processo histórico. Buscando desfamiliarizar as pretensões contemporâneas de identidade, elas enfatizaram as maneiras complexas pelas quais opera a identidade de "mulheres", e não apenas para significar gênero. Se raça, sexualidade, etnia e nacionalidade desempenham papéis igualmente significativos na definição de "mulheres", então o gênero não é uma categoria de análise suficientemente útil.

Mas contar a história da forma como fiz implica uma narrativa singular, que distorce o passado. Nós não passamos ordenadamente de identidade para gênero, para uma crítica de formação do sujeito. A história do feminismo nesses anos não é uma história de um ataque unificado: Clio brandindo o gênero e cantando as mulheres. Mesmo quando a identidade das mulheres estava se consolidando, mesmo quando as mulheres pareciam ser o objeto principal de nossa investigação, havia vozes críticas, conflitantes, assinalando os limites de mulheres e gênero como conceitos, introduzindo outros objetos e teorizando maneiras diferentes de considerar os significados históricos da diferença sexual. Em 1975, Gayle Rubin abriu o caminho para (entre outras coisas) a reformulação e historicização da heterossexualidade normativa.[122] Em 1976, Natalie Davis nos advertiu para não estudar

---

[122] Rubin, Gayle. The Traffic in Women: Notes on the "Political Economy" of Sex. *In*: Reiter, Rayna R. *Toward an Anthropology of Women*. New York: Monthly Review Press, 1975. p. 157-210. [Ed. bras.: Rubin, Gayle. O tráfico de mulheres. Notas sobre a "economia política" do sexo. *In*: *Políticas do sexo*. São Paulo: Ubu, 2017. p. 9-61.]

mulheres, e sim grupos de gênero, e recusou leituras redutivas dos símbolos de masculino e feminino, lembrando-nos dos significados históricos múltiplos e complexos daquelas categorias.[123] Em 1982, a nona edição da Barnard Conference on the Scholar and the Feminist [Conferência Barnard sobre a Acadêmica e a Feminista] foi pelos ares por causa de debates sobre o lugar do sexo em representações da agência das mulheres.[124] Em 1988, Denise Riley sugeriu que a categoria de mulheres não era fundacional, mas histórica.[125] Em 1989 Ann Snitow observou que o feminismo estava dividido por desejos irreconciliáveis, tanto pela semelhança quanto pela diferença.[126] Em 1992, Evelyn Brooks Higginbotham, esperando escapar aos efeitos totalizantes das simples oposições entre mulheres brancas e negras, teorizou sobre a "metalinguagem da raça". "Ao reconhecer totalmente a raça como uma reconstrução instável, cambiante e estratégica", ela escreveu, "as acadêmicas feministas precisam assumir novos desafios para informar e confundir muitas das suposições que atualmente subjazem à história afro-americana e a história das mulheres. Precisamos problematizar muito mais aquilo que temos como certo. Precisamos revelar e dar coerência àquela e a muitas que sempre fomos na história e, na verdade, ainda somos hoje."[127] Em 1997, Afsaneh Najmabadi declarou seu "prazer não tão oculto de ser incapaz ou relutante de me identificar em [termos reconhecíveis de identidade] não importa quantas vezes hibridizado", e também confundiu aqueles termos em seu trabalho sobre construção de gênero e nação no Irã.[128]

---

[123] Davis, Natalie Zemon. "Women's History" in Transition: The European Case. *Feminist Studies*, v. 3, n. 3-4, p. 83-103, 1976.

[124] Os trabalhos reunidos da conferência aparecem em: Vance, Carole. *Pleasure and Danger*. New York: Routledge, 1984.

[125] Riley. *Am I That Name?*, [s.p.].

[126] Ann Snitow, "A Gender Diary", em *Conflicts in Feminism*, ed. Marianne Hirsch e Evelyn Fox Keller (Londres: Routledge, 1990), 9-43.

[127] Higginbotham, Evelyn Brooks. African-American Women's History and the Metalanguage of Race. *In*: Scott, Joan Wallach (ed.). *Feminism and History*, Oxford: Oxford University Press, 1996. p. 202.

[128] Najmabadi, Afsaneh. Teaching and Research in Unavailable Intersections. *differences*, v. 9, n. 3, p. 76, 1997. nota 6. Ver também: Najmabadi, Afsaneh.

Apresento esses exemplos providos de datas não para demonstrar um processo cumulativo pelo qual nosso trabalho ficou mais arguto ou mais sofisticado. É exatamente o oposto. O questionamento crítico de categorias prevalecentes tanto do *mainstream* quanto do trabalho feminista está consistentemente presente, e seu objeto fica mudando; esses exemplos são ilustrações do deslize metonímico a que me referi anteriormente. Na verdade, em tumulto de exploração promíscua (a "cacofonia selvagem" de Faue), muitos objetos se sobrepõem e coexistem, incluindo sexualidade, raça, símbolos do masculino e do feminino, a representação mutável e usos de diferença racial e de gênero, e as intersecções de raça, etnia e gênero na construção de uma nação. É esta atividade crítica – o incessante questionamento do que é tido como certo – que sempre nos move para algum outro lugar, de objeto a objeto, do presente para o futuro. Aquelas narrativas que insistem que as mulheres são, têm sido, e sempre devem ser o único sujeito ou objeto da história feminista, contam uma história profundamente seletiva que obscurece a dinâmica que possibilita pensar o futuro. É claro que tem havido esforços vigorosos para a manutenção de fronteiras, e essas histórias seletivas estão entre eles, mas têm sido de pouca utilidade: desatento aos corações partidos deixados em sua passagem, o desejo crítico feminista continua seguindo. Isso não é uma traição ou uma deserção, mas um triunfo; é a maneira com que a paixão do espírito crítico feminista se mantém viva.

Identidade

Venho argumentando que a principal função da história feminista tem sido não a de produzir mulheres como sujeitos, mas de explorar e contestar os meios e efeitos daquela produção do sujeito, conforme ela tem variado com o tempo e com a circunstância. Ficar satisfeito com qualquer identidade – mesmo com aquela que ajudamos a produzir – é desistir do trabalho de crítica e isso vale para a nossa identidade, tanto como historiadoras quanto como feministas.

Women with Mustaches and Men without Beards: Gender and Sexual Anxieties of Iranian Modernity. Berkeley: University of California Press, 2005.

Tendo logrado entrar na profissão expondo sua política de formação disciplinar, não caberia, agora, acomodar-se e reforçar as regras existentes, ainda que tenhamos ajudado a criar algumas delas. Não se trata de uma questão de recusa anárquica de disciplina, e sim de um uso subversivo de seus métodos, além de uma disposição mais autoconsciente de considerar temas e abordagens que já foram tidos como "proibidos". O que nos atrai é o que não sabemos; o que ansiamos contar são histórias novas, o que buscamos revelar são memórias novas. Nossa paixão pela história das mulheres foi um desejo de conhecer e pensar o que até então fora impensável. Afinal, a paixão prospera na busca do ainda não sabido.

A interdisciplinaridade tem sido uma das maneiras com as quais aprendemos a contar novas histórias. É por isso que ela tem sido uma marca da produção acadêmica feminista. Os seminários de estudos, programas e departamentos das mulheres têm sido os campos de provas para a articulação de novo conhecimento. Eles ofereceram sustentação para os estudos considerados insustentáveis em departamentos tradicionais, legitimação para aqueles que, caso contrário, poderiam não conseguir estabilidade (*tenure*). Foram questões vindas de fora de nossa própria problemática disciplinar que com frequência incitaram historiadores, como eu mesma, a buscar respostas não convencionais; foi a reação engajada de outras acadêmicas feministas que fez parecer que o trabalho valia a pena. A convocação de outras musas suplementou a inspiração de Clio. Tínhamos, no mínimo, duas coisas em comum: questões sobre mulheres, gênero e poder e – como a simples comparação de dados sobre mulheres não nos levava muito longe – uma busca por teorias que pudessem oferecer maneiras alternativas de ver e compreender. Stuart Hall, notoriamente, afirmou: "A teoria faz os significados deslizarem".[129] E o objetivo do feminismo foi exatamente essa desestabilização do significado estabelecido.

A exploração da teoria – incluindo o marxismo, a psicanálise, o liberalismo, o estruturalismo e o pós-estruturalismo – e a tentativa de formular algo a que pudéssemos chamar de teoria feminista foram

---

[129] Citado em: Brown, Wendy. *Politics out of History*. Princeton: Princeton University Press, 2001. p. 41.

caminhos de superação das barreiras disciplinares, encontrando uma linguagem comum, apesar de nossas diferentes formações acadêmicas. Embora muitas historiadoras das mulheres, ecoando seus colegas de disciplina, se preocupassem que a teoria e a história fossem incompatíveis, na verdade foi a teoria que possibilitou a crítica de uma história que presumia um sujeito cognoscente singular (*o* historiador) e considerou alguns temas mais merecedores de investigação do que outros. Sendo ou não agora amplamente reconhecidos, alguns axiomas comumente aceitos da análise histórica feminista são, de fato, *insights* teóricos sobre como as diferenças são construídas: não existe uma identidade individual (*self*), nem coletiva, sem um Outro (ou outros); não existe inclusão sem exclusão, um universal sem um particular rejeitado, nem uma neutralidade que não privilegie um ponto de vista interessado; e o poder está sempre em questão, na articulação dessas relações. Tomados como pontos de partida analíticos, esses axiomas tornaram-se o fundamento de um contínuo questionamento histórico crítico de amplo alcance.

A história feminista desenvolve-se em encontros interdisciplinares e tem incorporado alguns dos ensinamentos da teoria, mas acertadamente considerou a própria disciplina da história seu foco principal. (Afinal, é Clio quem nos excita.) A tensão entre feminismo e história, entre subversão e *establishment*, tem sido difícil e produtiva; uma pressionando os limites da ortodoxia, a outra vigiando os limites de um conhecimento aceitável. Quer saibamos, quer não, a relação não é unilateral, mas interdependente. O feminismo transforma a disciplina abordando criticamente sua problemática pela perspectiva de gênero e poder, mas sem a problemática disciplinar não haveria história feminista. Uma vez que a problemática mude (apenas em parte porque o feminismo a transforma), a história feminista também muda. Afinal, a memória não é estática nem a inspiração de Clio. A história do feminismo é sempre articulada numa relação crítica com a disciplina de história. Onde está a crítica feminista da história cultural? E das interpretações racionalistas do comportamento? Quais são os limites dos agora aceitos conhecimentos disciplinares de gênero? Quais são as histórias dos usos das categorias de diferença – racial, sexual, religiosa, étnica, nacional e daí por diante – que os historiadores tomam como caracterizações autoevidentes de pessoas no passado? Essas questões, questionamentos implacáveis de conhecimentos aceitos e suas abordagens, são sinais de um desejo crítico feminista ativo, voltado para o futuro.[130]

Se nos relacionamos com nossa disciplina como uma espécie de importunação crítica, fazemos o mesmo com nossos colegas de outras disciplinas e em áreas mais novas de estudo interdisciplinar. Somos nós que introduzimos a diferença temporal nas categorias utilizadas pelos estudos *queer*, pós-coloniais, transnacionais e globais. Afiliações estratégicas não prescindem de suas dimensões críticas; historiadoras feministas especializam-se na dimensão temporal. Somos relativistas quando se trata de significados; sabemos que eles variam com o tempo. Isso faz de nós críticas culturais especialmente boas. Podemos historicizar as verdades fundamentais do presente, e expor os tipos de investimento que as impelem, usando, nesse sentido, o passado, não como um precursor do que é (normalmente a tarefa da história oficial), mas como seu contraste.

Aqui somos agentes duplas, praticando a história para aprofundar e aguçar as críticas dos novos estudos oposicionistas, enquanto sorrateiramente repudiamos a ênfase da disciplina na continuidade e no caráter unidirecional da causalidade, do passado para o presente. Existe um grande futuro para essas agentes duplas, bem como certo entusiasmo na tarefa. Ela é desestabilizadora, tanto para aqueles com quem nos envolvemos quanto para nós mesmas. Não existe uma preocupação de que nossa identidade se torne fixa, ou nosso trabalho complacente; sempre há novas decisões estratégicas a serem tomadas. Certamente, há riscos envolvidos quando ortodoxias de Esquerda e de Direita são contestadas. Mas esses são os riscos que caracterizaram a história do feminismo desde o começo, a origem tanto de prazer quanto de perigo, a garantia de uma abertura para o futuro. Inderpal Grewal, Caren Kaplan e Robyn Wiegman chamam sua série de estudos acadêmicos feministas na Duke University Press, de Next Wave Provocations [Provocações da Próxima Onda],

---

[130] Ver: Rooney, Ellen (ed.). Discipline and Vanish: Feminism, the Resistance to Theory, and the Politics of Cultural Studies. *differences*, v. 2, n. 3, p. 14-28, 1990.

sugerindo que não há fim para a história do feminismo – a busca passional do que ainda não se sabe.[131]

Crítica

"Ah, o futuro" – é perigoso só se for negada a agência feminista. As feministas não são apenas sujeitos políticos, mas também sujeitos desejantes e, como tais, sujeitos que fazem a história. Essa noção de agência, como impelida por uma missão por aquilo que não podemos em última análise conhecer – pelo desejo –, não é minha nem é nova. Em 1983, Ann Snitow, Christine Stansell e Sharon Thompson editaram um livro de ensaios chamado *Powers of Desire: The Politics of Sexuality*[132] [*Os poderes do desejo: a política da sexualidade*]. Seus argumentos principais são que as mulheres não apenas são seres políticos, mas também seres sexuais, e que o estudo da sexualidade – sob muitas perspectivas – abre "uma área para o jogo, para a experimentação". As editoras também associam conhecimento feminista a desejo; e o "desejo", elas escrevem, apontando para um horizonte distante em que "podemos ver o que está vindo em nossa direção", "é sempre renovado".[133]

Estendi esse argumento para além do tema do sexo e sexualidade, para caracterizar a própria agência feminista. Nossa agência – nosso desejo – é crítica, o constante desfazer do conhecimento convencional; a exposição de seus limites para satisfazer totalmente os objetivos da igualdade, o que nos leva a lugares imprevistos. Nunca se sabe o que, em seguida, atrairá nossa atenção ou nossa ira. Assim como o desejo, a crítica não oferece mapa. É antes um critério contra o qual medir as insatisfações do presente. Seu rumo só pode ser

---

[131] Wiegman, Robyn. What Ails Feminist Criticism? A Second Opinion. *Critical Inquiry*, v. 25, n. 2, p. 362-379, 1999; Wiegman, Robyn. Feminism, Institutionalism, and the Idiom of Failure. *differences*, v. 11, n. 3, p. 107-136, 1999-2000.

[132] Snitow, Ann; Stansell, Christine; Thompson, Sharon (eds.). *Powers of Desire*: The Politics of Sexuality. New York: Monthly Review Press, 1983.

[133] Snitow; Stansell; Thompson, *Powers of Desire*, p. 43.

visto em retrospecto, mas seu movimento é inegável.[134] O estudo histórico é uma forma particularmente efetiva de crítica feminista.

Algumas antigas representações de Clio mostram-na com uma trombeta e uma clepsidra (relógio d'água), talvez anunciando a passagem do tempo. O tempo concebido como fluidez ou fluxo – uma representação particularmente feminina – não pode ser facilmente contido. A deusa também é representada com instrumentos de escrita, livros e pergaminhos, numa referência ao fato de ela ter introduzido o alfabeto fenício aos gregos. Se Clio ofereceu os instrumentos da produção do conhecimento, nosso dever é usá-los. Não somos deusas e, sendo assim, não podemos, ao contrário dela, contar histórias verdadeiras; então somos levados por nossa faculdade crítica – a qual ela inspira e provoca – a sempre revisar, sempre ir além da nossa sede por novos conhecimentos, novas histórias para contar.

Como desde o início Clio tem sido nossa inspiração, é importante conhecer detalhes não tão conhecidos a seu respeito. As musas não tinham um lar permanente, dançavam no Monte Olimpo, mas o Monte Hélicon também era seu refúgio. E elas não sentavam nem caminhavam; elas voavam. "Aonde quer que elas vão, elas devem ir voando; porque as deusas costumavam viajar desse jeito, como o Rei Pirineus de Daulis, que tentou estuprá-las, aprendeu tarde demais. Porque ele morreu ao pular do pináculo de uma torre, tentando seguir as Musas voadoras que lhe escaparam."[135]

Quem voa escapa aos perigos da dominação, aos poderes tirânicos da ortodoxia. O voo também é um curso positivo, uma subida; ele traça o caminho do desejo. Quando a melancolia fica para trás, aquele caminho abre-se para nós. E a paixão volta enquanto se prepara para a sua mais recente busca daquilo que ainda não foi pensado.

---

[134] Brown; Halley, "Introduction", *Left Legalism/Left Critique*, p. 33.

[135] Citado em: Parada, Carlos; Förlag, Maicar. Muses. *Greek Mythology*, 1997 (Disponível em: https://www.maicar.com/GML/MUSES.html. Acesso em: 23 maio 2024).

CAPÍTULO 2

Eco da fantasia
História e a construção da identidade

O título deste capítulo não é um termo técnico. Na origem, ele foi um erro, resultado da incapacidade de um aluno entender algumas palavras em francês, ditas com forte sotaque inglês por um professor de história nascido na Alemanha. O aluno, que também não tinha familiaridade com alguns dos temas importantes da história intelectual europeia moderna, tentou capturar os sons que tinha ouvido e emiti-los foneticamente, ecoando de modo imperfeito, embora não irreconhecível, a referência do professor à designação por contemporâneos das últimas décadas do século XIX, como o *fin de siècle*. No exame final do aluno, havia pistas suficientes para que eu acabasse descobrindo o que ele queria dizer. (À época, eu era professora assistente de George Mosse, na Universidade de Wisconsin, em 1964 ou 1965.) Havia algo na escolha de palavras do estudante que me atraiu, talvez sua criatividade linguística, ou talvez o fato de que elas pudessem ser interpretadas para ter certa plausibilidade descritiva. Seja qual for o caso, nunca as esqueci. Agora, na sequência de nosso próprio *fin de siècle*, as palavras "*fantasy echo*" ["eco da fantasia" ou "eco fantasioso"] parecem ter uma ressonância extraordinária, oferecendo uma maneira de pensar não apenas sobre o significado de designações temporais arbitrárias (décadas, séculos, milênios), mas também sobre como recorremos à história e a escrevemos. Embora eu não faça ideia de quem foi o estudante que cunhou a frase (e apostaria que há muito ele esqueceu sua desesperada improvisação), seria possível que "*fantasy echo*" viesse a se tornar uma dessas formulações inteligentes que também realizam um trabalho útil de interpretação.

Identidade e história

Há um tempo, venho escrevendo análises críticas sobre identidade, insistindo em que as identidades não preexistem a suas invocações políticas estratégicas, que as categorias de identidade que temos certeza de terem suas raízes em nossos corpos físicos (gênero e raça), ou em nossas heranças culturais (étnicas, religiosas), estão, na verdade, retrospectivamente associadas a essas raízes, não decorrem previsível ou naturalmente delas.[136] Existe uma semelhança ilusória, estabelecida, ao se referir a uma categoria de pessoas (mulheres, trabalhadores, afro-americanos, homossexuais) como se ela nunca mudasse, como se apenas as circunstâncias históricas, e não a categoria, variassem com o tempo. Assim, historiadoras das mulheres (para pegar o exemplo que mais conheço) questionaram como as mudanças nos status legal, social, econômico e médico das mulheres afetavam suas possibilidades de emancipação ou igualdade; mas questionaram com menor frequência como essas mudanças alteravam o significado (socialmente articulado, subjetivamente entendido) do próprio termo "mulheres". Poucas historiadoras feministas (Denise Riley é a exceção aqui) acataram o conselho de Michel Foucault para historicizar as categorias que o presente assume como sendo realidades autoevidentes.[137] Ainda que, para Foucault, a "história do presente" servisse uma finalidade política clara (desnaturalizando as categorias em que estruturas contemporâneas de poder se sustentavam e, assim, desestabilizando essas estruturas de poder), os que resistiram a seu ensinamento consideraram a historicização um sinônimo de despolitização. No entanto, essa sinonímia só é válida se o enraizamento histórico for visto como um pré-requisito para a estabilidade do sujeito do feminismo, se se considerar que a existência do feminino depende de alguma agência de mulheres inerente e atemporal.

---

[136] Scott, Joan Wallach. Multiculturalism and the Politics of Identity. *In*: Rajchman, John. *The Identity in Question*. New York: Routledge, 1995. p. 3-12.

[137] Riley. *Am I That Name?*, [s.p.].

Embora os historiadores tenham rapidamente reconhecido o lembrete de Eric Hobsbawm, de que a tradição é uma "invenção" que serve para inspirar e legitimar uma ação política contemporânea, encontrando precedentes e inspiração para ela no passado, foram lentos na aplicação dessa ideia a categorias de identidade, ou, pelo menos, a categorias de identidade que tenham referentes físicos ou culturais.[138] O texto de Hobsbawm sobre esse tópico veio como parte da reavaliação da historiografia marxista (ou, mais precisamente, stalinista), com suas noções a-históricas de trabalhadores e luta de classes, e teve uma influência importante na historicização daqueles conceitos (no entanto, entre os historiadores do trabalho, pouco se produziu sobre a questão de como opera a "invenção da tradição"). No campo da história das mulheres, a intervenção de Hobsbawm foi amplamente ignorada; ali, um número crescente de histórias do feminismo produz contínuas histórias de ativismo de mulheres, ao que parecem alheias a suas próprias invenções. Isso pode ser atribuído ao fato de ser mais difícil historicizar a categoria de mulheres, aparentemente baseada na biologia, do que era historicizar a categoria do trabalhador, sempre entendido como um fenômeno social, produzido não pela natureza, mas também por arranjos políticos e econômicos. Também pode derivar da maior dificuldade que aqueles que escrevem sobre mulheres (em oposição a trabalhadores) têm tido para afastar estereótipos sobre naturezas apolíticas das mulheres, e sua consequente falta de participação política. Dessa forma, existe a tentação de se amontoar contraexemplos, como demonstrações da capacidade política das mulheres, e negligenciar os contextos históricos variáveis, e com frequência radicalmente diferentes, em que as mulheres, como sujeitos, passaram a ter existência.

Mas nem aqueles que garantem que as identidades coletivas são inventadas, como parte de algum esforço de mobilização política, restaram atenção em como esse processo de invenção funciona. Em

---

[138] Hobsbawm, Eric J.; Ranger, Terence O. (eds.). *The Invention of Tradition*. Cambridge: Cambridge University Press, 1983. p. 1-14. [Ed. bras.: Hobsbawm, Eric. Introdução: A invenção das tradições. *In*: Hobsbawm, Eric; Ranger, Terence (orgs.). *A invenção das tradições*. Rio de Janeiro: Paz e Terra, 1997. p. 9-23.]

Only Paradoxes to Offer [*Apenas paradoxos a oferecer*], tentei demonstrar, na última parte de cada um dos capítulos biográficos, que a identidade feminista era um efeito de uma estratégia política retórica, invocada diferentemente por diferentes feministas em épocas diferentes.[139] Essas seções constituem uma crítica à noção de que a história do feminismo, ou, aliás, a história das mulheres seja contínua. Em vez disso, apresento uma história de descontinuidade, que foi repetidamente suturada por ativistas feministas, nos séculos XVIII e XIX, para compor uma visão de sucessão linear ininterrupta: ativismo das mulheres em nome das mulheres. Meu argumento é de que a identidade de mulheres não era tanto um fato autoevidente da história, como era evidência – em momentos específicos e pontuais no tempo – do esforço de alguém, de algum grupo, em identificar e, desse modo, mobilizar a coletividade.

O argumento que expus naquelas seções dos capítulos constituiu, para mim, uma maneira de seguir a agenda genealógica de Foucault de intervir criticamente em debates disciplinares sobre identidade e escrita da história. Mas também deixou de lado questões sobre como a identidade se estabelecia, como mulheres, com agendas imensamente diferentes, se identificavam umas com as outras, ao longo do tempo e de posições sociais. Quais eram os mecanismos de tal identificação coletiva e retrospectiva? Como esses mecanismos operam? Ao procurar maneiras de responder a essas questões, sinto-me provocada a tentar levar o eco da fantasia a fazer um sério trabalho analítico.

Fantasia

"Fantasy echo" tem uma ressonância maravilhosamente complexa. Dependendo de se ambas as palavras são tomadas como substantivos [eco da fantasia] ou como um adjetivo e um substantivo [eco fantasioso], o termo significa a repetição de algo imaginado ou uma repetição imaginária. Seja qual for o caso, a repetição não é exata,

---

[139] Scott. *Only Paradoxes to Offer*.

já que um eco é um retorno imperfeito do som. *Fantasy,* como substantivo [fantasia] ou adjetivo [fantasioso, imaginário] refere-se a brincadeiras criativas da mente que nem sempre são racionais.[140]

Para pensar o problema de identificação retrospectiva, pouco importa qual é o substantivo e qual é o adjetivo. Afinal, identificações retrospectivas são repetições imaginadas e repetições de semelhanças imaginadas. O eco é uma fantasia e a fantasia, um eco; os dois estão inextricavelmente entrelaçados. Qual poderia ser o significado de caracterizar as operações de identificação retrospectiva como um eco fantasiado, ou uma fantasia ecoada? Simplesmente poderia significar que tal identificação estabelece-se pela descoberta de semelhanças entre atores presentes e passados. Não existe carência de escrita sobre história nesses termos: história como o resultado de identificação empática tornada possível seja pela existência de características humanas universais, seja, em alguns casos, por um conjunto de traços e experiências transcendentes, pertencentes a mulheres, trabalhadores, membros de grupos religiosos, ou comunidades étnicas.

Sob essa visão, a fantasia é o meio pelo qual são descobertas, e/ou forjadas, relações reais de identidade entre passado e presente. Fantasia é mais ou menos sinônimo de imaginação, e considera-se que esteja sujeita a um controle racional, intencional; a pessoa dirige sua imaginação propositalmente para obter um objetivo coerente, o de se inscrever ou inscrever seu grupo na história, ao escrever a história de indivíduos ou grupos.[141] Para os meus propósitos, os limites desse enfoque são que ele considera exatamente a continuidade – a natureza essencialista – da identidade que quero questionar.

Por esse motivo, voltei-me para os textos embasados em psicanálise que tratam a fantasia em suas dimensões inconscientes. Substancialmente, pode ser que certas fantasias compartilhadas – aquelas que Jean Laplanche e Jean-Bertrand Pontalis consideram "fantasias

---

[140] Mantivemos o termo em inglês para preservarmos esses dois sentidos. (N.E.)

[141] Para um exemplo, ver: Collingwood, R. G. *The Idea of History.* New York: Oxford University Press, 1956. [Ed. port.: Collingwood, R. G. *A ideia de história.* Lisboa: Presença, 1972.]

originárias" – ofereçam termos fundamentais para as identidades sexuadas. Essas fantasias são os mitos que as culturas desenvolvem para responder a questões sobre as origens dos sujeitos, das diferenças sexuais e da sexualidade.[142] Fantasias primitivas de diferença sexual (que presumem que o corpo feminino foi castrado) podem oferecer um campo de convergência inconsciente entre mulheres que são, por outro lado, histórica e socialmente diferentes. Mas isso não pode explicar as percepções subjetivamente diferentes que as mulheres têm de si mesmas como mulheres, ou as maneiras pelas quais, em certos momentos, as "mulheres" se consolidaram como grupo identitário. Quero propor que a convergência entre mulheres não antecede sua invocação, mas é garantida por fantasias que lhes possibilitam transcender a história e a diferença.

Sendo assim, parece mais proveitoso considerar a fantasia um mecanismo formal para a articulação de cenários, que, ao mesmo tempo, são historicamente específicos em sua representação e detalhe, e transcendentes à especificidade histórica. Existem três aspectos da fantasia (dos quais nem todos são características necessárias) que servem a meus propósitos. O primeiro é que a fantasia é o cenário para o desejo. "A fantasia", escrevem Laplanche e Pontalis, "não é o objeto do desejo, mas seu cenário. Na fantasia, o sujeito não busca o objeto ou seu signo, ele mesmo aparece arrebatado na sequência de imagens. Ele não elabora uma representação do objeto desejado, mas é ele próprio representado como participante da cena."[143] No cenário fantasiado, a realização do desejo e as consequências dessa realização são encenadas. Riley define "fantasia" como uma "metaforicidade prolongada. Estar em fantasia é viver 'como se'. Uma cena está sendo representada; e qualquer gesto de identificação implica, necessariamente, um cenário".[144] O segundo aspecto formal é que

---

[142] Laplanche, Jean; Pontalis, Jean-Bertrand. Fantasy and the Origins of Sexuality. *In*: Burgin, Victor; Donald, James; Kaplan, Cora. *Formations of Fantasy*. London: Routledge, 1986. p. 5-34.

[143] Laplanche; Pontalis. "Fantasy and the Origins of Sexuality", p. 26.

[144] Riley, Denise. *The Words of Selves*: Identification, Solidarity, Irony. Stanford: Stanford University Press, 2000. p. 13.

a fantasia tem uma estrutura dupla, que simultaneamente reproduz e mascara o conflito, antagonismo ou contradição. No clássico ensaio de Freud "Bate-se numa criança", a fantasia encena, ao mesmo tempo, o desejo transgressivo do indivíduo e pune quem deseja. A surra é, ao mesmo tempo, a realização do desejo erótico da criança pelo pai, e a punição por isso.[145]

Na análise de Slavoj Žižek sobre a ideologia, filtrada por uma lente lacaniana, a fantasia mantém e mascara divisões dentro da sociedade. Em alguns casos, ela faz isso atribuindo a pessoas repudiadas (os judeus são um exemplo clássico) as causas da própria falta de satisfação de alguém (ou de um grupo): "eles" roubaram "nossa" *jouissance*. A construção "nós contra eles" consolida cada lado como um todo indiferenciado, e elimina as diferenças que produzem hierarquia e conflito entre "nós"; ela também articula um anseio por fruição, que está além da capacidade de ser proporcionada por qualquer sistema ideológico. (A *jouissance* é crucial na reflexão de Žižek sobre fantasia; trata-se daquela sensação orgásmica que excede a articulação e parece, ao menos momentaneamente, satisfazer o desejo. Mas o desejo é, em última análise, insaciável, porque busca restaurar um todo e uma coerência imaginados, o fim da alienação associada à aquisição da ipseidade individual [*individual selfhood*].) Em outro exemplo de Žižek, a fantasia contém o "suplemento obsceno" libidinal no qual o poder se baseia – o apelo erótico subjacente e normalmente não declarado de, digamos, uma legislação contra a pornografia que retrate exatamente o que pretende regular e/ou reprimir.[146] Um terceiro aspecto formal é que a fantasia funciona como uma narrativa (bem condensada). Na formulação de Žižek, a narrativa é uma maneira de resolver "algum antagonismo

---

[145] Freud, Sigmund. "A Child Is Being Beaten": A Contribution to the Study of the Origin of Sexual Perversions. *In: The Standard Edition of the Complete Psychological Works of Sigmund Freud.* Tradução de James Strachey *et al.* London: The Hogarth Press, 1995. v. 17, p. 175-203. [Ed. bras.: "Bate-se numa criança": contribuição para o estudo da origem das perversões sexuais. *In: Neurose, psicose, perversão.* Belo Horizonte: Autêntica, 2016, p. 123-156.]

[146] Žižek. *The Plague of Fantasies*, p. 26-27.

FANTASIA DA HISTÓRIA FEMINISTA

fundamental, reorganizando seus termos em uma sucessão temporal".[147] Elementos contraditórios (ou, nesse sentido, incoerentes) são reorganizados diacronicamente, passando a ser causas e efeitos. Em vez de desejo/punição, ou transgressão/lei, sendo vistos como mutuamente constitutivos, são entendidos como operando sequencialmente: as transgressões do desejo provocam a punição da lei, ou, para mudar o exemplo, o surgimento da modernidade traz a "perda" da sociedade tradicional. Na verdade, as características que dizem pertencer à sociedade tradicional, ganharam existência apenas com a emergência da modernidade; elas são seu lado constitutivo oculto. A relação não é diacrônica, mas sincrônica. Sendo assim, a imposição da narrativa lógica sobre a história é, ela mesma, uma fantasia, segundo Žižek: "As verdadeiras rupturas históricas são, pelo contrário, mais radicais do que meros desdobramentos narrativos, uma vez que o que muda nelas é toda a constelação de emergência e perda. Em outras palavras, uma verdadeira ruptura histórica não designa simplesmente a perda 'regressiva' (ou o ganho 'progressivo') de algo, mas a mudança na própria matriz que nos permite mensurar perdas e ganhos".[148]

A fantasia está em jogo na articulação tanto da identidade individual quanto da coletiva; ela extrai coerência da confusão, reduz a multiplicidade à singularidade, e reconcilia o desejo ilícito com a lei. Possibilita que indivíduos e grupos deem histórias para si próprios. "A fantasia", escreve Jacqueline Rose, "não é [...] antagônica à realidade social; é sua precondição ou cola psíquica."[149] A fantasia pode ajudar a explicar as maneiras como os sujeitos são formados, internalizando e resistindo a normas sociais, assumindo os termos de identidade que lhes confere agência. (Por esse motivo, ela embasou tanto as teorias pessimistas quanto as otimistas sobre a subjetividade humana.)[150] E pode ser usada no estudo das maneiras pelas quais a

---

[147] Žižek. *The Plague of Fantasies*, p. 11.

[148] Žižek. *The Plague of Fantasies*, p. 13.

[149] Rose, Jacqueline. *States of Fantasy*. Oxford: Oxford University Press, 1996. p. 3.

[150] Homer, Sean. The Frankfurt School, the Father and the Social Fantasy. *New Formations*, v. 38, p. 78-90, Summer 1999.

história – uma narrativa fantasiada que impõe ordem sequencial nas ocorrências, que, caso contrário, seriam caóticas e contingentes – contribui para a articulação da identidade política. Portanto, como já argumentei em outro momento, a história do feminismo, quando contada como uma história contínua e progressiva da busca das mulheres por emancipação, apaga a descontinuidade, o conflito e a diferença que poderiam solapar a estabilidade politicamente desejada das categorias denominadas "mulheres" e "feminista".[151]

Na fantasia, as ações narrativas não são diretas, exatamente pela maneira condensada na qual a temporalidade é figurada. Sempre há certa ambiguidade criada pela coexistência da simultaneidade e da narrativa. No cenário da fantasia, o desejo é realizado, punido e proibido, tudo ao mesmo tempo, do mesmo modo que o antagonismo social é evocado, eliminado e resolvido. Mas a fantasia também sugere uma história sobre uma relação sequencial para proibição, realização e punição (tendo infringido a lei que proíbe o incesto, a criança é surrada); e é precisamente uma narrativa que evoca, elimina e, portanto, resolve o antagonismo social ("nós" estamos reagindo a "outros" que levaram embora nossa *jouissance*). A sequência de eventos no cenário substitui (ou ocupa o lugar da) mudança histórica (a qual, eu alegaria, tem a ver com a existência de uma diferença no tempo). A repetição substitui a história (ou se confunde com ela) porque a narrativa já está contida no cenário. Portanto, inscrever-se na história [story] que está sendo encenada torna-se uma maneira de se inscrever na história [history]. Dessa maneira, a categoria de identidade estabiliza-se retrospectivamente. O que poderia ser chamado de fantasia da história feminista garante a identidade de mulheres ao longo do tempo. Os detalhes específicos podem ser diferentes, mas a repetição da narrativa básica e a experiência do sujeito nela significa que os atores nos são conhecidos – somos nós.

Ainda assim, existe uma tensão a ser explorada pelos historiadores que buscam analisar processos de formação identitária, uma tensão entre a temporalidade da narrativa histórica (que leva com ela noções de irredutíveis diferenças no tempo) e sua condensação

---

[151] Scott. *Only Paradoxes to Offer.*

em cenários recorrentes (que parecem negar essa diferença). É aí que entra o eco.

Eco

Em seu sentido mais literal, o eco simplesmente repete o que veio antes, multiplicando cópias, prolongando o som – identidade como reprodução do mesmo. Mas essa literalidade nem mesmo está certa como descrição do fenômeno físico. Ecos são retornos retardados de som; são reproduções incompletas, em geral devolvendo apenas os fragmentos finais de uma frase. Um eco abrange grandes brechas de espaço (o som reverbera entre pontos distantes) e tempo (os ecos não são instantâneos), mas também cria brechas de significado e de inteligibilidade. O dobre melódico de sinos pode se tornar cacofônico quando ecoa mesclado com o som original; quando os sons são palavras, o retorno de frases parciais altera o sentido original além dos comentários a respeito. Poetas e estudiosos de literatura deram muita importância a esse tipo de repetição incompleta, tardia e frequentemente contraditória. Na versão de um tradutor de Ovídio da história da ninfa Eco e de Narciso, em que o efeito da ninfa é transformar o significado do que dizem outras pessoas, Narciso grita: "Encontremo-nos aqui, reunamo-nos aqui", e a ninfa Eco responde (transformando a busca de Narciso pela origem da voz que ele escuta em uma proposição erótica): "Gozemos. Juntos".[152,153] Ou quando Narciso recua do abraço de Eco e diz: "Que eu morra antes de lhe dar poder sobre mim", a ninfa responde: "Eu lhe dou poder sobre mim", revertendo o referencial do pronome e o

---

[152] Na tradução, a ideia se perde, uma vez que em inglês as palavras são as mesmas, mudando o sentido segundo a pontuação. No original a frase de Ovídio, seria: *"Here let us meet, let us come together"*, e a resposta da ninfa Eco: *"Let us come. Together"*. (N. T.)

[153] Citado em Hollander, John. *The Figure of Echo*: A Mode of Allusion in Milton and After. Berkeley: University of California Press, 1981. p. 25. Ver: Ovídio. *Metamorphoses*. Edição de G. P. Goold. Tradução de Frank Justus Miller. Cambridge: Cambridge University Press, 1977. p. 150-51.

significado das palavras.[154,155] Aqui um eco proporciona um contraste irônico; em outros exemplos, a imitação de um eco cria um efeito de zombaria. Seja qual for o caso, a repetição constitui alteração. É assim que o eco solapa a noção de semelhança duradoura que em geral se associa à identidade. Claire Nouvet lê a história de Eco e Narciso como um comentário sobre o modo como os sujeitos são construídos. Quando, rejeitada por Narciso, Eco perde o corpo, Ovídio nos conta que mesmo assim ela permanece viva como som ("Existe som, que vive nela").[156]

> Embora a ninfa Eco seja agora um som, o texto ainda a coloca como um sujeito capaz de conter um som. Mas como ela perdeu seu corpo, já que resta um "não corpo",[157] como o som pode estar nela? A perda do corpo "mata" Eco, a "outra", expondo a outra subjetiva como a corporificação ilusória de uma Outra que ecoa.[158]

Eco, na leitura de Nouvet, é o processo pelo qual os sujeitos passam a existir como "um jogo de repetição e diferença entre significantes".[159,160] Sem dúvida, essa ênfase na linguagem é importante,

---

[154] Novamente a tradução se perde, porque em inglês os verbos não são flexionados. No original: a fala de Narciso: "May I die before I give you power over me", e a de Eco "I give you power over me". N.T.)

[155] Citado em: Hollander. *The Figure of Echo*, p. 25.

[156] Citado em: Nouvet, Claire. An Impossible Response: The Disaster of Narcissus. *Yale French Studies*, n. 79, p. 113, 1991.

[157] No original, há um jogo de palavras aqui entre *"nobody"* (ninguém) e *"no body"* (nenhum corpo/sem corpo). (N.E.)

[158] Nouvet, "An Impossible Response", p. 114.

[159] Nouvet, "An Impossible Response", p. 114)

[160] Nouvet rejeita como uma leitura muito limitada e muito literal de Ovídio uma possível interpretação feminista que tomaria a Eco desprovida de corpo, que não pode iniciar o som, como a representação do feminino – derivativo e secundário – na cultura ocidental. Ver: Nouvet. "An Impossible Response", p. 109. Ver também: Segal, Naomi. Echo and Narcissus. *In*: Brennan, Teresa. *Between Feminism and Psychoanalysis*. New York: Routledge, 1989. p. 168-185. Denise Riley tem uma importante discussão sobre Eco, em termos de ironia e identidade. Cf. Riley. *Words of Selves,* especialmente p. 155-161.

mas também é limitada para se pensar nos processos históricos envolvidos na formação da identidade. Para garantir a identidade, a fantasia trabalha exatamente preenchendo as categorias vagas do *self* e de outro com representações reconhecíveis. No uso que faço, o eco não é tanto um sintoma da natureza vazia e ilusória da alteridade, como é um lembrete das imprecisões temporais das condensações da fantasia, condensações que, ainda assim trabalham para esconder ou minimizar a diferença por meio da repetição. (Usos inexatos do eco captam essa operação de oclusão quando sugerem que o eco é uma réplica exata do som original.)

Para os historiadores, o eco oferece ainda outra perspectiva no processo de estabelecimento de identidades, expondo os problemas de distinção entre o som original e suas ressonâncias, e o papel do tempo nas distorções ouvidas. De onde uma identidade se origina? O som se emite adiante, do passado ao presente, ou chamados de resposta ecoam no presente, vindos do passado? Se não somos a fonte do som, como podemos localizar essa fonte? Se temos apenas o eco, podemos chegar a discernir o original? Existe algum motivo para tentar, ou podemos nos sentir satisfeitos pensando em identidade como uma série de transformações repetidas?

O historiador que escreve sobre mulheres participa desse efeito de eco, emitindo à frente e captando sons. Mulheres, como um tema definido de pesquisa, é um substantivo plural, significando diferenças entre fêmeas biológicas; também é um termo coletivo que oclui diferenças entre mulheres, em geral contrastando-as com homens. A história das mulheres sugere uma suave continuidade, assim como divisões e diferenças. Na verdade, a singular palavra "mulheres" refere-se a tantos sujeitos, diferentes e iguais que se torna uma série de sons fragmentados, que se tornam inteligíveis apenas para a ouvinte, que (ao especificar seu objeto) está predisposta a escutar de determinada maneira. "Mulheres" adquire inteligibilidade quando a historiadora ou ativista, buscando inspiração no passado, atribui significado ao que (se identifica com o que) conseguiu ouvir. Se a subjetividade definida historicamente, que é a identidade é pensada como um eco, então a replicação deixa de ser um sinônimo adequado. A identidade como um fenômeno contínuo, coerente, histórico, se revela uma fantasia, uma fantasia que apaga as divisões e descontinuidades, as ausências e diferenças, que separam os sujeitos no tempo. O Eco fornece um brilho à fantasia, e desestabiliza qualquer esforço em limitar as possibilidades de "metaforicidade sustentada", ao nos lembrar que a identidade (no sentido tanto de semelhança [*sameness*] quanto de individualidade [*selfness*]) se constrói numa relação complexa e difratada com os outros. A identificação (que produz a identidade) opera, então, como *fantasy echo* repetindo com o tempo e ao longo de gerações o processo que forma indivíduos como atores sociais e políticos.

Duas fantasias da história feminista

Embora muitas fantasias tenham sido produzidas para consolidar a identidade feminista, duas delas me parecem particularmente prevalecentes, pelo menos nos movimentos feministas ocidentais, desde o fim do século XVIII. Uma, a fantasia da oradora, projeta as mulheres no espaço público masculino, em que vivenciam os prazeres e perigos de transgredir limites sexuais e sociais. A outra, a fantasia maternal feminista, parece, de início, ser contrária à da oradora, em sua aceitação de regras que definem a reprodução como o papel fundamental das mulheres (uma aceitação da diferença recusada pela oradora que busca igualdade). Mas a fantasia, na verdade, vislumbra o fim da diferença, a recuperação de "um território perdido", e o fim do divisionismo, do conflito e da alienação, associados à individuação.[161] Trata-se de uma fantasia utópica de semelhança e harmonia, produzida pelo amor maternal.

Esses cenários de fantasia não são suportes permanentes de movimentos feministas, nem o uso de um obsta um apelo ao outro. Na verdade, nos exemplos que cito à frente, a mesma mulher se coloca em cada cenário, em diferentes momentos. (Talvez isso aconteça por serem fantasias relacionadas, uma buscando separação

---

[161] Kristeva, Julia. Stabat Mater. *In*: Moi, Toril (ed.). *The Kristeva Reader*. Tradução de Leon S. Roudiez. New York: Columbia University Press, 1986. p. 161.

da mãe, e a outra, um retorno a ela.)[162] As fantasias funcionam como recursos a serem invocados. Na verdade, pode-se dizer que têm a característica dos ecos, ressoando incompleta e esporadicamente, embora de maneira discernível, no apelo às mulheres para que se identifiquem como feministas.

Oradoras

Nos anais da história do feminismo, uma figura icônica é a da mulher discursando em pé, em um palanque. O cenário é semelhante, seja a representação reverente, seja caricaturada: o braço da mulher está erguido, ela fala para uma multidão, cuja reação é tempestuosa, as coisas podem ficar fora de controle. O tumulto admite a natureza transgressiva da cena, uma vez que, no século XIX e no começo do século XX, as mulheres eram impedidas, por convenção social, senão pela lei, de falar em fóruns públicos. A própria cena poderia ser lida como uma alegoria do feminismo, de modo mais geral: uma intervenção excitante – em todos os sentidos da palavra – no universo (masculino) público, político.

Na história feminista francesa, a cena primordial foi representada por Olympe de Gouges: "Se as mulheres têm o direito de subir ao cadafalso, devem igualmente ter o direito de subir à tribuna".[163] A sina de Gouges – execução pelos jacobinos em 1793 – conectou a possibilidade de punição por morte às exigências das mulheres por direitos políticos e seu exercício de uma voz pública (substituindo seu argumento lógico por uma história de transgressão e sua punição subsequente). Sua própria experiência de falar em público não foi notável, e raramente parece ter-se aproximado literalmente do cenário fantasiado que ecoou pelas gerações de militância feminista. Relata-se que por diversas vezes ela tentou, sem sucesso, conquistar o palanque na Assembleia Nacional no início da década de 1790, e

---

[162] Nikolchina, Miglena. *Matricide in Language*: Writing Theory in Kristeva and Woolf. New York: Other Press, 2004.

[163] Gouges, Olympe de. *Déclaration des droits de la femme et de la citoyenne*. Paris, 1791. artigo X, 9.

que se dirigiu a um público amplamente feminino em um encontro da Sociedade das Cidadãs Republicanas Revolucionárias, em 1793. As intervenções mais notáveis de Gouges foram suas escritas volumosas, especialmente a *Declaração dos direitos da mulher e da cidadã*, de 1791. É claro que escrever também é um exercício de voz pública, e, para Gouges, foi uma fonte de enorme prazer (certa vez ela disse que tinha "uma coceira [*démangeaison*] para escrever").[164] Além disso, Gouges não via nada de transgressor em sua própria atividade pública, porque não aceitava os limites estabelecidos pelo gênero entre público e privado (política e sexo, razão e emoção), que os revolucionários estavam implementando nem buscava retirar o sexo da consideração política. As mulheres precisavam de liberdade de expressão, para poderem identificar os pais das crianças frutos de encontros sexuais, ela argumentou nessa sua obra. A revolução poderia usar mulheres, ela observou em outro texto, para "inflamar as paixões" dos jovens recrutados pelo exército. No entanto, os jacobinos definiram suas ações como inversões da natureza e, quando a guilhotinaram, explicaram que ela "esquecera as virtudes pertencentes a seu sexo".[165] Foi assim que as palavras de Gouges sobre o patíbulo e a tribuna tornaram-se a legenda de um cenário feminista, adotado por sucessivas gerações.

Quando Jeanne Deroin fez campanha como socialista democrática por um assento na legislatura em 1849 (apesar do fato de que as mulheres não podiam votar nem se candidatar sob a regras da Segunda República [francesa]), contou aos leitores do seu jornal *L'Opinion des Femmes* [*A opinião das mulheres*], que seu discurso (para um público em sua maioria de operários homens) tinha sido "recebido com gentileza". No entanto, confidenciou que sua profunda

---

[164] Citado em Slama, Béatrice. Écrits de femmes pendant la révolution. *In*: Brive, Marie-France (ed.). *Les femmes et la révolution française*: actes du colloque international. 12-13-14 avril 1989, 2 v. Toulouse, France: Presses universitaires du Mirail, 1989. v. 2, p. 297.

[165] Lairtullier, E. *Les femmes célèbres de 1789 à 1795*, et leur influence dans la révolution, pour servir de suite et de complément à toutes les histoires de la révolution française. 2 v. Paris, 1840. V. 2, p. 140.

convicção de que a igualdade entre os sexos era a base do socialismo não foi suficiente para impedir que, durante seu discurso, fosse tomada por *"une vive émotion"* ["uma viva emoção"], a qual temia poder ter enfraquecido o desenvolvimento de suas ideias e a força de sua expressão. Na verdade, por um momento, esses sentimentos de prazer e perigo levaram-na a perder a voz. Em outro encontro, as circunstâncias foram diferentes. Conforme subia ao púlpito, "irrompeu um alarido, de início na altura da entrada do saguão, ao qual logo toda a plateia aderiu". Embora temerosa, Deroin manteve-se firme (suponho que imaginando ser Gouges) e extraiu grande satisfação disso: "reforçada pelo sentimento íntimo da grandeza de nossa missão, da sacralidade de nosso apostolado, e profundamente convencida da importância [...] do nosso trabalho, tão eminentemente, tão radicalmente revolucionário [...] encerramos nosso dever recusando deixar a tribuna [...] para acalmar a multidão tumultuosa".[166] Mais tarde, Deroin explicou que estava "excitada [*excitée*] por um forte ímpeto [une *impulsion puissante*]" que superou sua timidez natural.[167] Embora tenha atribuído esse ímpeto a influências externas, e explicasse sua ação como o cumprimento de um dever a serviço de uma causa, para mim parece haver pouca dúvida de que a excitação vivida nas duas cenas é aquele gozo evocado por Žižek – o excesso de prazer associado à realização de um desejo ilícito e sua punição, esta que confirma a natureza transgressora do desejo.

Madeleine Pelletier (psiquiatra, socialista, sufragista) oferece uma versão da cena em seu romance autobiográfico de 1933. A protagonista (vestida *en homme*, como Pelletier, de calças, colarinho e gravata, com cabelo bem curto) toma o palanque com nervosismo, e com energia insta uma multidão de homens trabalhadores, socialistas, a apoiar os direitos das mulheres. (O prazer em assumir a posição masculina é ampliado e contrabalançado por medo.) Quando, mais tarde, camaradas simpatizantes lhe disseram que ela teria sido

---

[166] Deroin, Jeanne. Compte-rendu du résultat de notre appel aux électeurs. *L'opinion des femmes*, [suplemento] n. 4, 7 maio 1849.

[167] Citado em: Serrière, Michèle. Jeanne Deroin. *In: Femmes et travail*. Paris: Martinsart, 1981. p. 26.

mais efetiva se estivesse apropriadamente vestida – como mulher – sua reação "àquelas palavras brutais" é de choque: "Pareceu uma espécie de estupro moral".[168] O vestuário da oradora e o fato de ela falar sinalizam sua feminilidade inapropriada, punida por uma desaprovação tão forte que parece estupro. A violação de padrões normativos de gênero – para Madeleine Pelletier, a habilidade prazerosa de transcender os limites da diferença sexual – traz, por sua vez, violação, uma violação que restaura os limites de gênero.

Não há dúvida de que Pelletier lera os relatos de Deroin sobre sua experiência, assim como existe pouca dúvida de que Deroin tinha em mente Gouges. Na verdade, Pelletier dera a sua protagonista o nome de guerra de Jeanne Deroin, embora as noções de Deroin sobre a condição feminina e o feminismo fossem radicalmente diferentes das suas. Além disto, Gouges, cuja formulação tornou-se um *slogan* precioso do feminismo francês, era uma cortesã, uma dramaturga, de simpatias políticas incertas (era monarquista até a execução do rei, em 1792, quando transferiu suas lealdades para a Gironda e o federalismo). Obstinada, sedutora, prolixa, ela não era de maneira alguma a mulher – cuja casta maternidade era exemplificada pela Virgem Maria – que Deroin buscava incorporar em meados do século XIX, com um comportamento gentil e amoroso, nem a *femme en homme*, pisando firme até o palanque, que Pelletier encenou no começo do século XX. Esses detalhes – de grande importância para a historicização da identidade em geral, e das mulheres e das feministas, em particular – eram incidentais para a identificação coletiva, viabilizada pelo cenário da fantasia. Na verdade, uma das maneiras pelas quais o feminismo adquiriu uma história foi que sucessivas gerações de mulheres (ativistas e historiadoras) conseguiram se inscrever nesses cenários similarmente estruturados. Foi o gozo compartilhado, e não os detalhes históricos específicos, que proporcionou uma base comum.

Outra versão, que mostra o alcance internacional desses *fantasy echoes*, vem da socialista e feminista alemã Lily Braun, que trabalhava em um contexto político, nacional e social muito diferente do

---

[168] Pelletier, Madeleine. *La femme vierge*. Paris: Valentin Bresle, 1933. p. 186.

francês. "É extremamente difícil elaborar meus pensamentos mais íntimos perante estranhos – é como se eu tivesse que me mostrar nua ao mundo todo."[169] Nudez – a exposição da feminilidade – é, ao mesmo tempo, prazerosamente triunfante (sua mera presença diz: veja, não tem como se equivocar, uma mulher em espaço masculino) e eroticamente provocadora (solapando o esforço feminista de negar a importância da diferença sexual). Uma variação desse cenário se encontra na psicanalista Joan Rivière, descrevendo, em um artigo de 1927, um de seus pacientes, uma oradora pública e profissional realizada, que, após um desempenho marcante no palanque, regularmente se degradava flertando com homens mais velhos na plateia. "Em toda sua vida", escreveu Rivière, "certo grau de ansiedade, às vezes muito severa, era sentido após cada apresentação pública, tal como falar para uma plateia. Apesar de seu inquestionável sucesso e habilidade, tanto intelectual quanto prático, e sua capacidade para administrar uma plateia e lidar com discussões etc., ficava excitada e apreensiva a noite toda após evento, com dúvidas de se teria feito algo impróprio, e obcecada por uma necessidade de reafirmação."[170]

Ao se mascarar como mulher, a paciente de Rivière procurava negar os efeitos castradores impressionantes, e, para ela, excitantes, da exibição de seu intelecto. Os detalhes da fantasia de Rivière revertem a de Braun: enquanto Braun imagina-se como uma impostora, que apenas finge ter o falo, a paciente de Rivière quer disfarçar sua posse do falo e o prazer que lhe dá, ao vestir a máscara da "feminilidade". Mas, em ambos os casos, a fantasia permite a evocação e o refreamento do excesso prazeroso, associado à transgressão dos limites da diferença sexual.

A historiadora feminista contemporânea, ela mesma enfrentando as alegrias e ansiedades de exercer uma voz pública, facilmente se coloca nesses cenários, ainda que o bom senso histórico alerte que diferenças importantes estejam sendo ignoradas. Lá está Gouges, cujas

---

[169] Braun, Lily. *Memoiren einer Sozialistin*: Lehrjahre. Berlin: Hermann Klemm, 1923. p. 455. (Gesammelte Werke, v. 2.)

[170] Rivière, Joan. Womanliness as a Masquerade. *International Journal of Psychoanalysis*, v. 8, n. 304, 1927.

pretensões aristocráticas do século XVIII incluíam glorificar-se em sua sexualidade; Deroin, socialista democrata da década de 1840, que adorava a ideia de castidade maternal; Pelletier, psiquiatra e anarquista do final do século XIX, extraindo um prazer erótico ao se passar por homem; e a paciente de Rivière, uma das Novas Mulheres da década de 1920, incapaz de resolver um conflito aparente entre suas identidades profissional e sexual. Em todos esses casos, as próprias noções de sexo e sexualidade – para não falar de mulheres e feministas – são diferentes, e convém a historiadora das mulheres e do feminismo destacar isso. No entanto, não há como negar o fato persistente da identificação, porque ecoar pelas voltas e reviravoltas da história é o cenário da fantasia: se a mulher tem o direito de subir ao cadafalso, também tem o direito de subir à tribuna. É na transgressão da lei, das normas regulatórias cultural e historicamente específicas, que uma pessoa se torna um sujeito da lei, e é a excitação com a possibilidade de adentrar esse cenário de transgressão e realização que proporciona continuidade para um movimento, caso contrário, descontínuo.

Mães

A mulher, na condição de mãe, é a antítese da oradora pública. Enquanto a oradora luta com sua masculinidade inapropriada, a mãe incorpora uma feminilidade aceitável, cumprindo seu designado papel reprodutivo. Apesar de seu aparente endosso das relações normativas de gênero, a maternidade, às vezes, tem servido para consolidar a identificação feminista. (É claro que a hostilidade à maternidade também tem unido feministas, às vezes ao mesmo tempo, às vezes em momentos diferentes da identificação positiva que descreverei aqui.) Recorrendo a ideias prevalecentes de maternidade, com frequência em contextos de pressão política pró-natalista, as feministas têm argumentado que as mães merecem direitos por garantirem o futuro da raça, da nação ou da espécie. Nessas intervenções estratégicas, o incentivo para uma mobilização coletiva, em geral, tem-se apoiado na semelhança física dos corpos (reprodutivos) das mulheres. Gouges falou em nome do "sexo superior em beleza, bem como em coragem, durante o parto", ao entregar sua *Declaração dos direitos da mulher e da cidadã*. Deroin igualou a condição feminina a uma mãe idealizada, que transborda amor desprendido: "As mulheres são as mães da humanidade, o mais importante dos trabalhos é a produção do ser humano".[171] E algumas das organizadoras das mais poderosas redes internacionais feministas no início do século XX usaram a maternidade como a base comum para o seu movimento antibélico. A delegada francesa Maria Vérone clamou por união no encontro do Conselho Internacional de Mulheres, em Roma, em maio de 1914, apelando "a todas as mulheres de todas as nações, que sofrem o parto com a mesma dor, e que, quando os filhos morrem na guerra, vertem as mesmas lágrimas".[172]

Tem havido muita discussão entre as feministas sobre a sensatez de invocar a maternidade como identidade coletiva. Em 1908, enquanto suas compatriotas feministas reivindicavam direitos, baseadas em sua maternidade, Pelletier alertava contra essa estratégia: "O parto nunca conferirá às mulheres um título de importância social. As sociedades futuras podem construir templos à maternidade, mas apenas farão isso para manter as mulheres presas lá dentro".[173] Mais recentemente, as feministas se preocuparam se e como uma validação de maternidade poderia endossar visões essencialistas da condição feminina. A esse respeito, não têm faltado escritos de filósofas e historiadoras feministas abrindo seu caminho por entre um reconhecimento, por um lado, da força dos argumentos feministas baseados na maternidade e, por outro, do perigo que tais argumentos trazem por confirmarem estereótipos sociais que atribuem discriminação de gênero à natureza.[174] Na maioria desses trabalhos (com a exceção, como discutirei a seguir, das tentativas de algumas feministas de reformular

---

[171] Deroin, Jeanne. *Almanach des femmes*, pour 1853. London: J. Watson, 1853. p. 73.

[172] Citado em: Bard, Christine. *Les filles de Marianne*: histoire des féminismes 1914-1940. Paris: Fayard, 1995. p. 45.

[173] Pelletier. *La femme en lutte pour ses droits*, p. 37.

[174] Ver, por exemplo: Bassin, Donna; Honey, Margaret; Kaplan, Meryle Mahrer (eds.). *Representations of Motherhood*. New Haven: Yale University Press, 1994.

a psicanálise) a figura da mãe é tomada literalmente. Quero sugerir que, quando ela de fato se torna a base para a mobilização feminista (o que na história do movimento, nem sempre é o caso), ela é mais bem entendida como um *fantasy echo*, como a chave para um cenário em que as mulheres se fundem em um coletivo vasto e indiferenciado, as várias tornando-se uma pelo poder do amor maternal.

O cenário paradigmático aparece em um relato da sufragista inglesa Emmeline Pethick-Lawrence na Conferência Internacional de Mulheres, que aconteceu em Haia, em oposição à Primeira Guerra Mundial, em 1915. Houve, segundo ela, "semelhança em personalidade e vestimenta das delegadas, que ocuparam o saguão. Na aparência geral, não havia nada que distinguisse uma nacionalidade de outra, e olhando dentro de nossos próprios corações, contemplávamos, como se fosse em um espelho, o coração de todas aquelas que estavam reunidas conosco, porque no fundo de nosso próprio coração está o coração comum da humanidade. Percebemos que o medo e a desconfiança, fomentados entre as pessoas das nações, era uma ilusão. Descobrimos que, no fundo, a paz não era nada mais, nada menos, do que amor comunal".[175] Embora essa escrita possa, com certeza, ser explicada simplesmente como uma boa retórica feminista, no contexto de um massivo estado de guerra imperialista, em uma escala inédita, tal explicação deixa escapar a força emocional do apelo. A descrição condensa o processo pelo qual as mulheres reconhecem seus pontos em comum; elas já são semelhantes em personalidade e aparência, mas também estão envolvidas em um processo de identificação que as funde em uma. Ao contemplar a si mesmas e uma à outra "como em um espelho", percebem que "medo e desconfiança" (diferença) é "uma ilusão", e "descobrem" que a paz é "amor comunal". O que as mulheres compartilham é "o coração comum da humanidade", um deslocamento metonímico do útero. O amor comunal que emana desse coração é o amor abrangente, altruísta, aparentemente assexuado das mães por seus filhos. Na cena, todas

---

[175] Citado em Addams, Jane; Balch, Emily G.; Hamilton, Alice. *Women at the Hague*: The International Congress of Women and Its Results. 1915. New York: Garland, 1972. p. 143.

amam como uma mãe e são amadas como uma filha – presume-se a reciprocidade do amor e do desejo. A dissolução dos limites entre mães e filhas constitui a reivindicação de certo "território perdido", o amor pré-edipiano da mãe, e proporciona o que Luce Irigaray e Julia Kristeva se referem como um gozo não fálico (e no contexto do simbolismo patriarcal, subversivo).

Irigaray e Kristeva sugeriram (seguindo Lacan nesse aspecto) que é o "assassinato" não do pai, mas da mãe (a obliteração de seu corpo e a relegação à natureza de seu papel inegavelmente social de reprodução) que é o ato fundador da civilização ocidental. A fantasia maternal apresentada por Pethick-Lawrence restaura o papel social das mães, por serem responsáveis pela vida, enquanto os homens travam guerras e causam mortes. O amor que emana dessas mães, a comunidade positiva que ele gera, é apenas um lado da percepção dual (bom e mau, amoroso e detestável, vida e morte) das mães teorizadas por Melanie Klein,[176] e é radicalmente diferente de, e está em tensão com, a fantasia misógina que os psicanalistas nos dizem que associa perda de identidade e até morte com o amor envolvente de uma mãe.[177] Fantasias que oferecem os termos de identificação política são, sem dúvida, seletivas; a que estou descrevendo coloca-se contra as outras opções (mães ruins, o perigo mortal da incorporação) em seu apelo à comunidade. Além disso, a fantasia maternal feminista, ao contrário da fantasia da oradora, trabalha para reconciliar a contradição (no aspecto em que o corpo da mãe grávida significa e contém diferença) e parece não ter as dimensões punitivas de "Bate-se em uma criança", talvez por recorrer a associações pré-edípicas entre mães e filhos.

Aqui talvez seja útil seguir o raciocínio de Irigaray. Apresentando uma variação feminista da sugestão de Lacan, segundo a qual a mulher estava associada a "um gozo [*jouissance*] além do falo",[178] Irigaray

---

[176] Segal, Hanna. *Introduction to the Work of Melanie Klein*. Nova York: Basic, 1964.

[177] Ver, por exemplo: Chodorow, Nancy J. *The Power of Feelings: Personal Meaning in Psychoanalysis, Gender and Culture*. New Haven: Yale University Press, 1999.

[178] Lacan, Jacques. *On Feminine Sexuality*: The Limits of Love and Knowledge. Tradução de Bruce Fink. New York: W. W. Norton, 1998. p. 74.

procura destacar a mulher de sua definição como uma função do homem. Em vez disso, ela coloca uma nítida distinção entre o "mundo da carne" (o corpo da mãe) e o universo da linguagem (a lei do pai). "O problema é que, ao negar à mãe seu poder gerador, e ao querer ser o único criador, o Pai, segundo nossa cultura, superimpõe, sobre o mundo arcaico da carne, um universo de linguagem e símbolos", que subordina as mulheres aos homens.[179] Irigaray busca uma maneira de estabelecer um domínio autônomo para as mulheres, trazendo à tona o "gozo além do falo", que a lei patriarcal reprimia. Ela enfatiza, particularmente, as atrações do relacionamento mãe–filha, e os aspectos positivos de identidade entre essas duas:

> Considerando que o primeiro corpo [nós/eles] tenha algumas relações com o que é um corpo de mulher, que o primeiro amor que compartilham é o amor materno, é importante lembrar que as mulheres sempre ficam em um relacionamento arcaico e primitivo com o que é conhecido como homossexualidade [...]. Quando a teoria analítica diz que a garotinha precisa abrir mão de seu amor por e da sua mãe, seu desejo por e da sua mãe, para assim entrar no desejo do/por seu pai, ela subordina a mulher a uma heterossexualidade normativa, normal em nossas sociedades, mas totalmente patogênica e patológica. Nem a garotinha, nem a mulher devem abrir mão do amor por sua mãe. Fazer isso extirpa-as de sua identidade, de sua subjetividade.[180]

Grande parte da escrita de Irigaray é prescritiva; o futuro do condicional articula o que sempre me pareceu uma visão original utópica do final do século XX: "Mas se as mães pudessem se tornar mulheres, haveria todo um modo de um relacionamento de fala desejante entre filha e mãe, filho e mãe, e iria, a meu ver, retrabalhar por completo a língua [*langue*] que é falada agora".[181] Na verdade, acho

---

[179] Irigaray, Luce. The Bodily Encounter with the Mother. *In*: Whitford, Margaret (ed.). *The Irigaray Reader*. Tradução de David Macy. Oxford: Blackwell, 1991. p. 41.

[180] Irigaray, "The Bodily Encounter with the Mother", p. 44.

[181] Irigaray, "The Bodily Encounter with the Mother", p. 52.

que existem precedentes históricos para as formulações de Irigaray, evidência que corrobora seus *insights* teóricos nas fantasias maternais, que, em certos momentos históricos, consolidaram as mulheres sob a bandeira do feminismo. Essas fantasias não evocam diretamente o corpo materno e sua carne, se é que isso aconteça; elas se referem à inefável característica do amor. Esse amor tanto admite quanto nega um desejo explicitamente sexual em relação à mãe. Como numa deferência às regras patriarcais, ele encobre sua própria transgressão.

A invocação da fantasia maternal feminista é evidente nas décadas de 1840 e 1850. Na França, a cristandade romântica mesclou-se com o socialismo sansimoniano para inspirar Flora Tristan e Deroin em suas visões arrebatadas da salvação maternal messiânica. Tristan clamou para que as mulheres, cuja semelhança moral, fundamentada na maternidade, eliminava diferenças de classe, educação e riqueza, assumissem a liderança do estabelecimento da "união universal de operários e operárias".

> Mulheres, cujas almas, corações, espíritos, sentidos estão dotados de tal sensibilidade que [...] vocês têm uma lágrima para cada tristeza, – um grito para cada gemido de angústia, – um entusiasmo sublime por cada ação generosa, – um autossacrifício para cada sofrimento,– uma palavra de consolo para cada aflição: – mulheres, consumidas pela necessidade de amar, agir, viver; que buscam por toda parte uma saída para essa atividade ardente e incessante da alma, que as inspira e consome, atormenta, mata; mulheres, – vocês permanecerão para sempre caladas e escondidas, enquanto a classe maior e mais diligente, seus irmãos e irmãs, os proletários, aqueles que trabalham, sofrem, choram e gemem, vêm implorar que os ajudem a superar a miséria e a ignorância?[182]

A paixão descrita é atribuída à alma, mas é inegável o aspecto erótico dessa "atividade ardente e incessante... que inspira... consome... atormenta... mata". Tristan instava os operários homens em sua união a se submeterem à liderança das mulheres. "Observei",

---

[182] Citado em: Grogan, Susan K. *French Socialism and Sexual Difference*: Women and the New Society, 1803-44. London: Macmillan, 1992. p. 187.

ela relatou, "que tínhamos chegado ao reinado das mulheres, – que o reinado da guerra, da força bruta, tinha sido dos [homens] e que agora as mulheres podiam conseguir mais do que os homens por terem mais amor, e atualmente apenas o amor deve reger."[183] Aqui estava o tema do "amor comunal" e o fim de toda diferença que voltaria a soar sob nova forma em 1915. Numa fala semelhante, e no rastro de Tristan, Deroin predisse um futuro caracterizado pela harmonia. Todos viveriam pacificamente em uma grande família social, unidos por puro amor maternal: "O tempo do reinado da mulher está próximo e a humanidade deixará o caminho fatal do progresso pela dor, do progresso pelo esforço e pela pobreza, para seguir o caminho providencial do progresso pacífico e harmonioso, conduzido pela mãe da humanidade, Mulher, regenerada pela liberdade".[184] Para Deroin e muitas de suas companheiras, o gozo da fantasia vinha precisamente da justaposição de sexo e pureza, e do uso de uma linguagem romântica, até erótica, para caracterizar o amor maternal casto e altruísta. A mãe, assim como a santa mãe de Cristo, "age porque ama. O amor da humanidade é amor eterno".[185]

Um exemplo posterior e mais secular dessa fantasia do amor maternal vem do chamado da afro-americana Mary Church Terrell, em 1899, a mulheres brancas, para virem em auxílio de suas irmãs pretas, cujas circunstâncias negavam-lhes a mesma vibração de alegria ao contemplar seus filhos. "O percurso de seu bebê parece tão brutal para muitas mulheres pobres e pretas, que, em vez de vibrar com a alegria que vocês sentem ao levar seu pequenino ao seio, elas tremem de apreensão e desespero."[186] Um orgulho avassalador pelos filhos e o prazer sensual de segurá-los ("vibração" e "alegria" são significantes de gozo) são os sentimentos com que as mulheres supostamente

---

[183] Citado em: Grogan. *French Socialism and Sexual Difference*, p. 189.

[184] Citado em: Riot-Sarcey, Michèle. *La démocratie à l'épreuve des femmes*: trois figures critiques du pouvoir, 1830-1848. Paris: Albin Michel, 1994. p. 275.

[185] Deroin, Jeanne. *La voix des femmes*, 28 de março 1848, [s.p.].

[186] Citado em: Boris, Eileen. The Power of Motherhood: Black and White Activist Women Redefine the "Political". *Yale Journal of Law and Feminism*, v. 2, p. 36, 1989.

deveriam se identificar por sobre as vastas diferenças de raça e classe. Mãe e filho, diferentes e iguais, mulheres pretas e brancas, deveriam se reconhecer umas às outras por meio do amor maternal, e depois se juntar em uma união amorosa, todas as diferenças apagadas. O relato completo da cena a que me referi anteriormente – o apelo de Vérone, em 1914, a "todas as mulheres de todas as nações, que sofrem as mesmas dores no parto" – ilustra o poder concreto unificador dessa visão. Quando Vérone falou, disseram que "um grito formidável de aprovação veio da audiência, e ele se redobrou quando uma delegada alemã jogou-se nos braços de Vérone, e beijou-a em ambas as faces".[187] A força reconciliatória do amor maternal provoca um abraço de irmãs; a cena é impregnada de amor, o amor curativo e vinculante tanto da mãe quanto para ela. Por meio dele, as mulheres no palco e na plateia tornaram-se uma. Ecoando à frente, encontramos Robin Morgan procurando o terreno comum de *Sisterhood is Global* [*A sororidade é global*]. Apesar das diversidades geográficas, étnicas, religiosas, sociais, raciais, entre outras, ela pergunta: "Afinal, não reconhecemos umas às outras com facilidade?".

> As similaridades subjacentes emergem assim que começamos a fazer perguntas sinceras sobre diferenças. A verdadeira tradução do harém incluía uma intensa amizade e solidariedade femininas e alta cultura [...]. A verdadeira "dança do ventre" é um ritual de parto que celebra a vida; o Rags al Sharqi [...] destina-se a ser um exercício preparatório para o trabalho de parto e o parto [...]. Os exemplos poderiam prosseguir indefinidamente [...]. É de se espantar que palavras como ousadia, revolta, jornada, risco e visão ocorram ao longo de *Sisterhood is Global* como refrões pontuando a mesma história básica: de grande sofrimento, mas também de um amor – pela vida, por crianças, homens e outras mulheres, pelo local de nascimento, pela própria humanidade –, um amor intenso o bastante para purificar o mundo?[188]

---

[187] Citado em: Bard. *Les filles de Marianne*, p. 45.

[188] Morgan, Robin (ed.). Introduction: Planetary Feminism: The Politics of the 21st Century. *In: Sisterhood Is Global*: The International Women's Movement Anthology. New York: Feminist Press, 1996. p. 36.

"Um amor intenso o bastante para purificar o mundo": embora os termos e práticas de maternidade variassem profundamente da França de meados do século XIX à América do final do século XX, eles foram englobados – literalmente, no cenário da fantasia – por essa idealização do amor. Aquilo que eu venho chamando de fantasia maternal feminista permitiu o retorno de (o que Irigaray e Kristeva pensam diferentemente como) um gozo reprimido. Sua rearticulação serviu para consolidar a solidariedade feminista no momento em que foi invocada, na história e como história. O amor maternal referia-se a um desejo (o dela próprio e de seus filhos) distinto e potencialmente anterior ao que é associado à heterossexualidade, com economias fálicas, com homens. O mundo das mulheres, invocado por feministas nessa fantasia é aquele em que as mulheres encontram prazer em meio a elas mesmas ou "*jouissent d'elles-mêmes*", nas palavras de Irigaray.[189] Poderia ser acrescentado que o prazer da historiadora está em se descobrir uma parte desse cenário de gozo feminino.

Conclusão

Não estou desmerecendo o feminismo quando aponto para a importância da fantasia em possibilitar identificações que transcendam a história e a especificidade nacional. Em vez disso, meu argumento é que pensar as atuações da fantasia aprofunda nosso entendimento de como funciona um movimento como o feminismo e, ao mesmo tempo, evita a atribuição de características essencialistas a ele. Também não estou sugerindo que essas mulheres não fossem realmente afetadas pela descriminação, que as privava de direitos e lhes negava acesso público. Logicamente, a ansiedade nas repetidas cenas de oratória pública feminina diz das relações de poder no mundo "real". Meus argumentos são de que o poder é produzido em relacionamentos concretos e particulares, que os sujeitos são estruturados como uma função desses relacionamentos,

---

[189] Irigaray. "The Bodily Encounter with the Mother", p. 63.

e que esses sujeitos não podem transcender a especificidade de suas circunstâncias, sem a simplificação proporcionada pela fantasia. De modo semelhante, não pretendo argumentar que falte às mães uma preocupação real pela vida de seus filhos, embora eu não ache que elas tenham uma antipatia natural (ou, na verdade, nem mesmo uma baseada na experiência) pelo conflito e pela guerra. Em vez disso, conceitos de maternidade e a própria experiência de ser mãe variaram de acordo com classe, cultura e época histórica, e isso aconteceu de muito mais maneiras do que consegui discutir neste curto ensaio. A fantasia de amor maternal proporcionou às feministas, apesar de suas diferenças, uma maneira de estabelecer uma convergência baseada em associações inconscientes, sendo esta a sua eficácia.

Se, como analistas da identidade, pensarmos nesses cenários de fantasia também como ecos e, assim, procurar distorções e difrações – as variações individuais de detalhes e figuração contidas neles – conseguiremos levar em conta as profundas diferenças no próprio ser das mulheres, que cabe à fantasia apagar. Nesse sentido, aprofundaremos nossa avaliação de como alguns movimentos políticos usam a história para solidificar a identidade e, com isso, construir grupos de interesse que atravessam os limites de diferença que separam as mulheres físicas umas das outras dentro das culturas, entre culturas e através do tempo.

Neste ensaio, restringi minha atenção ao feminismo, cuja história é mais familiar para mim. Mas acho que o eco da fantasia ou o eco fantasioso, *fantasy echo*, tem uma aplicabilidade bem mais ampla, e não apenas para movimentos construídos a partir de identidades coletivas. O termo proveitosamente descreve a figura do "xeique branco", detalhado no trabalho do antropólogo Steven Caton. O xeique branco foi uma figura usada por sucessivas gerações de homens europeus e americanos para elaborar seus relacionamentos (variando de aventureiros, empreendedores, espiões e agentes militares clandestinos) com o Oriente, identificando-se com T. E. Lawrence, como retratado (fantasmagoricamente) no filme *Lawrence da Arábia*. Esses homens identificam-se especialmente com a cena em que Lawrence dança, vestindo os mantos esvoaçantes de um xeique (que lhe conferem, se não total feminilidade, então uma alternativa ambígua à masculinidade ocidental). Aqui, na encenação de seu gozo, Lawrence apresenta a sedução do Oriente. O cenário recorrente de fantasia, como foi descrito por Caton, foi ajustado e adaptado – à maneira de um eco – a diversos momentos históricos nos oscilantes laços geopolíticos entre Oriente e Ocidente.[190]

O *fantasy echo* não é um rótulo que, uma vez aplicado, explica a identidade. É antes a designação de um conjunto de operações psíquicas por meio das quais certas categorias de identidade são empregadas para omitir diferenças históricas e criar continuidades aparentes. O *fantasy echo* é uma ferramenta para analistas de movimentos sociais e políticos, ao lerem materiais históricos em sua especificidade e particularidade. Ele não presume saber a substância da identidade, a ressonância de seu apelo ou as transformações pelas quais passou. Presume apenas que onde há evidência do que parece ser identidade perene e imutável, existe uma história que precisa ser explorada.

---

[190] Caton, Steven C. The Sheik. *In*: Edwards, Holly (ed.). *Noble Dreams, Wicked Pleasures*: Orientalism in America, 1870-1930. Princeton: Princeton University Press, 2000. p. 99-117. Ver também: Caton, Steven C. *Lawrence of Arabia*: A Film's Anthropology. Berkeley: University of California Press, 1999. p. 153; 208-209.

CAPÍTULO 3

Reverberações feministas[191]

Em março de 1942, apenas alguns meses após a entrada dos Estados Unidos na Segunda Guerra Mundial, o presidente do comitê da programação do encontro anual da American Historical Association, o historiador de Yale Stanley Pargellis, escreveu à professora do Hunter College, Dorothy Ganfield Fowler, então secretária da Conferência de Berkshire das Historiadoras. Ele se voltava para a Senhora Fowler (maneira como se dirigiu a ela – referindo-se a todos os homens mencionados na carta como "professor") em busca de um conselho. O tema geral para o encontro de 1942 era, bem adequadamente, "Civilização em Crise" e o comitê da programação (que, no início, tinha conseguido não incluir uma única mulher entre seus membros) esperava organizar uma sessão sobre mulheres e as grandes crises da civilização. Pargellis achava que se fosse possível encontrar os estudiosos certos (homens ou mulheres), "poderíamos produzir uma sessão original e significativa com duas ou três comunicações, uma sobre as mudanças das funções das mulheres nos séculos V ou XVI e uma sobre a natureza do problema hoje".[192] Fowler respondeu com os nomes de duas acadêmicas: Pearl Kibre, uma medievalista, e Mary Sumner Benson, uma americanista que

---

[191] Este capítulo foi primeiramente escrito como a palestra principal para a Conferência de Berkshire sobre a História das Mulheres, junho de 2002.

[192] Pargellis, Stanley. Carta para Dorothy Ganfield Fowler. 6 mar. 1942. Papers of the Berkshire Conference of Women Historians, Schlesinger Library, MC 267, Radcliffe College, Harvard University.

trabalhava com os séculos XVIII e XIX. E se revelando um modelo de retidão disciplinar, sugeriu que a questão da posição das mulheres no presente poderia ser mais bem abordada informalmente por membros da audiência, uma vez que existia pouco material confiável à disposição, para uma pesquisa séria.[193] No dia seguinte, Pargellis rejeitou bruscamente a proposta feita por ela:

> Cara Senhora Fowler, fico feliz que esteja interessada no assunto sobre o qual lhe escrevi, mas devo confessar ter ficado desapontado ao perceber que foi dada tão pouca atenção ao problema da maneira pela qual a posição das mulheres reflete o caráter de uma civilização. Pela sua carta, deduzo que tanto a Dra. Kibre, quanto a Dra. Benson andaram interessadas apenas nos tratamentos descritivos, e que não exista ninguém que possa arcar com uma abordagem mais interpretativa dos grandes períodos críticos. Se meu entendimento de sua carta estiver correto, acho que o melhor seria abandonarmos os planos para uma sessão sobre esse tema importante.[194]

Vários dias depois, Fowler escreveu de volta, garantindo a Pargellis que as estudiosas que havia recomendado eram muito capazes de abordagens interpretativas e oferecendo para que a Conferência de Berkshire assumisse total responsabilidade pela sessão.[195] A resposta foi que "sem nos comprometermos de maneira alguma," o comitê da programação estava disposto a deixar as historiadoras explorarem algumas possibilidades adicionais. Sua carta prosseguia esboçando as expectativas de maneira muito condescendente, definindo termos ("por mudanças radicais, queremos dizer algo mais profundo e de mais longo alcance do que uma guerra") e períodos de tempo ("Quanto à Revolução Americana, chegamos à conclusão de que seu significado é insuficiente para ficar ao lado da mudança do medievalismo para a modernidade, como um período de crise").[196] Fowler respondeu educadamente que trataria de tudo isso com

---

[193] Fowler a Pargellis, 18 de março de 1942.

[194] Pargellis a Fowler, 19 de março de 1942.

[195] Fowler a Pargellis, 23 de março de 1942.

[196] Pargellis a Fowler, 27 de março de 1942.

REVERBERAÇÕES FEMINISTAS

suas colegas no próximo encontro da Conferência de Berkshire, mas depois disso não há correspondência.[197] De qualquer modo, em dezembro de 1942, não houve um encontro anual da American Historical Association. O evento foi cancelado a pedido do Office of Defense Transportation [Departamento de Transporte de Defesa], o que seria o Department of Homeland Security [Departamento de Segurança Interna] da época. Em vez disso, a associação publicou uma série de ensaios, que haviam sido preparados para o encontro; considerando essa troca de cartas, não é nenhuma surpresa que o tema das mulheres na história não tenha sido incluído.[198]

Cito esse incidente por vários motivos. Primeiro, ele nos permite um momento de autocongratulação pelo papel da Conferência de Berkshire ao tornar as mulheres, e as histórias das mulheres, partes integrantes da profissão e da disciplina. Caminhamos um bocado desde a década de 1940, pelo menos no que diz respeito a certos objetivos feministas. E acho que reconhecer esse fato e o papel dessas pioneiras é uma boa maneira de começar essa conferência. Em segundo lugar (o que não é motivo para comemoração), estamos mais uma vez em um período de grave crise, às vezes parecendo que à beira de outra guerra mundial. Uma geração de escrita da história das mulheres – grande parte dela alimentada pela Conferência de Berkshire, um caldeirão para debates teóricos e substantivos do feminismo – tem garantido que, dessa vez, estamos em uma posição para oferecer interpretação crítica. O feminismo ensinou-nos a analisar as operações da diferença e o funcionamento do poder, e podemos estender essas análises a muitas arenas diversas. O que Wendy Brown chamou de uma analítica feminista do poder[199] é um dos resultados duradouros da segunda onda da produção acadêmica feminista. Na verdade, uma de nossas primeiras afirmações – de que a atenção a

---

[197] Fowler a Pargellis, 22 de abril de 1942.

[198] Pargellis, Stanley (ed.). *The Quest for Political Unity in World History.* v. 3. Washington: US Government Printing Office, 1944. [Annual Report of the American Historical Association for the Year 1942.]

[199] Brown, Wendy. Power without Logic without Marx. *In*: *Politics out of History.* Princeton: Princeton University Press 2001. p. 62-90.

mulheres e gênero produziria análises políticas além das relações de homens e mulheres – tem sido repetidamente confirmada. Aqui, meu assunto é a analítica feminista do poder. Quero refletir sobre seus *insights* à medida que se aplicam à crise atual, à história das mulheres e do gênero, e aos temas globais e locais que atravessam esses campos aparentemente discrepantes.

"Unidades fictícias"

Embora o título da conferência em que apresentei uma versão anterior destas reflexões – "Local Knowledge" "Global Knowledge" ["Conhecimento Local" "Conhecimento Global"] – tenha sido escolhido bem antes de 11 de setembro de 2001, ele coloca uma boa problemática para uma época de crise, ainda que não contenha qualquer sentido de urgência, raiva e desespero que muitos de nós tem sentido desde os ataques. As flechas entre as duas esferas (local e global) apontam para as duas direções, sugerindo interação e troca: fluxos bidirecionais de informação, pessoas, tecnologia, mercados, capital, recursos naturais, objetos culturais, significados culturais, e doenças e suas curas. Em nossas análises do global e do local, se não nessas representações icônicas, há espaço para assimetrias de poder, para dominação e resistência, até para interpenetração e hibridismo. O que não pode ser capturado pelo título e por essas flechas benignas (afinal, elas são sinais direcionais, e não instrumentos de agressão) são as imagens horrendas dos ataques terroristas e a guerra implacável que temos testemunhado. As Torres Gêmeas implodindo, bombas suicidas explodindo, nossas armas de destruição em massa buscando localizar e destruir terroristas e suas armas de destruição em massa, tanques esmagando casas com os moradores ainda dentro, uma força de ocupação brutal destruindo arbitrariamente a infraestrutura de um aspirante a Estado. As cenas dolorosas nos jornais e na televisão: rostos contorcidos em uma dor indizível; refugiados correndo e gritando, ou fugindo em silêncio da fumaça e do fogo; famílias estilhaçadas pranteando suas perdas; civis aturdidos vagando por ruínas, ensanguentados, sem casa e famintos; oradores furiosos insurgindo-se virulentos contra inimigos externos; bandeiras queimando e insígnias de ódio rabiscadas em prédios destruídos; acusações amargas e tiros trocados em fronteiras minadas – Paquistão, Índia, Afeganistão, Israel, Líbano, Nova York.[200] A ameaça de armas nucleares não era mais controlada por meio pactos de destruição mútua assegurada desde a Guerra Fria, então, voltou o medo da devastação, antes acalmado. Refletimos, desconfortavelmente, sobre a ligação entre sangue e petróleo: o derramamento de um garante o fluxo do outro? Os líderes dos Estados Unidos – agora a única superpotência – violam flagrantemente as regras de direito, domésticas e internacionais, que afirmam que sua missão é proteger. O Ato Patriota dos Estados Unidos da América, transformado em lei em 26 de outubro de 2001, elimina a supervisão judicial dos atos do governo em relação ao monitoramento de indivíduos e organizações, e às restrições que impõe a suas atividades: autoriza buscas, apreensões e detenções, que, de outra maneira, poderiam ser inconstitucionais. Vimos o confinamento de suspeitos marcados etnicamente, com motivos dos mais frágeis; a criação de tribunais militares; o silenciamento da dissidência crítica (incluindo a suspensão de professores, em algumas universidades – em geral eles mesmos árabes, mas, em um caso, um tradutor de um clérigo muçulmano preso – por expressarem suas opiniões pró-Palestina); a revogação unilateral de tratados internacionais; a flagrante desconsideração de instrumentos do direito internacional como as Convenções de Genebra; e a adoção temerária da diplomacia estilo caubói, feita "por conta própria". Tudo isso tem sido justificado em nome de uma visão moral apocalíptica, revelada a esses renascidos combatentes da Guerra Fria, cujas ações parecem estar intensificando, em vez de diminuindo, as possibilidades de conflitos mais sérios e mais perigosos. A caracterização pertinente de Clifford Geertz, "O mundo em pedaços" – referência metafórica à fragmentação de identidades e alianças em níveis local e global –, agora tem a força de uma previsão literal.[201] "Paz no mundo", dizia nossa canção de protesto da década de 1950, "ou o mundo em pedaços."

---

[200] Agora, eu acrescentaria Iraque e Irã à lista.

[201] Geertz, Clifford. The World in Pieces: Culture and Politics at the End of the Century. *In*: *Available Light*: Anthropological Reflections on Philosophical TopicsPrinceton: Princeton University Press, 2000. p. 218-63. [Ed. bras.:

FANTASIA DA HISTÓRIA FEMINISTA

O relatório de 1942 de Stanley Pargellis, para a American Historical Association, intitulava-se *The Quest for Political Unity in World History* [*A busca por unidade política na história mundial*]. Hoje em dia, na melhor das hipóteses, tal busca parece ingênua. E ninguém está oferecendo uma unidade mundial como uma maneira de sair da presente crise. Ou, se estiverem, é em termos absolutos, binários: alianças do bem contra eixos do mal; racionalismo secular ocidental contra fundamentalismo religioso islâmico; modernidade contra tribalismo primitivo; razão de Estado contra as forças do terrorismo. Estão sendo traçadas linhas e categorias, produzidas, para conferir uma coerência esquemática aos emaranhados confusos da política local, nacional, regional e internacional.

Como feministas, aprendemos a ser cautelosas com tais categorias – Denise Riley denominou-as "unidades fictícias" – porque ainda que ofereçam termos para identificação, criam hierarquias e obscurecem diferenças que precisam ser vistas.[202] (Paradoxalmente, o fato de serem fictícias não torna seus efeitos menos reais.) Agora sabemos que "homens" e "mulheres" não são descrições simples de pessoas biológicas, mas representações que garantem seus significados por meio de dicotomias interdependentes: forte/fraco; ativo/passivo; razoável/emocional; público/privado; político/doméstico; mente/corpo. Um termo ganha seu significado em relação a outro, e também a outros pares binários próximos. Na verdade, o Outro é um fator crucial (negativo) para qualquer identidade positiva – e a identidade positiva fica numa relação superior à negativa. A suposta falta de razão das mulheres tem sido, historicamente, não apenas uma justificativa para lhes negar educação ou cidadania, mas também serviu para descrever a razão como uma função da masculinidade. Os limites de público e privado não refletiram os papéis existentes de homens e mulheres, mas, em vez disso, os criaram, com o mapa imaginado de territórios de gênero passando a ser o referencial para a organização social, como também para os próprios significados

---

Geertz, Clifford. O mundo em pedaços: Cultura e política no fim do século. *In: Nova luz sobre a Antropologia*. Rio de Janeiro: Jorge Zahar, 2001. p. 191-228.]

[202] Riley. *The Words of Selves*, p. 176.

(sociais, culturais e psicológicos) das diferenças entre os sexos. Se os significados de diferença são criados por categorias contrastantes, dentro das categorias são produzidas identidades coerentes pela negação de diferenças. Portanto, embora historicamente o termo "mulheres" tenha servido para consolidar movimentos feministas, também, de certo modo, tornou raça, classe, etnia, religião, sexualidade e nacionalidade secundárias, como se essas distinções entre nós (e o posicionamento hierárquico que as acompanham) tivessem menos importância do que as similaridades físicas que compartilhamos. Pelo menos desde a década de 1980, os estudos feministas aprenderam (com frequência com muito sofrimento – pense nos desafios amargos propostos pelas mulheres racializadas à hegemonia de mulheres brancas, pelas lésbicas à heterossexualidade normativa do feminismo *mainstream* e pelas mulheres do Leste Europeu à presumida superioridade da teoria feminista ocidental) a fazer distinções sutis ao longo das múltiplas vertentes de diferença; suas teorias não mais deduzem relações fixas entre entidades, mas as tratam como os efeitos mutáveis de dinâmicas de poder temporal, cultural e historicamente específicas. O mantra de "raça, classe, gênero" era uma maneira de tematizar – e assim enrijecer a aplicabilidade, portanto reduzi-la – o que, de fato, é uma abordagem analítica muito mais aberta. O importante são as premissas dessa abordagem, e são estas que, necessariamente, informam leituras detalhadas de situações específicas. Se existe algo que possa ser chamado de metodologia feminista, poderia ser resumido por estas afirmações axiomáticas: não existe um *self* nem uma identidade coletiva sem um Outro; não existe inclusão sem exclusão; não existe universal sem um particular rejeitado; não existe neutralidade que não privilegie um ponto de vista interessado; e o poder é sempre uma questão na articulação dessas relações. Em outras palavras, poderíamos dizer que todas as categorias realizam algum tipo de trabalho produtivo; as questões são como e com que efeito.

Precisamos dessa metodologia feminista na crise atual. Ela deveria nos levar a hesitar perante as divisões binárias do mundo entre bem e mal; na fantasmática evocação de uma cruzada para a morte empreendida há séculos pelo Islã contra o Ocidente – mesmo quando apresentada por acadêmicos respeitáveis como Samuel Huntington e Bernard Lewis.[203] Como essas previsões se assemelham àquelas fantasias misóginas de mulheres sexualmente delirantes virando o mundo de ponta cabeça: a razão ameaçada pela paixão, a ordem pela desordem, a tolerância liberal consumida pelo fanatismo desenfreado, o esclarecimento ameaçado pelas forças sombrias do sexo e da superstição – conflitos primevos (figurados como castração ou incorporação) apresentados como atemporais e pressagiando o final dos tempos. Com certeza, essa maneira de pensar *é* o fim da história e da política.

Veja o conflito israelense–palestino, descrito como o encontro entre duas forças opostas e iguais: judeus e terroristas (palestinos). Tirando vantagem do 11 de Setembro, Ariel Sharon e outros inscreveram esse conflito muito particular do Oriente Médio no *script* maniqueísta mais amplo. A retórica oficial israelense e americana não leva em conta detalhes significativos ou a dinâmica política de uma relação desigual: os efeitos da ocupação israelense (que só pode ser considerada uma forma de terrorismo de Estado), da expansão contínua dos assentamentos judaicos, em desafio a Oslo e outros acordos, das humilhações e privações ocorridas diariamente, ao longo dos anos, sobre os palestinos dentro de Israel, na Cisjordânia e em Gaza. Em vez disso, Israel é descrita como uma vítima injustificada da raiva palestina, valendo-se de uma associação dos judeus com o Holocausto, o que não é apropriado em tal situação. Sim, acontecem ataques terríveis e imperdoáveis contra os civis israelenses, mas o Estado de Israel não é uma vítima; trata-se de uma tremenda potência nuclear, uma força de ocupação.

Sem justificar ou condenar atentados suicidas, podemos considerá-los armas do fraco; sintomas de injustiças terríveis, incluindo a recusa aos palestinos das fundações institucionais que os capacitariam a se envolver em formas alternativas (e mais pacíficas) de política, ou até formas mais aceitáveis de guerra. É de se estranhar que aqueles

---

[203] Lewis, Bernard. *The Revolt of Islam*. New Yorker, 19 nov. 2001; Huntington, Samuel P. *The Clash of Civilizations and the Remaking of World Order*. New York: Simon and Schuster, 1996.

que são tratados brutalmente reajam na mesma moeda? Que aqueles deixados à margem da lei (os palestinos não são cidadãos iguais dentro de Israel nem têm um Estado próprio) se comportem ilegalmente?[204] Existem diferenças inegáveis entre as sufragistas inglesas e os terroristas suicidas, e não pretendo igualá-los em nenhum aspecto, mas a mensagem das sufragistas inglesas, que colocaram fogo e quebraram janelas no início dos anos 1900, não foi de que não deveríamos esperar comportamentos lícitos daquelas a quem não é permitido legislar? E a ideia de que as violentas ações feministas são prova da natureza histérica das mulheres não é análoga ao tratamento de qualquer protesto palestino como inerentemente terrorista – como se o terrorismo fosse um traço essencial dos palestinos?

A oposição "bem contra o mal" não apenas apaga as condições específicas desse conflito e mascara as imensas desigualdades entre os lados, mas também torna as diferenças dentro de cada lado – para as contestações da política – difíceis de serem vistas ou ouvidas. Se você for crítico à política de Israel, você é antissemita; se achar que existe um argumento válido para a Palestina, é um apologista do terror. De maneira perversa, essa categorização reducionista abriu um novo espaço para as manifestações do antissemitismo tradicional – os judeus, na condição de grupo, tornam-se alvo não só para os que se opõem às ações de Israel, mas também para racistas que há muito odeiam judeus. E isso privou de fala os críticos de Israel que não são antissemitas. É claro que têm havido tentativas de questionar essas categorizações: muitos europeus e seus líderes rejeitaram as oposições simplistas, apelando por uma compreensão mais historicizada do conflito (embora tenham sido duramente acusados de antissemitas por Benjamin Netanyahu e Ariel Sharon); e existem várias petições assinadas por judeus que, deliberadamente, invocam sua identidade de grupo para se dissociar das políticas de Israel. Ainda assim, a pressão avassaladora, pelo menos nos Estados Unidos, é a de empregar categorias essencialistas, de homogeneizar a identidade, de fazer da diferença uma questão de qualidades morais, e não de política e história. Como feministas, sabemos que

---

[204] Asad, Talal. *On Suicide Bombing*. New York: Columbia University Press, 2007.

os artifícios do essencialismo – quaisquer que sejam os disfarces adotados – acabam perpetuando desigualdades e militando contra mudanças. Não é preciso que as mulheres sejam o objeto explícito de debate para empregarmos nossa analítica do poder de forma útil.

Mas quando as mulheres são o objeto de campanhas pelas forças do bem contra as forças do mal, é importante usarmos nossas metodologias para entender o que se passa. A tentativa cínica de transformar as guerras no Afeganistão e no Iraque em cruzadas em nome da emancipação das mulheres não deve confundir as feministas, e não apenas porque a preocupação com os direitos das mulheres não era exatamente uma prioridade da administração Bush antes do 11 de Setembro. O que alimenta nosso ceticismo é a compreensão das maneiras com que categorias opostas trabalham para eliminar contradições e criar a ilusão de homogeneidade (todos nós do lado do bem devemos acreditar nas mesmas coisas). A fusão de terrorismo e opressão das mulheres elimina qualquer problema com que o lado do bem possa se deparar (quando não existe terrorismo, entende-se que não haja opressão de mulheres) e mobiliza o apoio de alguns potenciais críticos internos (tais como feministas, progressistas e defensores dos direitos humanos).

"A luta contra o terrorismo é também uma luta pelos direitos e pela dignidade das mulheres", disse à nação a primeira-dama Laura Bush, em um comunicado radiofônico em novembro de 2001. "A opressão brutal das mulheres é o objetivo central dos terroristas", disse ela. Nem todos os muçulmanos são terroristas, acrescentou (fazendo uma distinção nem sempre observada pelo FBI e outros braços do Departamento de Justiça): "Apenas os terroristas e o Talibã proíbem a educação para as mulheres. Apenas os terroristas e o Talibã ameaçam arrancar as unhas das mulheres por usar esmalte".[205] (Aqui, todas as bases estão cobertas: feministas da igualdade conseguem educação, feministas da diferença conseguem esmaltes!) Para compor o cenário, o secretário da Defesa, Donald Rumsfeld juntou-se ao coro, atribuindo a recém-adquirida liberdade das mulheres afegãs

---

[205] Comunicado radiofônico de Laura Bush, de 17 de novembro de 2001 (Disponível em: https://bit.ly/4bWwPX6. Acesso em: 28 maio 2024).

a nossas "recentes vitórias militares contra o Talibã". Alardeou que não apenas os códigos de vestimenta tinham sido revogados, como também o espancamento de mulheres pelo "crime de rir em público" havia terminado.[206] (Acho difícil imaginar as afegãs rindo – em público ou privado –, enquanto bombas americanas choviam em suas aldeias. E também me pergunto o que o fato de se fixar na risada das mulheres em público, como um sinal de liberdade, nos diz sobre a imaginação de Rumsfeld e sua concepção de direitos.)

Não quero sugerir aqui que o Talibã tratasse bem as mulheres, apenas que essas equações simplistas de bem e mal, virtude e terror, nós e eles, não oferecem diagnósticos confiáveis, nem soluções, para os problemas das mulheres afegãs (e por falar nisso, para nenhuma mulher). Além disso, favorecem uma visão particular das mulheres como vítimas, especificamente de "outras" mulheres (Terceiro Mundo, Oriente Médio, ou islâmico), como necessitadas de salvação pelo Ocidente. Se seguirmos nossas próprias percepções teóricas, isso inevitavelmente cria uma hierarquia que promove e reforça uma sensação tanto de superioridade ocidental quanto de superioridade das mulheres ocidentais – a velha relação colonial emerge intacta em uma manobra de dominação, disfarçada de missão de salvamento. Lila Abu-Lughod alerta contra o apelo muito poderoso de tais campanhas de resgate. "Quando você salva alguém, está salvando a pessoa de alguma coisa", ela nos lembra. "Também está salvando-a para algo. Que violências estão implicadas nessa transformação? E que pressuposições estão sendo feitas sobre a superioridade daquilo para que ela está sendo salva? É essa arrogância que as feministas precisam questionar."[207]

Usar a salvação de mulheres para justificar a guerra no Afeganistão teve uma ressonância mais ampla; não apenas reconfigurou

---

[206] Citado em: Rhem, Kathleen T. Women's Rights a Priority: Humanitarian Aid Improves American Forces Press Service (Disponível em: https://bit.ly/3RIMkKi. Acesso em: dez. 2011).

[207] Abu-Lughod, Lila. Women and Islam: An Interview with Lila Abu-Lughod. Entrevista concedida a Nermeen Shaikh. *Asia Source*, fev. 2002 (Disponível em https://bit.ly/4bNrFwE. Acesso em: 28 maio 2024).

um relacionamento geopolítico complexo (em que oleodutos, entre outros aspectos materiais, desempenham um papel significativo) em uma simples batalha contra o terrorismo, como também usou referências de gênero reconhecíveis para articular relações de poder entre protetor e protegida. Como feministas, somos corretamente céticas quanto a entregar nosso destino para aqueles que prometem proteção e justificam suas ações (sejam agressivas, repressivas ou meramente tomadas sem nos consultar) em nome de nossa segurança. (Na verdade, uma das críticas ao Talibã era que eles justificavam o tratamento dado às mulheres como "proteção".) Como Iris Marion Young argumentou, a lógica central desse tipo de proteção é masculinista e presume "a relação subordinada daqueles que estão na posição de protegidos. Em troca da proteção masculina, a mulher concede distância crítica e autonomia na tomada de decisão".[208] Estendendo a análise, Young argumenta que, conquanto que pareça benigno, a proteção patrocinada pelo Estado nega aos cidadãos o papel que eles deveriam desempenhar em sociedades democráticas.

> Por meio da lógica de proteção, o Estado rebaixa membros de uma democracia a dependentes. Autoridades estatais adotam a postura de protetor masculino, dizendo-nos para confiar nossas vidas a eles, não questionar suas decisões sobre o que nos manterá seguros. Sua posição de protetor nos coloca, cidadãos e residentes que dependem de sua força e vigilância para a nossa segurança, na posição de mulheres e crianças sob o comando do macho protetor. Como eles correm os riscos e organizam a agência do Estado, é sua prerrogativa determinar os objetivos da ação protetiva e seus meios. Em um regime de segurança, não existe espaço para poderes separados e compartilhados, nem para questionar e criticar as decisões e ordens do protetor. Uma boa cidadania em um regime de segurança consiste em uma obediência cooperativa para o bem da proteção de todos.[209]

---

[208] Young, Iris Marion. The Logic of Masculinist Protection: Reflections on the Current Security State. *Signs*, v. 29, n. 1, p. 4, 2003.

[209] Young. "The Logic of Masculinist Protection", p. 9.

As relações estabelecidas pela lógica de proteção são múltiplas e complexas: o protetor é os Estados Unidos, e, assim, as mulheres americanas também são posicionadas como protetoras do resto do mundo, mas domesticamente; as mulheres, juntamente com a maior parte da população, estão na posição feminina de dependência e subordinação ao governo. O ponto de vista da administração passa a ser a única verdade, ainda que os fatos tenham que ser fabricados por um braço especial do Departamento de Defesa (uma atividade proposta nos primeiros dias da guerra no Afeganistão). Ao longo dos anos, uma das premissas do feminismo tem sido que a igualdade para mulheres significa mais e melhor democracia. "Democracia sem mulheres não é democracia" era o *slogan* das feministas na União Europeia nas décadas de 1980 e 1990. A validade dessa reivindicação parece corroborada pela análise de Young do regime de segurança e sua lógica de proteção. Dependência e subordinação nunca são no melhor interesse do protegido, porque elas excluem uma verdadeira participação, negando agência e silenciando aquelas vozes que poderiam ter algo diferente a propor.

Reverberações

Precisamos das análises feministas de categorias de identidade não apenas para detectar os diferenciais de poder construídos por oposições binárias, pretensamente atemporais, naturais e universais, mas também para contextualizar e historicizar essas categorias. A metodologia feminista nos ensinou a indagar sobre variação, diferença, e conflito, sempre que nos deparamos com entidades muito bem contidas – e não apenas "homem" e "mulher". Devemos pressupor, confiando em nossa metodologia, ainda que nos falte experiência no campo específico, que não existe um Islã uniforme, nem uma única entidade chamada Oriente Médio. Esses são rótulos politicamente convenientes que mascaram as variedades de Estados e regimes na região, bem como de movimentos religiosos, incluindo feminismos islâmicos que oferecem novas interpretações do Alcorão para legitimar reivindicações de mudanças na situação das mulheres. São esses feminismos, estranhos a nossas tradições de individualismo secular, que Fatima Gailani (membro do Grande Conselho que deliberou a reconstrução política do Afeganistão) nos lembra que precisam de certo reconhecimento e autonomia. Ela instou as feministas americanas a pressionar por uma política externa dos Estados Unidos que não "salvaria" as afegãs a partir de nossos valores, mas criaria condições que lhes permitiriam participar amplamente de debates necessariamente acalorados sobre o futuro de seu próprio país.[210]

Aprendemos – às vezes com grande dificuldade – a reconhecer esses feminismos muito diferentes, a aceitar o fato de que o feminismo refere-se a uma multiplicidade de movimentos frequentemente conflitantes. Falar do global e do local, até usando flechas bidirecionais, não capta isso exatamente. Pode haver um núcleo reconhecível de significado, mas o feminismo (como qualquer conceito do tipo) precisa ser entendido como se estivesse em tradução. Anna Tsing nos contou que são sempre "traduções infiéis", já que diferenças culturais e linguísticas, bem como usos específicos, afetam os significados dos termos.[211] Talvez "eco" seja uma metáfora melhor do que "tradução" para designar a mutabilidade das palavras ou conceitos, por ser mais móvel, conotando não apenas uma repetição distorcida, mas também movimento no espaço e no tempo – história.[212] É possível que, nesses dias de transmissão cataclísmica, fosse ainda melhor falar de reverberações, ondas de choque sísmico, saindo de epicentros dispersos, deixando em seu rastro formações geológicas deslocadas. A palavra "reverberação" carrega um sentido duplo, de causas de infinita regressão – reverberações são ecos subsequentes, sucessões de ecos – e de efeito – reverberações também são repercussões.

Creio que reverberação me ocorreu por ser a melhor maneira de caracterizar circuitos de influência hoje em dia. Ela se aplica melhor ao caso da França onde, em junho de 2000, feministas conseguiram

---

[210] Gailani, Fatima. Comentários sobre "Women in Afghanistan" em fórum realizado em 25 de maio de 2002 na Brown University.

[211] Tsing, Anna Lowenhaupt. Transitions as Translations. *In*: Scott, Joan Wallach; Kaplan, Cora; Keates, Debra. *Transitions, Environments, Translations*: Feminism in International Politics. New York: Routledge, 1997. p. 253.

[212] Ver Capítulo 2.

aprovar uma lei de paridade que requer número igual de mulheres e homens como candidatos na maioria das eleições. Contudo, os eventos de 11 de Setembro e o conflito no Oriente Médio têm sido um revés para a implementação da lei de paridade. Nas eleições presidenciais francesas de 2002, o nacionalista de direita Jean-Marie Le Pen teve um desempenho forte o bastante para assegurar um lugar no segundo *round* da disputa. O apelo de Le Pen era anti-imigrante, o que, na França, significa antimuçulmano. Martial Bourquin, o prefeito socialista de Audincourt, uma das cidades que votaram pesadamente no Front National de Le Pen, explicou que a hostilidade contra os imigrantes muçulmanos, que constituem de 15% a 20% da população local, se intensificara antes das eleições. "O que aconteceu em Nova York, no Afeganistão e no Oriente Médio aprofundou a divisão religiosa" aqui, ele disse.[213] (Com certeza, a França não é o único lugar em que tensões locais foram reformuladas em termos de "insegurança" perante as ameaças do terrorismo [que agora incluem tudo, de crime juvenil a movimentos de resistência em estados autoritários], e cujos resultados eleitorais [uma forte demonstração da extrema direita] teve repercussões em casa e no cenário internacional.)

Em um esforço para evitar vitórias legislativas pelo partido de Le Pen, os partidos de centro e de esquerda franceses decidiram não implementar paridade em sua seleção de candidatos para as eleições da Assembleia Nacional, em 2002. Uma vez que "a questão é vencer", um líder partidário comentou, o risco de candidatura de mulheres é grande demais. Se um revés temporário para as feministas francesas é uma das repercussões de 11 de Setembro, existem outras reverberações mais positivas do próprio movimento de paridade. Lançando mão do argumento de que cidadania não significa apenas votar, mas exercer o cargo, mulheres do México ao Reino Unido, da Índia aos Estados Unidos, têm pressionado por leis que aumentem seu número de representantes. Isso é um exemplo de uma ideia que se populariza, sendo adaptada enquanto segue, funcionando de modo diferente em diferentes contextos.

---

[213] Citado em: Cowell, Alan. *In*: "Hidden Vote" for Le Pen, French Bared Growing Discontent. *New York Times*, 3 maio 2002.

A reverberação é uma boa maneira de pensar nessa circulação global de estratégias feministas, do próprio feminismo e também do termo analítico "gênero". Tanto "gênero" quanto "feminismo" são geralmente considerados como de origem anglo-americana; na verdade, para alguns críticos, eles são um exemplo da trajetória de mão única de globalização, na transmissão de bens ou ideias. Sendo assim, o feminismo tem sido difamado como um desses produtos *"made in USA"* que corrompem a cultura das sociedades tradicionais, e o gênero (de procedência semelhante) tem sido encarado como uma ameaça às distinções naturais, ou "atribuídas por Deus", entre os sexos. De fato, nem o feminismo, nem o gênero é homogêneo em seus pontos de origem (se pudermos chegar a identificar tais pontos): as formas que assumem e os significados que lhes são dados são adaptados às circunstâncias locais, que, então, têm reverberações internacionais próprias. O que os acaba unindo, como argumentei no Capítulo 2, é uma identificação fantasmática ao longo de linhas espaciais e temporais de diferença.

Tomemos o exemplo de "gênero", termo que emanou dos círculos feministas americanos. Mesmo aqui, no entanto, não havia um significado fixo, além da ideia de "sexo social". Uma vez que "sexo" conota tanto biologia quanto relações sexuais (sexualidade), ele imediatamente complica "gênero". Houve feministas que consideraram a diferença sexual um fato estabelecido, a base sobre a qual eram formados os sistemas de gênero; outras consideraram a diferença sexual o efeito de práticas discursivas de "gênero" historicamente variáveis. O primeiro enfoque valorizou a distinção sexo/gênero e focou na construção cultural – a designação de papéis e a atribuição de traços a indivíduos sexuados – deixando deliberadamente de lado a questão da natureza. A pesquisa realizada por essas feministas teve uma tendência empírica: histórias de mulheres exemplares; retomadas de artistas mulheres e escritoras; demonstrações estatísticas de discriminação ocupacional e salarial; e documentação do sexismo de médicos, padres, educadores e políticos. O segundo enfoque rejeitou a dicotomia sexo/gênero, natureza/cultura. "Se o caráter imutável do sexo é contestável", escreve Judith Butler, "talvez o próprio construto chamado 'sexo' seja tão culturalmente construído quanto o gênero; a rigor, talvez o sexo sempre tenha sido o gênero, de tal forma que a distinção entre sexo e gênero revela-se absolutamente nula."[214] Pesquisas realizadas a partir desse ponto de vista estratégico perguntaram como o conhecimento do sexo e da diferença sexual foi produzido e institucionalizado, sendo com frequência informadas por teorias pós-estruturalistas e psicanalíticas.

Mas a clareza de nossa divisão empírica/teórica turvou-se quando as feministas pelo mundo adotaram o termo "gênero", às vezes traduzindo-o (em geral, com muita dificuldade), às vezes deixando-o sem tradução. De qualquer maneira, houve tensões reveladoras, subversões tremendamente interessantes que poderiam, por exemplo, transformar sexo em gênero, ou gênero em sexo.[215] No Leste Europeu, diferentes usos teóricos de "gênero" tinham tudo a ver com posições políticas particulares. Por um lado, aquelas que procuravam maneiras de se contrapor a noções conservadoras de direita dos fatos da biologia naturais, ou concedidos por Deus, apropriaram-se de teorias que desconstruíram oposições binárias e enfatizaram a indeterminação e variedade, bem como a mutabilidade de diferenças atribuídas ao sexo biológico. Por outro lado, as que se contrapunham aos conservadorismos de esquerda, que consideravam que a igualdade significava a supressão da diferença (com frequência a subsunção das mulheres na categoria "Homem"), buscaram maneiras de fazer da diferença sexual, e das desigualdades sociais que ela engendra, um princípio central de sua teorização e um fato visível da vida. Para elas, a documentação estatística seria fundamental se as políticas sociais pretendessem abordar as desigualdades de gênero. E não importava que a diferença sexual (ou a natureza) pudesse se reificar no processo, já que o propósito era demonstrar

---

[214] Butler, Judith. *Gender Trouble*: Feminism and the Subversion of Identity. New York: Routledge, 1990. p. 7. [Ed. bras.: Butler, Judith. *Problemas de gênero*: Feminismo e subversão da identidade. Rio de Janeiro: Civilização Brasileira, 2018. p. 27.]

[215] Nikolchina, Miglena. Translating Gender: The Bulgarian Case. *In*: Braidotti, Rosi. *The Making of European Women's Studies*. Utrecht, NL: Athena, 2001. p. 92-94. v. 3.

FANTASIA DA HISTÓRIA FEMINISTA

que agora o sexo era, mas poderia não ser no futuro, uma base para tratamento social desigual. Dependendo das condições particulares locais, feministas em diferentes países pós-comunistas depararam-se com diferentes constelações desses conservadorismos; dependendo de sua própria política, elas combinaram diversas visões teóricas para formular suas estratégias. Essas novas combinações ecoaram, então, através das fronteiras internacionais, nos fóruns das Nações Unidas e em outros lugares, para serem captadas e reajustadas em novas circunstâncias por outras razões estratégicas.

Podemos contar histórias semelhantes sobre as reverberações do feminismo. Quero contar duas. A primeira é sobre Julia Kristeva, quase sempre citada como uma feminista francesa (juntamente com Hélène Cixous e Luce Irigaray). Na década de 1980, nos debates entre feministas americanas, o feminismo francês foi equiparado a teorias pós-estruturalistas de linguagem e psicanálise, com uma ênfase na diferença; foi contraposto a um feminismo anglo-americano sociocientífico mais empírico, enfatizando a igualdade. Logicamente, esse contraste obscureceu muitas coisas, entre elas o número de estudiosas e ativistas francesas comprometidas com as ciências sociais e a igualdade, e o número de anglo-americanas que adotavam o pós-estruturalismo. Talvez o mais interessante seja o fato de ter apagado uma história de fertilização cruzada que confunde não apenas a oposição francesas/americanas, mas também a que veio a se destacar na década de 1990 entre o feminismo do Leste Europeu e o ocidental.

Julia Kristeva nasceu e foi educada na Bulgária, onde iniciou sua carreira como intérprete de Mikhail Bakhtin. Bakhtin desenvolveu sua versão historicizada do estruturalismo (uma variante da semiótica estruturalista de Iúri Lotman, e do estruturalismo de Roman Jakobson, para citar apenas alguns dos que trabalhavam na área à época), como uma maneira de contestar o dogma stalinista. A ênfase de Bakhtin em leituras textuais formais pretendia substituir as caracterizações sociológicas rudimentares das produções artísticas e culturais usadas no linguajar oficial soviético; a sugestão de que significados eram construídos dialogicamente contradizia a crença comunista estatal de que a linguagem podia ser policiada e os sinais controlados.[216] Kristeva mudou-se para Paris em meados da década de 1960, levando a noção de polifonia de Bakhtin para os debates estruturalistas franceses, e cunhou o termo "intertextualidade" para conferir (em suas palavras) "dinamismo ao estruturalismo".[217] O que veio a ser chamado de feminismo francês, então, foi fundamentalmente influenciado por movimentos filosóficos opostos ao comunismo no Leste Europeu e por uma teoria que postulava não o choque de diferenças, mas a interação como base para a comunicação.

Essa história subverte a presumida superioridade em relação às leste-europeias, daquelas feministas ocidentais na década de 1990, que ofereciam o que chamavam de (no singular) "teoria feminista" como a solução para os problemas das mulheres na era pós-comunista. A história mais complicada da década de 1970 é que, enquanto algumas feministas inglesas e americanas tentavam conciliar o marxismo e o feminismo (no contexto da Nova Esquerda), as feministas do Leste Europeu, em movimentos de resistência, rejeitavam a teoria oficial dos Estados comunistas, adotando versões do estruturalismo e, depois, do pós-estruturalismo. Como foi demonstrado por Miglena Nikolchina, houve uma grande quantidade de teorias no Leste Europeu, antes e depois da queda do comunismo, e algumas vertentes do feminismo ocidental já haviam sentido suas reverberações.[218] Mas a forte diferenciação entre Oriente e Ocidente, apresentada na década de 1990, com mais frequência atribuía a teoria ao Ocidente, deixando que o Oriente preenchesse os vazios com dados empíricos. (Fundações ocidentais – Soros, Ford – exacerbaram o problema, pagando traduções de textos feministas ocidentais para línguas leste-europeias, mas não de textos orientais para línguas ocidentais.)

---

[216] Engelstein, Laura. Culture, Culture Everywhere: Interpretations of Modern Russia, across the 1991 Divide. *Kritika*, v. 2, n. 2 , p. 363-393, 2001.

[217] Citado em Dosse, François. *History of Structuralism*. 2 v. Minneapolis: University of Minnesota Press, 1997. v. 2, p. 55. [Ed. bras.: Dosse, François. *História do estruturalismo*. 2 v. Bauru: Edusc, 2007.]

[218] Nikolchina, Miglena. The Seminar: Mode d'emploi. *differences*, v. 13, n. 1, p. 96-127, 2002.

Essa divisão Oriente/Ocidente e o apagamento da história que a acompanha – a história intelectual geral da região e as histórias particulares, tanto intelectuais quanto políticas das muitas variantes do comunismo na Polônia, na Hungria, na Iugoslávia, e assim por diante – tiveram muitas repercussões. Percorreram o espectro das tensões na East/West Feminist Network,[219] até as ações bem mais perturbadoras de Catharine MacKinnon em nome das croatas estupradas. Faltando-lhe conhecimento das complexidades da política iugoslava e das cerceadas redes multiculturais feministas que operavam por lá, MacKinnon acabou aliando-se a nacionalistas croatas, cuja preocupação em relação a mulheres estupradas acabava em suas próprias fronteiras, e não as impedia de apoiar os estupros de bósnias e sérvias como legítimos atos de guerra.[220] A ação de MacKinnon teve repercussões. Embora, certamente, tenha atraído atenção para um aspecto dos ultrajes da limpeza étnica, ela perdeu a oportunidade de oferecer uma crítica ao virulento nacionalismo que a abastecia, e tornou a vida mais perigosa para aquelas feministas iugoslavas que tentavam apresentar essa crítica. Isso incluiu feministas conhecidas como Women in Black [Mulheres de Preto], que, a partir de 1991, tomaram as ruas num protesto silencioso. É delas a segunda história sobre as reverberações do feminismo que quero contar.

O Women in Black (WIB) teve início em Jerusalém, em janeiro de 1988 (à época da primeira Intifada), com mulheres protestando contra a ocupação israelense na Cisjordânia e em Gaza. Uma vez por semana, à mesma hora e no mesmo local – um importante cruzamento de trânsito –, um grupo de mulheres vestidas de preto erguiam um cartaz em formato de mão, com a

---

[219] Scott parece referir-se, aqui, à associação fundada em 1991 cujo nome oficial é Network of East-West Women [Rede de Mulheres Leste-Oeste]. (N.E.)

[220] MacKinnon, Catharine A. Through the Bosnian Lens. *In: Are Women Human? And Other International Dialogues*. Cambridge: Harvard University Press, 2006. p. 141-236. Para uma crítica a Mackinnon, ver: Kesic, Vesna. Response to Catherine [sic] MacKinnon's article "Turning Rape into Pornography: Postmodern Genocide". *Hastings Women's Law Journal*, n. 5, p. 267-280, 1994.

seguinte mensagem: "Acabem com a Ocupação".[221] Rapidamente, a ideia espalhou-se para outros lugares em Israel, com as palestinas e judias frequentemente juntas, e depois para outros países, em que eram mantidas vigílias de solidariedade em apoio às ações das israelenses. "Por volta de 1990", segundo uma antiga página não mais disponível do WIB na internet, "as vigílias do Women in Black assumiram vida própria". Manifestavam-se em muitos países, e com frequência nada tinham a ver com a ocupação israelense. Na Itália, o WIB protestou contra a violência da Máfia; na Alemanha, rebateu os ataques neonazistas contra trabalhadores migrantes; na Índia, reivindicou um fim aos maus-tratos de mulheres por parte de fundamentalistas religiosos. Desde 1991, na antiga Iugoslávia – em Belgrado, Zagreb e outras cidades – o WIB tem protestado contra o nacionalismo étnico que envolveu o país em tempos de guerra e continua a definir a política por lá. Em maio de 2000, em Fiji, o WIB surgiu para protestar contra a derrubada do governo eleito democraticamente no país. Em 2001, houve, no mínimo, 123 manifestações regulares do WIB por todo o mundo, algumas em centros de conflito, outras em solidariedade, com vigílias por toda parte. Algumas dessas vigílias mantiveram-se por anos – suas integrantes chegaram a realizar encontros internacionais –, enquanto outras vêm e vão, conforme a necessidade dos acontecimentos. Seu impacto varia em parte, dependendo de sua proximidade com a violência contra a qual protestam. O ativismo é mais difícil e mais perigoso para o Women in Black em Israel, Sérvia e Kosovo, do que para as manifestantes em Londres e Nova York (exceto, é claro, quando as apoiadoras estrangeiras comparecem ao local, como fizeram algumas em Ramallah, em 2001 ou quando – como na sequência de 11 de Setembro, em São Francisco – as manifestantes tornaram-se objeto de uma investigação por parte do FBI, por causa de suas "conexões internacionais" pró-palestinos).[222]

---

[221] Citado e baseado no site Women in Black (Disponível em: http://womeninblack.org. Acesso em: 28 maio 2024).

[222] Kapoor, Haresh. Women in Black lay down in front of tanks in Ramallah, press release, 23 dez. 2001 (Disponível em: http://mail-archive.com/

Quanto mais as manifestantes se afastam de políticas específicas, mais difícil fica visar a alvos políticos claros – como o WIB descobriu em Londres, quando se reuniu em protesto contra os bombardeios da Otan contra a Sérvia e Kosovo.[223] Elas perceberam que o abstrato objetivo de paz era facilmente superado por outros objetivos, e abortaram sua ação ao se descobrirem ao lado de manifestantes nacionalistas pró-Milošević, pró-Sérvia. Mas está claro que, como movimento internacional, o WIB conseguiu certo reconhecimento como força política. Em 2001, uma mulher de Belgrado e outra de Kosovo receberam o Prêmio Millennium da Paz para Mulheres, da Organização da Nações Unidas (ONU), em nome da rede internacional do WIB, que também foi indicado para um Prêmio Nobel por membros dos parlamentos da Dinamarca e da Noruega.

É difícil imaginar a concessão desses prêmios a um fenômeno que não é, de fato, uma organização. O que é incrível sobre o WIB é que se trata de uma estratégia de improvisação, implementada localmente, e não como um braço de alguma associação centralizada. O WIB é (segundo as próprias mulheres) "uma rede mundial de mulheres comprometidas com a paz com justiça, e ativamente opostas à injustiça, à guerra, ao militarismo e a outras formas de violência", não em situações abstratas, mas específicas. Retomando suas palavras, elas "não são uma organização, mas um meio de comunicação e uma fórmula para ação".[224] Os meios práticos de mobilização são listas com números telefônicos e endereços de e-mail, cadeias de afiliação entre indivíduos. Isso possibilita "uma forma de ativismo [...] singular entre partidos políticos e grupos opostos [...]. As atividades do Women in Black desenvolveram-se em várias

---

kominform@lists.eunet.fi/msg10982.html); Kingston, Tim. FBI Casting Wide Net in Sept. 11 Attack Investigation. *San Francisco Bay Guardian*, 14 out. 2001 (Disponível em: http://www.wluml.org/node/650).

[223] Cockburn, Cynthia. Being Able to Say Neither/Nor observações sobre uma fala em um encontro organizado pelas Brigadas Internacionais de Paz e o Conselho Nacional da Paz, Londres, 14 de abril de 1999 (Disponível em: http://cynthiacockurn.typepad.com/Blogneithernor.pdf).

[224] Women in Black (Disponível em: http://womeninblack.org/en/about).

fases, segundo necessidades políticas imediatas, uma rápida reação à realidade política cotidiana".[225]

O simbolismo é multifacetado: uma manifestação concreta do corpo político (daqueles corpos que produzem a cidadania de uma nação) e de sua agência paradoxal perante o poder opressivo – paradoxal porque a testemunha muda, não violenta, significa impotência, enquanto apresenta uma mensagem de paz como a única alternativa racional para a catástrofe. A ação é a mesma (todas mulheres, todas de preto, paradas em silêncio e pacificamente em um lugar público, em dia e hora regularmente programados), mas seu objetivo varia, dependendo do contexto político que as mulheres tenham escolhido abordar. Elas se declaram feministas, e não alegam ser pacifistas por natureza. No entanto, invocam certa convergência: "mulheres vestidas de preto, como em Nova York, centro mundial da moda e, ao mesmo tempo, como em tempos mais primitivos, em que o dever das mulheres era ficar enlutadas, vestidas de preto".[226] Elas realmente argumentam que as mulheres "são frequentemente alvos da violência de gênero, tanto na paz, quanto na guerra e [que] as mulheres são maioria entre os refugiados". Mas é sua análise feminista, e não sua natureza feminina, que as leva a ver "as culturas masculinas como especialmente propensas à violência", e que lhes dá "uma perspectiva específica sobre segurança" e guerra.

O WIB emprega o que venho chamando de a analítica feminista do poder em contextos políticos concretos (e diferentes). As ações do grupo contradizem os pronunciamentos oficiais sobre inimigos e amigos, recusando-se a aceitar – e assim a tornar real – a afiliação nas "unidades fictícias" oferecidas por seus líderes. Em vez disso, elas literalmente manifestam as complexas realidades da política, que reconhecem histórias interconectadas. Assim sendo, em Israel, o WIB une palestinas e judias, desafiando a ideia de que elas pertençam a lados necessariamente antagônicos. Em Belgrado, o WIB adotou alianças multiétnicas, lembrando a seus concidadãos o fato

---

[225] Tešanović, Jasmina. *Me and My Multicultural Street*. Belgrado: Feministicka, 2001. p. 46.

[226] Tešanović. *Me and My Multicultural Street*, p. 43.

de que, por várias gerações, sérvios, croatas e bósnios viveram lado a lado, casaram-se entre si, e compartilharam uma cidadania, até serem separados pela agressão nacionalista.

Em agosto de 2001, o WIB sérvio pediu um fim à violência armada entre albaneses, turcos, sérvios e macedônios, na Macedônia. À época dos bombardeios da Organização do Tratado do Atlântico Norte (Otan), em 1998, seus membros foram atacados como "inimigos internas da Sérvia", "colaboracionistas" a serviço dos Estados Unidos, e suas manifestações foram banidas. Naquele ano, seu relatório anual foi uma "confissão de culpa" por sete anos de ativismo em oposição à homogeneização étnica e ao militarismo. O relatório baseou-se em, ou tornou-se base para (não tenho certeza de qual dos dois) um poema, "Confissão", escrito por Jasmina Tešanović,[227] que explica como veio a escrevê-lo. Em 9 de outubro de 1998, em Belgrado

> aconteceu a última manifestação de aniversário de Women in Black [...]. Ela teve um solene aspecto cerimonial, à beira da guerra civil, da ameaça renovada dos bombardeios da Otan [...]. Vestidas de preto, as mulheres posicionaram-se no círculo ritualístico, com longos *slogans* escritos em longas faixas, enquanto novas simpatizantes e manifestantes conversavam entre si [...]. Tive uma sensação concreta de existir uma oposição na minha cidade, no meu país, e que o Women in Black nos dava forma, espaço público e linguagem. A ação conceitual desse aniversário foi uma mesa com 100 papéis, cada um deles com os dizeres impressos em letras maiúsculas EU CONFESSO.[228]

Aqui está o poema baseado nesses papéis. Trata-se de uma clara demonstração da metodologia feminista aplicada, que, ao mesmo tempo, nos é familiar e distinta; nós a ouvimos como um eco, sentimo-la como uma reverberação.

---

[227] Conheci Tešanović em uma conferência em Dubrovnik, depois de ter feito a palestra em que este capítulo se baseia. Foi uma experiência muito comovente, mais uma dessas reverberações sobre as quais eu tentava escrever.

[228] Tešanović. *Me and My Multicultural Street*, p. 50-51.

EU CONFESSO:
Eu, Jelena, 12 anos de idade, confesso apenas à vida
J'accuse[229]
Que em 1991 fui contra a guerra, e sou agora
Simplesmente confesso
Que jamais serei leal àquelas autoridades e
Que amo Sabahet, Mira, Vjosa e Ana
por tudo que vocês escreveram
Que sou leal à não violência, à solidariedade, à amizade e
desleal a todas as formas de poder autoritário, violência, ódio
Que já não posso suportá-lo, que já não posso aceitá-lo,
Que vivi duas vidas, uma em Sarajevo e outra em Belgrado
Que não queria tudo que nos aconteceu, mas
não consegui impedi-lo
Para todas as acusações, confesso que sou uma traidora em
todos os sentidos
Que sou uma traidora dos valores militaristas dominantes
na sociedade sérvia
Que protestarei contra todas as formas de violência, guerra
e discriminação
Que cantei canções bósnias e dancei danças albanesas ao
longo de toda a guerra
Que detesto guerra, violência e mortandade
Confesso, mas também acuso
Que a violência em Kosovo não pode parar na presença da
polícia sérvia.
Mas pode com forças internacionais que permitirão paz e
processo de negociação
Que de maneira alguma me alistarei no exército.
Coloquem o militarismo no lixo, onde ele pertence
Confesso que não abrirei mão das minhas convicções, ainda
que acabe presa
Que desde o início do movimento de paz

---

[229] Alusão à famosa carta aberta ao então presidente francês publicada por Émile
Zola em janeiro de 1898, em meio ao caso Dreyfus – uma acusação falsa de
traição, feita a um oficial judeu francês que teria entregado informações aos
alemães. O caso é considerado um marco tanto da ascensão do antissemitismo
na Europa da virada do século XIX para o XX, quanto das mobilizações
públicas de intelectuais em prol de uma causa. (N.E.)

Tenho sido uma ativa participante em todos os encontros
antiguerra
Que ainda organizarei mais uma campanha antiguerra
Se vocês continuarem com essa
idiotice
Que sou europeia, cidadã do mundo e
uma irreconciliável
oponente a este regime
Que respeito os direitos humanos do Outro, e que acima de
tudo me considero
uma cidadã
Que não reconheço guerra, discriminação, criminosos, de-
sesperança
Que por sete anos tramei contra este regime nazista
Que sinto amargura quanto ao fato de que as autoridades na
Sérvia e na Iugoslávia constantemente travem guerras
Que os conflitos deveriam ser resolvidos por meio de nego-
ciação, não de violência
No pasarán![230]

O que está corporificado aqui não é apenas a dissidência do poder instituído do Estado (uma recusa a sancionar suas ações cerimonialmente e na prática: "Nunca serei leal"; "Sou uma traidora"), mas também uma transgressão ativa de seus limites ("Cantei canções bósnias e dancei danças albanesas"; "Sou europeia, cidadã do mundo"; "Vivi duas vidas, uma em Sarajevo e outra em Belgrado"). Essas são agentes de resistência (cidadãs responsáveis) que insistem em que são, têm sido e serão alternativas políticas democráticas ao regime sob o qual têm sido forçadas a viver.

O surpreendente sobre o WIB, em contraste com muitos movimentos feministas anteriores em prol da paz, é que ele não se apoia em uma afirmação sobre a igualdade de mulheres ou a

---

[230] Tešanović. *Me and My Multicultural Street*, p. 51-52. Ver também Deschaumes, Ghislaine Glasson; Slapsak, Svetlana (eds.). *Femmes des Balkans pour la paix*: itinéraires d'une militante à travers les frontières. Paris: Transeuropéenes; RCE, 2002. ["*No pasarán!*" – lema que emergiu na Primeira Guerra Mundial em meio ao Exército francês ("*Ils ne passeront pas*") e se consolidou como divisa antifascista durante a Guerra Civil Espanhola. (N.E.)]

unidade de feministas. Em vez disso, a existência do WIB como "um meio de mobilização e uma fórmula para ação" presume diferenças fundamentais entre feministas: diferenças de contexto, história e compreensões do feminino e do próprio feminismo. Encontros internacionais, como o acontecido em Novi Sad, para marcar o décimo aniversário das vigílias sérvias, atraíram um total de 250 mulheres de 16 países. Esses encontros oferecem uma oportunidade para a troca de informações e a identificação de novos objetivos, mas não existe tentativa para a elaboração de uma plataforma comum além de uma oposição ao militarismo e à violência. O reconhecimento da diferença é fundamental, ainda que a forma de protesto e o nome usado para descrever as manifestantes sejam o mesmo. Segundo o *site* do Women in Black, "Cada grupo é autônomo, cada grupo foca nos problemas particulares de violência pessoal e de Estado em sua parte do mundo". O WIB corporifica o feminismo como uma operação estratégica localizada; não se trata de uma questão do global combinado com o local, mas de ecos e reverberações que atravessam o mundo. Sem o reconhecimento explícito da importância de solidariedades imaginadas – fantasias que superam diferenças, que descobrem desejos compartilhados em diferentes contextos – essas mulheres estabelecem cenários que dão vida a essas solidariedades.[231]

---

[231] Existem outros exemplos de solidariedade baseada na diferença. Na França, o Collectif des Féministes pour L'Égalité [Coletivo das Feministas pela Igualdade] reúne muçulmanas com lenços na cabeça e mulheres seculares (muçulmanas e francesas "nativas") sob a bandeira de um fim a todos os tipos de dominação: "não ao uso forçado de lenços na cabeça, não à retirada forçada dos lenços de cabeça" é seu lema. Ver: Chouder, Ismahane; Latrèche, Malika; Tevanian, Pierre. *Les filles voilées parlent*. Paris: La Fabrique, 2008. Na Turquia, surgiu uma aliança semelhante, embora menos formal, entre mulheres seculares e religiosas: "Construímos nossa comunidade transcendendo dicotomias, apesar das dicotomias e por meio das dicotomias. Construímos nossa comunidade transcendendo identidades sociais, apesar das identidades sociais, e por meio das identidades sociais". Ver: "We Care for Each Other", primeira petição, 29 de fevereiro de 2008, e segunda petição, 26 de setembro de 2008 (Disponível em: http://www.birbirimizesahipcikiyoruz.blogspot. com. Acesso em: 28 maio 2024). O processo de negociação de diferenças

Os traços da história

Tomo o Women in Black como um exemplo da analítica feminista do poder em ação, apenas uma das reverberações das últimas décadas de teorização e aprimoramento de nossas metodologias.[232] (Não pretendo endossá-lo como a melhor ou mais criativa forma que a política feminista possa assumir; apenas o proponho como um bom exemplo de reverberações feministas.) Aqui está um movimento que não se restringe estritamente a coisas do interesse de mulheres, mas que assume como seu o domínio de uma política de ampla escala. Ele perfura sonhos inflados de unidade nacional; expõe a toxicidade da limpeza étnica; e insiste na possibilidade de reconhecimento mútuo, e não na dissolução de diferenças. Recusa aceitar esquemas vigentes de poder como naturais ou inevitáveis, insistindo para que sejam consideradas melhores alternativas. E, para relembrar um *slogan* de eras passadas, "diz a verdade ao poder"; o gesto de testemunha silenciosa reprova drasticamente aqueles que nos tornariam dependentes ao afirmar que legislam em nosso favor.

Mas neste gesto – a posição imóvel das mulheres, todas de preto, silenciosas e reprovadoras – também existe um eco inegável de uma história pregressa: uma política feminista que se apoiou na infalibilidade moral das mulheres, que, como mães, colocam

---

não é fácil; nos dois casos, a questão do apoio a homossexuais contra a discriminação cria dificuldades tremendas, não resolvidas.

[232] Um exemplo recente dessas "reverberações feministas" é o grupo chamado La Barbe (A barba) na França. Fundado em 2008 e formado por cerca de cem mulheres, o grupo envolve-se em ações (inspirado nas Guerrilla Girls, Act Up, Yes Men, e Lesbian Avengers) de protesto contra a exclusão de mulheres na política, na educação, nos negócios etc. Um pequeno grupo chega a, digamos, uma reunião de acionistas, e, portando, com barbas obviamente falsas, cumprimenta o grupo pela ausência de mulheres entre eles. Elas conseguiram uma cobertura da imprensa (pode-se achá-las também no YouTube) por suas intervenções irônicas e denúncias de sexismo. A primeira dessas ações ocorreu em um contexto diferente na Turquia. Existe um grupo chamado Las Bigotonas, fundado no México em 2009. E existem esforços para a adoção dessa estratégia na República Tcheca. Ver a página do Facebook da La Barbe-groupe d'action féministe. Ver também: www.labarbelabarbe.org.

os interesses e cuidados dos outros acima dos próprios. O apelo a "todas as mulheres de todas as nações, que sentem a mesma dor no parto", lançou a Women's International League for Peace and Freedom [Liga Internacional de Mulheres pela Paz e Liberdade], no início da Primeira Guerra Mundial; informou os vários movimentos pela paz da primeira e segunda ondas do feminismo; e ainda é, para algumas, o que torna possível a sororidade global.[233] Embora o WIB evite escrupulosamente qualquer apelo para ação ou reivindicação de unidade no terreno do maternalismo, os ecos desse essencialismo nessas demonstrações só de mulheres ainda parece audíveis. E são testemunhas do fato de que as reverberações não são apenas contemporâneas (de percurso horizontal, circulando o globo), mas históricas (de percurso vertical, através do tempo).[234]

O feminismo é constituído por seus métodos, sua teoria e história. Trazemos nossos passados para o presente, mas nunca totalmente. Se estendemos o alcance de nossa política bem além dos protestos contra discriminação de gênero, ecoamos, mas não reafirmamos, uma antiga alegação feminista de que os interesses das mulheres eram os interesses da sociedade. Existe repetição, mas não uma continuidade sem suturas, porque a própria repetição faz uma diferença, *é* uma diferença. Talvez seja precisamente uma consciência da inevitabilidade e onipresença da diferença que distinga nosso entendimento do de nossas predecessoras – diferença como um fato da existência humana, um instrumento de poder, uma ferramenta analítica e uma característica do próprio feminismo.

---

[233] Citado em Bard. *Les filles de Marianne*, p. 45.

[234] Para trabalhos recentes sobre movimentos globais feministas, ver: Antrobus, Peggy. *The Global Women's Movement*: Origins, Issues, and Strategies. London: Zed, 2004; Ferree, Myra Marx; Tripp, Aili Mari (eds.). *Global Feminism*: Transnational Women's Activism, Organizing, and Human Rights. New York: New York University Press, 2006; Grewal, Inderpal. *Transnational America*: Feminisms, Diasporas, Neoliberalisms. Durham: Duke University Press, 2005; Moghadam, Valentine. *Globalizing Women*: Transnational Feminist Networks. Baltimore: Johns Hopkins University Press, 2005; Mohanty, Chandra Talpade. *Feminism without Borders*: Decolonizing Theory, Practicing Solidarity. Durham: Duke University Press, 2003.

Contudo, a diferença não é um contraste acentuado, mas uma sucessão de ecos, de reverberações. A Conferência de Berkshire foi uma dessas reverberações. Seu nome e sua inspiração foram tirados de um grupo destemido de mulheres, determinadas a fomentar um coleguismo e uma troca intelectual entre elas e aprimorar sua situação dentro da American Historical Association. Embora possamos nos identificar com a resistência de Dorothy Fowler a Stanley Pargellis, admirar sua persistência e invejar sua paciência (pelo menos eu invejo), nosso feminismo é diferente do dela. Vivemos em um mundo diferente: pós-colonial, pós-Guerra Fria, pós-moderno. É difícil encontrar uma maneira de detalhar as diferenças que separam os dois períodos sem recorrer ao pensamento binário que venho criticando. Apenas a distância no tempo e a miopia que a acompanha nos deixa descrever a função de Fowler como mais simples do que a nossa, nossas ferramentas como mais afiadas do que as dela. É por isso que as reverberações são um meio melhor de pensar nossa relação com a história feminista. Normalmente, as reverberações do feminismo não têm causado grandes terremotos, mas criaram todos os tipos de abalo, lateral e longitudinalmente. Apreciamos esses abalos porque, em suas melhores formas, são intransigentes e transgressivos, paradoxais e subversivos, e sempre deixam efeitos em sua passagem: às vezes visíveis, às vezes imperceptíveis, tanto conscientes quanto inconscientes, são realinhamentos e rearranjos sociais, políticos e pessoais. Afetam nossos próprios seres – como mulheres, cidadãs, e como atores estratégicos localizados, fazendo diferença em nossos mundos.

CAPÍTULO 4

Sexularismo
Sobre secularismo e igualdade de gênero

O título deste capítulo começa como um erro tipográfico.[235] Cada vez que escrevo secularismo, aperto um *x* em vez de um *c*. Isso aconteceu tantas vezes que pensei que deveria tentar descobrir o que estava acontecendo. Verdade que as duas teclas são vizinhas no teclado, mas exigem dedos diferentes no método de datilografia que aprendi anos atrás. Então, pensando em Freud, me perguntei se isso não seria uma mensagem do inconsciente, um lapso do dedo, senão da língua. O erro, se é que houve algum, realmente expressava algo que eu estava pensando sobre este tópico amplo e complicado: que nas recentes invocações do secular, as questões de sexo e sexualidade ficam enredadas de maneira equivocada.

A suposição mais frequente é de que o secularismo incentiva a livre expressão da sexualidade e, sendo assim, acaba com a opressão das mulheres por remover a transcendência como o fundamento das normas sociais, e trata as pessoas como indivíduos autônomos, agentes

---

[235] Após escrever esse capítulo, informaram-me sobre uma palestra on line de Ann Pellegrini, na Universidade da Califórnia, Santa Bárbara, chamada "Sexularism: Religious Freedom, American Style" [Sexularismo: Liberdade religiosa, ao estilo americano] (Disponível em: http://www.uctv.tv/ search-details.aspx?showID=15371). O uso do termo por Pellegrini refere-se às maneiras pelas quais o sexo – especialmente as moralidades sexuais associadas ao ensino religioso – continua a influenciar as sociedades seculares modernas. Ver também: Jakobsen, Janet R.; Pellegrini, Ann. *Love the Sin*: Sexual Regulation and the Limits of Religious Tolerance. New York: New York University Press, 2003.

à procura do prazer, capazes de criar o próprio destino.[236] Dizem que, ao substituir a verdade inquestionável da vontade divina pela iniciativa humana imperfeita, o secularismo quebrou o domínio do tradicionalismo e inaugurou a democrática era moderna. As definições de modernidade são bem variadas, mas normalmente incluem o individualismo, que, em alguns relatos – entre eles, os feministas –, iguala-se à liberação sexual. A história fica notavelmente ausente desses relatos, exceto como teleologia: com o tempo, a ideia universal inevitavelmente expande suas aplicações e efeitos.

Hoje em dia, o secularismo frequentemente entra em discussões sobre o Islã, visto como apegado a valores e maneiras de ser que estão em desacordo com a modernidade. Normalmente, nos debates contemporâneos sobre os muçulmanos – focado em se eles podem se integrar nas sociedades ocidentais, se sua cultura está fundamentalmente em desacordo com a "nossa", e se seus valores são compatíveis com a democracia política –, o secularismo é o critério inquestionado de julgamento. É entendido como uma ideia, atemporal ou em desenvolvimento, que significa um projeto universal de emancipação humana, incluindo especificamente as mulheres. Quer seja referência à teocracia iraniana, ao comportamento punitivo do Talibã, quer seja referência às populações imigrantes na Europa, há uma ênfase específica no sofrimento das mulheres com lenços na cabeça, véus e burcas. Para os ideólogos do republicanismo francês, o que está em jogo ao justificar um banimento dos lenços de cabeça islâmicos nas escolas públicas são valores primordiais – ou ao menos os herdados da Revolução Francesa. O chefe da comissão que recomendava o banimento dos lenços de cabeça disse: "A França não pode permitir que muçulmanos solapem seus valores essenciais, o que inclui uma estrita separação de religião e Estado, igualdade entre os sexos

---

[236] Assim, em *Women and Human Development*, Martha Nussbaum argumenta que "oportunidades para satisfação sexual são um aspecto importante da integridade corporal, um recurso funcional humano central" e que o Estado secular torna-se o lugar em que se define "o verdadeiramente humano" (Nussbaum, Martha. *Women and Human Development*: The Capabilities Approach. Cambridge: Cambridge University Press, 2001. p. 78-79).

e liberdade para todos".[237] Similarmente, uma corte federal suíça, decidindo contra uma professora que queria usar o *hijab* em sala de aula, argumentou que "é difícil conciliar o uso do lenço de cabeça com o princípio de igualdade de gênero – um valor fundamental de nossa sociedade, sacramentada em uma provisão específica da constituição federal".[238] As feministas na França, e em outros lugares, argumentaram de maneira semelhante, talvez sintetizada de forma exemplar por Elizabeth Badinter ao sustentar que, para as mulheres, "o lenço na cabeça é um símbolo terrível de submissão", associado ao "imperialismo religioso" que o Estado secular foi concebido para combater.[239] É como se a chegada do secularismo tivesse resolvido o problema da diferença sexual na história, trazendo em sua esteira um fim para o que Tocqueville se referiu como "a mais antiga de todas as desigualdades, a entre homem e mulher".[240] A partir desse ponto de vista, as comunidades e sociedades religiosas são relíquias de uma outra Era, e as mulheres de véu, com sua sexualidade sob panos, são o símbolo, por excelência, do atraso.

Neste capítulo, coloco em questão as oposições simples – moderno/tradicional; secular/religioso; sexualmente liberada/sexualmente oprimida; igualdade de gênero/hierarquia patriarcal; Ocidente/ Oriente – a partir de três perspectivas diferentes. A primeira tem a ver com a história da secularização, que demonstro deixar claro que a equiparação de homens e mulheres não era uma preocupação fundamental para quem se propôs a separar a Igreja do Estado. Aqui, poderíamos encontrar em meus erros de digitação uma associação inconsciente que toma a forma de um lapso metonímico: do

---

[237] Citado por McGoldrick, Dominic. *Human Rights and Religion*: The Islamic Debate in Europe. Portland, OR: Hart, 2006. p. 89. A respeito dos debates franceses sobre lenços de cabeça, ver: Scott, Joan Wallach. *The Politics of the Veil*. Princeton: Princeton University Press, 2007. Ver também: John R. Bowen, *Why the French Don't Like Headscarves: Islam, the State, and Public Space* (Princeton: Princeton University Press, 2006).

[238] Citado por McGoldrick. *Human Rights and Religion*, p. 128; ver também p. 206.

[239] Citado por McGoldrick. *Human Rights and Religion*, p. 266.

[240] Tocqueville, Alexis de. *Souvenirs*. Paris: Gallimard, 1964. p. 129.

secularismo para o sexismo. A segunda perspectiva é a noção de agência individual, que, com tanta frequência, fundamenta discussões dos efeitos emancipatórios do secularismo. Poderíamos dizer que minha substituição involuntária de um *c* por um *x* assinala como um erro a elisão do secular e do liberado sexualmente – sua presumida sinonímia. E, por fim, argumento que, sob uma perspectiva psicanalítica, o secularismo não resolveu as dificuldades que a diferença sexual coloca para a organização social e política. Poderia ser que nossa própria dificuldade em pronunciar o título deste capítulo – "Sexularismo" – capta algo do problema persistente de tentar conciliar diferença sexual e igualdade de gênero, mesmo numa dita era secular.

História

A Revolução Francesa é um dos momentos fundacionais da modernidade: um produto do Iluminismo, uma transformação política de proporções gigantescas, que substituiu com o império da razão – e assim sendo, da lei – as superstições de clérigos e o poder dos reis. Entre os muitos processos iniciados pelos representantes eleitos pelo povo estava a secularização. A poderosa Igreja Católica Romana, em sua encarnação francesa, foi nacionalizada pelo Estado; sacerdotes que juraram lealdade à República Francesa tornaram-se agentes pagos pelo Estado, enquanto os membros do clero que não o fizeram foram relegados à realização de missas ilícitas na clandestinidade; e sinais de devoção religiosa (estátuas de santos, crucifixos, sinos de igreja) foram substituídos pela corporificações alegóricas de conceitos seculares (liberdade, fraternidade, igualdade, o contrato social, filosofia, razão, virtude) em formas clássicas idealizadas. Até palavras de consolo foram laicizadas em pelo menos um cemitério: "A morte é o eterno repouso" negava toda a possibilidade de uma vida pós-morte paradisíaca. Os revolucionários organizaram festivais como substitutos de cerimônias religiosas; artistas, músicos, escritores, atores e dramaturgos foram mobilizados em um enorme esforço de propaganda visando instilar adesão à nova ordem das coisas.

Um exemplo foi a Festa de Unidade e Indivisibilidade, organizada pelo pintor Jacques-Louis David e pelo compositor François-Joseph Gossec, em 10 de agosto de 1793. Suas cinco estações levaram os cidadãos pelo que a historiadora de arte Madelyn Gutwirth descreve como uma "falsa procissão maçônica de iniciação".[241] Na primeira estação estava a Fonte de Regeneração, a da natureza. Gutwirth descreve-a baseada em uma gravura da Bibliothèque Nationale: "Uma enorme estátua de uma Hator egípcia, sentada entre seus dois cães mastins, foi erigida, de cujos seios – castamente cobertos por seus braços cruzados – jorrava o leite (lembramos que era apenas água) do renascimento [...]. Os benfeitores imediatos de sua generosidade [eram] os eminentes legisladores do Estado, enfileirados perante ela, para consumir simbolicamente sua recompensa".[242] Gutwirth oferece uma leitura psicanalítica incisiva dessa cena, e de muitos outros exemplos que cita, marcados por uma abundância de imagens de seios (especialmente, mas não apenas, durante a fase jacobina da Revolução):

> A pura aridez estéril deste derivativo, imagens forjadas de seios, divorciadas de seus verdadeiros subtextos, tanto de transcendência – os laços entre sexo, nascimento, morte e eternidade – quanto do calor das afinidades carnais humanas, sinaliza-o como um fenômeno fetichista. No meio dos esforços jacobinos de afirmar a igualdade humana, seus homens insistiram até o fim na premissa de que sinais de alteridade podem ser explorados para expressar um ideal. Uma insistência desesperada na repetição das formas de dimorfismo sexual de outras eras caracteriza suas principais representações. A Revolução dissocia o seio de seu contexto, ou seja, dos poderes das mulheres de intenção, coração e mente. A preocupação dos revolucionários com o seio é o indicativo de uma cisão de gênero na nova mentalidade republicana, tão profunda que parece insuperável. O alheamento das

---

[241] Gutwirth, Madelyn. *The Twilight of the Goddesses*: Women and Representation in the French Revolutionary Era. New Brunswick, NJ: Rutgers University Press, 1992. p. 275.

[242] Gutwirth. *The Twilight of the Goddesses*, p. 364.

mulheres da cultura republicana foi reificado por sua representação. Crescentemente travada em estruturas verbais e visuais repetitivas, no período Termidor a nova cultura política francesa tinha definitivamente descartado todas as justificativas para algo semelhante à paridade entre mulheres e homens, mesmo na diferença.[243]

Olhando para várias outras representações, especialmente uma imagem popular da *França republicana oferecendo seus seios para todos os franceses*, rotulada por ela como uma "*pin-up* democrática", Gutwirth conclui que "a figuração do seio" já não tem a mesma serventia de outrora como um símbolo da caridade universal; em vez disso "ela foi restaurada como um acessório do erotismo masculino".[244]

Se Gutwirth cita o que poderia ser percebido como as representações mais benignas (por serem abstratas) do feminino, Richard Cobb oferece evidência a partir de relatos do trabalho dos "exércitos do povo". Escreve que os ativistas da descristianização "às vezes beiram a misoginia", ao associarem mulheres a padres. Para pegar apenas um dos vários exemplos que ele oferece, foi relatado que um comissário esbravejou contra o fanatismo e, em particular, contra as mulheres, estas mais facilmente seduzidas por ele; disse que a Revolução fora feita por homens, e não deveria ser permitido que as mulheres a fizessem retroceder.[245]

Citei Gutwirth e Cobb porque seu material me permite juntar os dois temas do secularismo e da igualdade de gênero. Ao contrário de muitas afirmações, quero sustentar que não apenas não existe uma conexão necessária entre eles, mas também que a igualdade prometida pelo secularismo sempre foi perturbada pela diferença sexual, pela difícil – se não impossível – tarefa de atribuir um significado definitivo a diferenças físicas entre mulheres e homens. Aqueles que insistem na superioridade do secularismo em relação à religião, como

---

[243] Gutwirth. *The Twilight of the Goddesses*, p. 365.

[244] Gutwirth. *The Twilight of the Goddesses*, p. 365.

[245] Cobb, Richard. *Les armées révolutionnaires*: instrument de la terreur dans les départements, avril 1793 – Floréal an II. Paris: Mouton, 1961-1963. p. 450. v. 1.

se as duas categorias estivessem em eterna oposição, e não que fossem discursivamente interdependentes, contam uma história da evolução da modernidade. Do ponto de vista deles, pode haver interrupções e distrações, retrocessos e confusões, mas o ideal secular – sinônimo de progresso, emancipação e liberdade das restrições do tradicionalismo, baseado na religião – acaba prevalecendo inevitavelmente. Tal visão foi proposta pelo filósofo Charles Taylor em *Uma era secular*. Discutindo o "imaginário igualitário de Locke", Taylor observa que ele estava "no princípio profundamente fora de sincronia com a maneira como as coisas de fato se passavam [...]. A complementaridade hierárquica foi o princípio pelo qual a vida das pessoas efetivamente funcionava – do reino [...] à família. No caso da família, ainda temos algum senso vívido dessa disparidade, porque, na verdade, é apenas em nossa época que as imagens mais antigas de complementaridade hierárquica entre homens e mulheres vêm sendo amplamente contestadas. Mas esta é uma fase tardia em um processo de 'longa marcha'".[246]

É óbvio que a evidência que ofereci da Revolução Francesa poderia ser usada para substanciar essa visão de coisas como uma "longa marcha". Na verdade, tem-se afirmado que, após um começo atribulado, devido a resquícios da lei e de costumes do antigo regime, a noção de direitos individuais espalhou-se de grupos de homens da elite para todos os membros da sociedade. Sob esse aspecto, o ritmo do progresso foi desigual, mas inevitável, ainda que levasse anos para vir a se concretizar.[247]

Quero refutar essa história e sugerir que a visão da "longa marcha" é, em vez disso, um elemento do discurso do secularismo. Concordo com Talal Asad, que, discutindo a teleologia hegeliana de Taylor, caracteriza a história de "longa marcha" como um mito do liberalismo: "O que vem sendo descrito com frequência como a exclusão política das mulheres, os sujeitos coloniais sem propriedade na história do liberalismo, pode ser redescrito como a extensão gradual do projeto

---

[246] Taylor, Charles. *A Secular Age*. Cambridge: Harvard University Press, 2007. p. 167.

[247] Rosanvallon, Pierre. *Le modèle politique français*: la société civile contre le jacobinisme de 1789 à nos jours. Paris: Seuil, 2004. p. 47-55.

incompleto do liberalismo da emancipação universal".[248] Clamando por uma crítica do secular idealizado sob a forma de uma genealogia do secularismo, Asad comenta que "o secular não é nem singular em origem, nem estável em sua identidade histórica, embora funcione através de uma série de oposições particulares", entre elas, o político e o religioso, o público e o privado.[249] A essa lista, eu acrescentaria a oposição entre razão e sexo. Na versão idealizada do secularismo, a consignação das paixões a uma esfera privada torna conversas razoáveis e condutas possíveis nas esferas do público e do político. Colocando em outros termos, as hierarquias da esfera privada são os referentes para a organização da esfera pública.

Neste secularismo idealizado, há um elo entre religião e sexo que pede maior exploração, não pelo fato de o religioso e o erótico serem um (embora isso possa ser algo que outros queiram discutir), mas porque a secularização em terras cristãs do Ocidente procede definindo religião como um assunto de consciência privada, da mesma maneira e ao mesmo tempo que privatiza assuntos familiares e sexuais. Logicamente, a distinção público/privado não era clara, mas um limite hipotético requerendo constante regulação pelas autoridades do Estado. A família era considerada uma instituição privada, local de emoção e intimidade, e, como tal, também era considerada fundamental para a ordem pública. As leis definiam os termos de casamento, divórcio, herança, e o que eram consideradas práticas sexuais aceitáveis, ainda que a ideia fosse de que isso pertencesse ao âmbito do ensinamento moral religioso. As instituições religiosas estavam sujeitas a regulamentações semelhantes, por parte dos Estados em processo de secularização da Europa Ocidental. Na verdade, um estudioso declarou: "A relação histórica entre família e soberania de Estado [...] passa a ser uma fonte de emaranhamentos contínuos entre religião e política".[250]

---

[248] Asad, Talal. *Formations of the Secular*: Christianity, Islam, Modernity. Stanford: Stanford University Press, 2003. p. 59.

[249] Asad. *Formations of the Secular*, p. 25.

[250] Agrama, Hussein Ali. Secularism, Sovereignty, Indeterminacy: Is Egypt a Secular or a Religious State?. *Comparative Studies in Society and History*, v. 52, n. 3, p. 519, 2010.

A distinção público/privado funcionava dentro da família e do Estado para estabelecer a cidadania ao longo das linhas de diferença sexual. Quando a razão tornou-se o atributo definidor do cidadão, e quando a abstração possibilitou a intercambialidade de um cidadão individual por outro, a paixão foi destinada não apenas à cama conjugal (ou aos cômodos da cortesã) mas também ao corpo sexualizado da mulher. Então aconteceu que tanto a harmonia doméstica quanto a desordem pública foram imaginadas em forma feminina; "o anjo na casa" e a rebelde *pétroleuse*[251] eram duas faces da mesma moeda.[252] A masculinidade era definida em contraste com essas duas representações: os homens eram a face pública da família e os árbitros racionais do campo político. Sua existência como seres sexuais era, ao mesmo tempo, garantida em relação às mulheres e deslocada para elas. A demarcação público/privada tão crucial para a divisão secular/religiosa apoiava-se em uma visão da diferença sexual que legitimava a desigualdade política e social entre mulheres e homens.

Não é simplesmente que a religião e o sexo sejam, para a consciência privada, o que a política e a cidadania são para a atividade pública. Elas são categorias entrelaçadas porque, no processo de secularização no Ocidente, as mulheres (a corporificação do sexo) normalmente foram – como demonstrado nos exemplos franceses com os quais comecei – associadas à religião e à crença religiosa. Na verdade, a feminização da religião foi um fenômeno que provocou comentários ansiosos dos protestantes americanos no século XIX; a susceptibilidade das mulheres à influência clerical foi, por muito tempo, usada para justificar a negação do acesso delas ao voto, nos países católicos da Europa; e o papel das mulheres como as portadoras

---

[251] Nome dado às mulheres que, durante a Comuna de Paris (1871), teriam atirado combustíveis para alimentar incêndios. (N.E.)

[252] Christ, Carol. Victorian Masculinity and the Angel in the House. *In*: Vicinus, Martha (ed.). *A Widening Sphere*: Changing Roles of Victorian Women. Bloomington: Indiana University Press, 1977. p. 146-162; Gullickson, Gay. *Unruly Women of Paris*: Images of the Commune. Ithaca: Cornell University Press, 1996.

e personificações da tradição, incluindo práticas religiosas habituais criou dilemas para os líderes revolucionários da liberação nacional no século XX. A designação discursiva das mulheres e da religião à esfera privada não teve a ver – nas primeiras articulações do ideal secular – com a regulação da sexualidade feminina pela religião. Em vez disso, a religiosidade feminina era vista como uma força que ameaçava romper, ou debilitar, as buscas racionais que constituem a política; assim como a sexualidade feminina, a religiosidade era excessiva, transgressora e perigosa. Portanto, voltando por um minuto para aqueles exércitos revolucionários franceses, temos este comentário veemente de um *représentant em mission* na região de Gers: "E vocês, malditas vagabundas, são as putas deles [dos padres], especialmente aquelas que frequentam suas malditas missas e escutam seu blá-blá-blá".[253]

O perigo da sexualidade feminina não era tido como um fenômeno religioso, mas como algo natural. Secularistas descartaram Deus como o projetista inteligente de última instância; em seu lugar, colocaram a natureza. Viam a natureza não como uma força externa, mas como uma essência que poderia ser inferida de todos os seres vivos, inclusive os humanos. Agir de acordo com a natureza era concretizar as aptidões inerentes a cada um, e, para os humanos, elas eram determinadas pelo sexo. A partir do século XVII, os principais teóricos políticos pressupuseram que atores políticos humanos eram homens. Não citaram explicações religiosas para a exclusão de mulheres de uma cidadania ativa; em vez disso, apontaram para as características decorrentes da incontestável diferença biológica de sexo. Thomas Laqueur documentou as maneiras pelas quais a escrita médica do século XVIII informava a teoria política: "as verdades da biologia haviam substituído as hierarquias ordenadas divinamente ou o costume imemorial como a base da criação e distribuição de poder nas relações entre homens e mulheres".[254] Os homens eram indivíduos, possuindo aquela propriedade

---

[253] Citado em Cobb. *Les armées révolutionnaires*, p. 450.

[254] Laqueur, Thomas. *Making Sex*: Body and Gender from the Greeks to Freud. Cambridge: Harvard University Press, 1990. p. 193. [Ed. bras.: Laqueur, Thomas.

do *self* que lhes possibilitava concluir contratos – inclusive o artigo constitutivo de sociedade política, o contrato social. E os homens podiam ser abstraídos de sua personificação física e social: era disso que se tratava o indivíduo abstrato. Em contrapartida, as mulheres eram dependentes, uma consequência da dedicação de seus corpos à reprodução: não possuíam a si mesmas, portanto, não eram indivíduos. E não se podia abstrair as mulheres de seu sexo. Quando os revolucionários franceses, que tentaram domesticar a Igreja Católica, baniram as mulheres dos encontros políticos e da cidadania ativa, foi baseado na biologia: "As funções particulares para as quais as mulheres se destinam por sua própria natureza têm relação com a ordem geral da sociedade; a ordem social resulta das diferenças entre homem e mulher. Cada sexo é designado para o tipo de ocupação que lhe cabe; sua ação circunscreve-se dentro desse círculo que não pode ser rompido, porque a natureza, que impôs esses limites ao homem, comanda imperiosamente e não aceita leis".[255]

A questão é que tanto nos momentos originários do secularismo (em suas formas democráticas ou republicanas) quanto bem posteriormente em sua história, as mulheres não eram consideradas iguais aos homens do ponto de vista político.[256] A diferença de sexo era considerada uma base legítima para a desigualdade. Como Carole Pateman coloca de maneira sucinta: "A diferença sexual é uma diferença política; a diferença sexual é a diferença entre liberdade e sujeição".[257] Em 1791, a constituição norte-americana incluiu uma cláusula de estabelecimento,[258] mas as mulheres não conseguiram

---

Inventando o sexo: Corpo e gênero dos gregos a Freud. Rio de Janeiro: Relume Dumará, 2001, p. 241.]

[255] Levy, Darlene; Applewhite, Harriet; Johnson, Mary (eds.). *Women in Revolutionary Paris, 1789-1795*. Urbana: University of Illinois Press, 1979. p. 215.

[256] Este não é um novo *insight*, mas resultado da segunda onda de pesquisa histórica feminista, às vezes esquecida no contexto dos debates atuais sobre muçulmanos.

[257] Pateman, Carole. *The Sexual Contract*. London: Polity, 1988. p. 6.

[258] Referência à porção inicial da Primeira Emenda à Constituição dos Estados Unidos, que resguarda a liberdade religiosa e impede o estabelecimento de religiões oficiais no país. (N.E.)

o direito de voto até 1920. Por um tempo, a Revolução Francesa subordinou a Igreja ao Estado; a lei que decretou a *laïcité* atual só foi aprovada em 1905, e as mulheres só passaram a ter direitos políticos em 1944. Embora os Estados Unidos e a França seguissem caminhos diferentes na regulação e privatização da religião, para as mulheres o resultado foi o mesmo.

Nesses países, embora agora as mulheres sejam eleitoras, suas porcentagens nos órgãos legislativos ainda são pequenas. Atualmente, as mulheres correspondem a 19% dos deputados na Assembleia Nacional Francesa, e de 17% na Casa dos Representantes dos Estados Unidos.[259] Além disso, mesmo após a aquisição de alguns direitos, as leis civis e de família permaneceram em vigor, colocando as mulheres em uma posição inferior, dependente, apesar de seus direitos legais formais. Nos Estados Unidos, embora houvesse legislações reconhecendo os direitos contratuais independentes de mulheres casadas, até bem tarde no século XX, juízes continuavam a aplicar noções do *common law*[260] que definiam o casamento em termos de um serviço doméstico da esposa para com seu marido.[261] De modo semelhante, na França, cláusulas do código civil e criminal datadas da era napoleônica continuaram em vigor até serem revistas no período entre 1965 e 1975. Até então, os maridos controlavam os salários das esposas, decidiam se elas poderiam ou não trabalhar assalariadas e determinavam, unilateralmente, onde a família iria viver. Mulheres casadas não podiam ter contas bancárias individuais, e suas transgressões sexuais eram punidas com mais severidade do que as dos homens. Por exemplo, um adultério feminino justificava prisão, enquanto os homens eram sujeitos a

---

[259] Para informações sobre mulheres em legislaturas nacionais pelo mundo, ver estatísticas compiladas pela União Interparlamentar (Disponível em: http://www.ipu.org/wmn-e/classif.htm. Acesso em: 28 maio 2024).

[260] *Common law* é um sistema jurídico, também chamado de anglo-saxão, baseado preponderantemente em precedentes judiciais. Opõe-se ao *civil law,* ou sistema continental ou romano-germânico, que dá maior importância às leis como fontes do direito. (N.E.)

[261] Cott. *The Grounding of Modern Feminism*, p. 185-187.

uma ação criminal apenas se introduzissem as amantes no domicílio familiar. Nesses países, o telhado de vidro era evidente por toda parte, mesmo em uma época de mudança nas normas sexuais – ainda mais durante o turbilhão financeiro de 2008 a 2010, quando homens de terno e gravata reuniam-se em volta de mesas em salas de reuniões e em escritórios governamentais, elaborando soluções para a última crise do capitalismo.

Se tudo o que eu descrevi até aqui ainda pode ser absorvido pela história da "longa marcha", outros fatores tornam isso mais difícil. A emancipação formal das mulheres não acabou com sua subordinação social. Mesmo quando, depois de anos de agitação feminista, as mulheres conseguiram o direito ao voto nessas democracias, referências a uma divisão sexual do trabalho biologicamente determinada eram usadas para colocá-las em uma relação socialmente subordinada aos homens. Em muitos países, a emancipação das mulheres foi concebida como a extensão dos direitos de grupo, e não individuais. Os direitos formais de cidadã para as mulheres não se traduziram em igualdade social e econômica; a cidadania não mudou as normas que estabeleciam as mulheres como diferentes. Elas podiam ganhar igualdade política formal, mas substantivamente – na família, no mercado e na arena política – eram dificilmente iguais. A teórica política Wendy Brown coloca isso da seguinte maneira: "A igualdade política formal das mulheres não é nem o sinal, nem o veículo de sua integração. Pelo contrário, essa igualdade fundamenta-se numa presunção de diferença, organizada por uma divisão heterossexual do trabalho, e sustentada por uma estrutura familiar heterossexual, as quais atenuam a necessidade de tolerância e, ao mesmo tempo, sublinham as diferenças entre igualdade formal e substantiva".[262] Se nos últimos anos tem havido uma revolução sexual – ao que Éric Fassin se refere como uma extensão da lógica democrática ao âmbito do sexo e da sexualidade –, esta ainda precisa ser traduzida, de maneira geral, em

---

[262] Brown, Wendy. Tolerance and Equality: "The Jewish Question" and "The Woman Question". *In*: Scott, Joan Wallach; Keates, Debra (eds.). *Going Public*: Feminism and the Shifting Boundaries of the Private Sphere. Urbana: University of Illinois Press, 2004. p. 36.

igualdade.[263] Na verdade, é surpreendente que os próprios políticos franceses, que, em 1999, ridicularizaram as exigências feministas por uma lei que garantisse a homens e mulheres acesso igualitário a cargos eletivos ("Trata-se de um concerto de vaginas", comentou um senador, ao ouvir as reivindicações feministas), se tornassem grandes defensores da igualdade de mulheres, em se tratando de muçulmanas em 2003.[264] São precisamente as discriminações de gênero (entre outras) remanescentes nas sociedades seculares que são obscurecidas quando há um contraste categórico entre secularismo e religião. Isso acontece porque o gênero – a atribuição de papéis normativos para homens e mulheres – é com frequentemente considerado um fenômeno inteiramente social; os dilemas psíquicos apesentados pela diferença sexual não são levados em consideração. Quando o são, podemos descobrir que os processos de secularização têm servido, historicamente, para intensificar, e não para atenuar os dilemas que acompanham a diferença sexual.

A fim de ver se este é ou não o caso, temos que abordar a história da secularização, não como um processo singular e evolutivo, mas como uma série de questões que separam seus vários fios. Existe uma quantidade de histórias diferentes necessitando ser escritas por essa perspectiva alternativa, mas todas elas visam à mudança dos significados do termo "secularismo", bem como sua relação com o sexo e a sexualidade. Uma dessas histórias tem a ver com a formação do Estado no Ocidente, e a disputa pelo poder entre Estado e instituições religiosas – o aspecto mais literal do processo de secularização. Aqui, os efeitos da privatização da religião precisam ser pensados em relação à privatização da esfera doméstica e às maneiras como os Estados regulam esses domínios. A segunda tem a ver com a disseminação de ideias seculares em outros lugares: o que eram e como se tornaram

---

[263] Fassin, Éric. The Rise and Fall of Sexual Politics. A Transatlantic Comparison. *Public Culture*, v. 18, n. 1, p. 79-92, 2006; Fassin, Éric. L'empire du genre. L'histoire politique ambiguë d'un outil conceptuel. *L'homme*, n. 187-188, p. 375-392, juil./déc. 2008.

[264] Bachelot, Roselyne; Fraisse, Geneviève. *Deux femmes au royaume des hommes*. Paris: Hachette, 1999. p. 12.

um modelo para a modernidade fora do Ocidente. Uma terceira tem a ver com a sexualidade: representações variáveis de macho e fêmea, masculinidade e feminilidade, e as histórias políticas e sociais das relações entre homens e mulheres. Uma quarta consideraria a demografia, a maneira como preocupações com o aumento ou a redução das taxas de natalidade levaram os governantes dos países a buscar políticas dirigidas a regular casamentos e definir o que contava como família. Uma quinta levaria em conta a ciência, a medicina e a tecnologia, e questionaria como os desenvolvimentos nessas áreas possibilitaram mudanças em normas regulamentando o sexo e a sexualidade. Uma sexta olharia para o desenvolvimento econômico, juntando o Estado, o mercado e o gênero, especialmente a maneira com que as teorias de economia política vislumbram e, assim, implementam divisões sexuais do trabalho, no mercado e na família.

Logicamente, esses diversos fios se cruzam e influenciam uns aos outros, mas não do jeito imaginado pela história da "longa marcha". Antes, as interseções são díspares, descontínuas e contingentes; elas não se alinham todas ao mesmo tempo e da mesma maneira. É por isso que precisamos de histórias para esclarecê-las e justificá-las. Somente então será possível uma genealogia do secularismo. Quando tivermos tal genealogia, teremos desvendado a origem bem recente do discurso que considera a emancipação sexual fruto do secularismo. Esse discurso situa-se em nosso contexto histórico particular, em que a linguagem hiperbólica de um "choque de civilizações" e de uma "crise" do secularismo veio a caracterizar o que deveriam ser discussões com mais nuances sobre as complexas relações tanto dentro quanto entre o Islã e o Ocidente.

Mais história

Neste capítulo não posso começar a ilustrar como seria a genealogia do secularismo, mas posso apresentar alguns pontos de partida para a sua conceptualização.

Secularização – A história da secularização no Ocidente cristão está atada ao surgimento do Estado-nação e à separação de política e religião. Se os teóricos do que agora chamamos de secularismo e os políticos que buscaram implementá-lo aspiravam a colocar lutas religiosas fora do âmbito da política internacional e nacional, negar a autoridade política a líderes eclesiásticos, ou subordinar o poder das igrejas ao controle do Estado, abordaram a relação entre as instituições da Igreja e do Estado pouco se referindo às relações entre mulheres e homens. Prova disso é a lei francesa de 1905, que separava Igreja e Estado, uma das regras exemplares do secularismo europeu moderno. A lei nunca mencionou gênero sob nenhum aspecto ao explicar os limites dessa separação. Liberdade de consciência individual é o primeiro artigo da lei de separação; o segundo diz respeito à recusa da República em reconhecer ou subscrever qualquer religião em particular. Existem regras que proíbem ícones religiosos em monumentos públicos; regras sobre o pagamento a capelães por seus serviços em escolas, hospitais e prisões; tentativas de definir o que constitui uma religião reconhecível; e a criação de uma *police des cultes* para reforçar as cláusulas da lei. Conforme o Estado coloca as instituições religiosas sob seu controle, frequentemente ele recorre ao Conseil d'État para o aconselhamento em decisões. (O Conseil d'État é a corte administrativa máxima na França, cuja função é lidar com a legalidade de ações executadas por órgãos públicos.) Por oitenta anos, nenhum desses julgamentos referentes à lei de 1905 dizia respeito à igualdade de gênero, ao passo que outros pareceres do *Conseil* se referiam de fato a situação das mulheres e à discriminação contra elas, focando nos diferentes contextos institucionais envolvidos – local de trabalho, escola, universidade. A igualdade de gênero entra em foco, em relação à secularização, pela primeira vez em 1987, quando, buscando adequar a prática francesa à proibição de discriminação sexual da Convenção Europeia, o *Conseil* decide que as ordens religiosas de mulheres católicas devem ser tratadas da mesma maneira que as dos homens.[265]

Mesmo ao oferecer sua primeira opinião, em 1989, quanto à legitimidade de se banir das escolas os lenços de cabeça islâmicos, o *Conseil* não levantou a questão da igualdade de gênero, mas concebeu sua decisão em termos de ameaças à ordem pública e de proselitismo em uma escola pública. (Em 1989, ele concluiu não haver evidência

---

[265] Conseil d'État. *Réflexions sur la laïcité*. Paris: Conseil d'État, 2004. p. 295.

de nenhum deles.) Em 2004, à véspera da aprovação do banimento do lenço de cabeça, um relato do *Conseil* observou que suas decisões prévias haviam sido menos influenciadas do que seriam agora por "questões ligadas ao Islã, e ao lugar e posição das muçulmanas na sociedade".[266] A questão de igualdade das mulheres como uma característica da separação entre Igreja e Estado foi uma novidade para esse órgão, que por quase um século vinha orientando sobre os significados da lei de 1905. Ela surgiu apenas no contexto de debates acalorados sobre o lugar das imigrantes norte-africanas na sociedade francesa.

Imperialismo – No processo da secularização ocidental, a posição das mulheres tornou-se uma preocupação da modernidade, associada a aventuras imperialistas. Potências colonizadoras frequentemente justificaram suas conquistas em termos que fizeram do tratamento de mulheres – sua segregação e exploração sexual, mas não sua igualdade – um indicador de civilização. Bem antes de as mulheres conquistarem o voto na França, descrições da vida no norte da África reforçavam a superioridade das relações de gênero francesas em comparação com as dos árabes. Júlia Clancy-Smith descreve da seguinte maneira: "Na imaginação imperial, atrás dos altos muros da vida doméstica árabe, as mulheres sofriam opressão devido às leis e aos costumes islâmicos. Conforme o olhar colonialista fixou-se progressivamente nas mulheres muçulmanas, entre 1870 e 1900, muitos escritores franceses mudaram o Islã do campo de batalha para o quarto de dormir".[267] Na Argélia, nos idos da década de 1840, uma maneira de distinguir o que os franceses consideravam ser os cabilas superiores (escolhidos como ajudantes dos administradores coloniais por serem vistos como mais parecidos com os franceses) e os árabes era o tratamento dado às mulheres pelos dois grupos. Paul Silverstein descreve dessa maneira a construção do que chama

---

[266] Conseil d'État. *Réflexions sur la laïcité*, p. 341.

[267] Clancy-Smith, Julia. Islam, Gender, and Identities in the Making of French Algeria, 1830-1962. *In*: Clancy-Smith, Julia; Gouda, Frances (eds.). *Domesticating the Empire*: Race, Gender, and Family Life in French and Dutch Colonialism. Charlottesville: University of Virginia Press, 1998. p. 154-155.

de "mito" da superioridade cabila: "Segundo acadêmicos, os cabilas continuaram a considerar suas mulheres com o maior respeito; elas eram as senhoras da casa, saíam em público sem véu e, em geral, tinham 'uma maior liberdade dos que as árabes'; eram mais valorizadas em sociedade".[268] E no auge da guerra da Argélia pela independência (1954-1962), as esposas dos administradores coloniais franceses organizaram associações de mulheres com a finalidade de libertar as nativas das limitações da lei islâmica. Uma cerimônia realizada em 1958, envolvendo a retirada do véu das muçulmanas, pretendia exibir a missão civilizatória em ação: a França não era uma opressora, como afirmavam os nacionalistas, e sim – nesse cenário – uma libertadora.[269] A remoção do véu era prova disso. Aqui, podemos ver as semelhanças de justificativas apresentadas pela administração Bush para a guerra no Afeganistão – como uma missão de liberação do "Islã", para as mulheres dali –, ainda que forçasse uma agenda que comprometia direitos duramente conquistados pelas mulheres em casa, em geral em nome da verdade religiosa cristã.

Os nacionalistas argelinos, muitos deles também comprometidos com alguma forma de modernidade, acharam difícil oferecer sua própria forma de emancipação às mulheres, ao passo que resistiam à imposição de ideais colonialistas. Frantz Fanon, que era membro da Frente de Libertação Nacional, comentou: "A tenacidade do ocupante em sua iniciativa para tirar o véu das mulheres, em torná-las aliadas na função de destruição cultural, teve o efeito de reforçar padrões tradicionais de comportamento".[270] O ensaio de Fanon, "Algeria Unveiled" [A Argélia se desvela] – lutando como o faz com a necessidade de insistir na integridade de uma cultura tradicional argelina contra as tentativas francesas de, por um lado, absorvê-la, e por outro, o

---

[268] Silverstein, Paul. *Algeria in France*: Transpolitics, Race, and Nation. Bloomington: Indiana University Press, 2004. p. 52.

[269] Shepard, Todd. *The Invention of Decolonization*: The Algerian War and the Remaking of France. Ithaca: Cornell University Press, 2006. p. 186-192.

[270] Souffrant, Eddy. To Conquer the Veil: Woman as a Critique of Liberalism. *In*: Gordon, Lewis; Sharpley-Whiting, T. D.; White, Renée (eds.). *Fanon*: A Critical Reader. Cambridge, MA: Wiley-Blackwell, 1996. p. 177.

desejo de modernizar aquela cultura – revela as maneiras pelas quais a pressão de forças históricas contingentes moldam resultados políticos e sociais.[271] Fanon deve ter pensado que participar da revolução, de certo modo, elevaria as mulheres ao nível dos homens, mas, na verdade, a independência não trouxe um compartilhamento igualitário de responsabilidades políticas entre mulheres e homens.[272] A confusão sobre como nacionalizar a modernidade secular permaneceu um aspecto fundamental da política por várias décadas. Aqueles tropos conhecidos sobre o perigo dos vínculos religiosos das mulheres e a necessidade de controlar seu entusiasmo – implícita, se não explicitamente, entendido como sexual – ficaram evidentes de formas específicas à história argelina. Eles tomaram outro rumo durante a guerra civil no início da década de 1990, quando forças islâmicas ressurgentes insistiram nas práticas religiosas femininas (representadas pelo uso do véu), como uma maneira de conter a sexualidade das mulheres, e, assim, resistir ao materialismo ocidental.

Exportando a modernidade – A exportação do secularismo como um produto da modernidade não aconteceu apenas sob a égide do domínio colonial. Afsaneh Najmabadi afirma que, no Irã do século XIX, influências ocidentais levaram à ansiedade em relação ao sexo e à sexualidade masculina. Bem antes das reformas do xá, no século XX, "o projeto modernista de emancipação feminina – centrado no caráter desejável da heterossocialização, na retirada do véu das mulheres, no incentivo para que socializassem com homens, e transformando o casamento de um contrato sexual para um contrato romântico – foi fundamentado no (e produto do) repúdio ao homoerotismo masculino. Também foi promovido para erradicar as práticas do mesmo sexo entre os homens".[273] A emancipação não

---

[271] Fanon, Frantz. Algeria Unveiled. *In*: *A Dying Colonialism*. Tradução de Haakon Chevalier. New York: Grove, 1965. p. 35-67.

[272] Lazreg, Marnia. *The Eloquence of Silence*: Algerian Women in Question. New York: Routledge, 1994. p. 49; Majid, Anouar. The Politics of Feminism in Islam. *Signs*, v. 23, n. 2, 1998, p. 351.

[273] Najmabadi, Afsaneh. Gender and the Sexual Politics of Public Visibility in Iranian Modernity. *In*: Scott, Joan Wallach; Keates, Debra. *Going Public*:

FANTASIA DA HISTÓRIA FEMINISTA

garantiu a liberação, uma vez que o contrato conjugal romântico ainda supunha uma divisão do trabalho em que a casa e suas funções particulares eram domínio da mulher, ao passo que o mundo público da política era do homem.

Para que esses padrões não sejam associados unicamente ao liberalismo, a Revolução Russa oferece outro exemplo. Depois que os bolcheviques chegaram ao poder, foi concedido às mulheres uma completa igualdade civil, jurídica e eleitoral; no entanto, elas permaneceram figuras secundárias no Partido Comunista e no governo. Com certeza, tiveram maiores oportunidades econômicas do que no passado, mas, embora as mulheres fossem incentivadas a se juntar à força de trabalho, raramente eram encontradas em altas posições administrativas ou de liderança. Em representações icônicas, o jovem trabalhador secular, racional e fisicamente potente representava a revolução e o futuro, enquanto que a religiosa e supersticiosa "baba" – a velha usando uma *babushka* – personificava sua antítese. Escrevendo em 1978, o historiador Richard Stites relatou que Alexandra Kollontai reclamara em 1922 "que o Estado soviético era dirigido por homens e que as mulheres só eram encontradas em posições subalternas". "E assim continuou na maior parte, até hoje", ele concluiu.[274]

Agência

Em definições do secularismo, a ideia de igualdade é frequentemente associada à autonomia pessoal dos indivíduos, os sujeitos preeminentes do secularismo. Eles são descritos como de livre escolha, imunes às pressões que comunidades tradicionais impõem a seus membros.

Assim, Riva Kastoryano defende o banimento dos lenços de cabeça islâmicos nas escolas públicas francesas, invocando a

---

Feminism and the Shifting Boundaries of the Private Sphere. Urbana: University of Illinois Press, 2004. p. 60.

[274] Stites, Richard. *The Women's Liberation Movement in Russia*: Feminism, Nihilism, and Bolshevism, 1860-1930. Princeton: Princeton University Press, 1978. p. 327.

necessidade de proteger a autonomia das mulheres de autoridades religiosas motivadas politicamente: "Apenas a lei não pode ajudar na emancipação do indivíduo – especialmente quando o indivíduo é uma mulher – de pressões comunitárias que se tornaram a regra comum em áreas concentradas como *banlieues* [periferias] na França. Ainda assim, tal lei é importante para liberar a muçulmanas do Islã como uma força política que pesa nas comunidades migrantes muçulmanas, onde quer que se instalem".[275] Como muitos franceses secularistas, ela presume que as pressões comunitárias são sempre forças negativas, e que o único motivo para uma mulher usar um lenço na cabeça é por ser forçada a isso.

De fato, onde tem havido testemunho de mulheres com lenços de cabeça, sua ênfase tem sido na escolha, em sua agência individual de inspiração religiosa. E nos debates mais gerais sobre religião e secularismo, os historiadores lembraram a essas feministas que igualam religião, patriarcado e a subordinação de mulheres, que a primeira onda do feminismo recorreu a princípios religiosos profundamente arraigados para construir seus argumentos. Na verdade, foram as protestantes brancas que integraram os movimentos por temperança, abolição, paz e pureza, ganhando um espaço na vida pública, como vozes da moralidade cristã.[276] Seus argumentos apoiavam-se em passagens bíblicas e em suas interpretações de textos teológicos. O feminismo da segunda onda constantemente esquece esse fato em sua ênfase secular antirreligiosa. A compreensão histórica a ser obtida aqui não é evolucionária – o feminismo não se desenvolveu de religioso para secular –, mas contextual: o que distinguiu os movimentos dos séculos XVIII e XIX dos movimentos do fim do século XX?

Uma das coisas interessantes nos recentes estudos sobre religião tem sido sua análise crítica da natureza da agência religiosa, algumas das quais têm sido conduzidas à luz de trabalho teórico sobre a constituição de sujeitos. Tanto os textos da historiadora da religião

---

[275] Kastoryano, Riva. Religion and Incorporation: Islam in France. New York, February 2009. p. 12.

[276] Sands, Kathleen. Feminisms and Secularisms. *In*: Jakobsen, Janet R.; Pellegrini, Ann. *Secularisms*. Durham: Duke University Press, 2008. p. 315.

Phyllis Mack – sobre as mulheres *quakers* na Inglaterra do século XVIII – quanto da antropóloga Saba Mahmood – sobre mulheres em seitas pietistas islâmicas no Egito do final do século XX –, de diferentes maneiras questionam o conceito secular e liberal de agência como "o livre exercício do comportamento autônomo", a expressão de um *self* já existente.[277] Por um lado, Mack defende que, a fim de entender as ações extraordinárias empreendidas por mulheres *quakers*, "precisamos de uma concepção de agência em que a autonomia seja menos importante do que a autotranscendência, e em que a energia para agir no mundo seja gerada e sustentada por um ato prévio de entrega pessoal".[278] Por outro lado, Mahmood sugere que "a capacidade agentiva implica não apenas a resistência a normas, mas as múltiplas maneiras com que se vivem essas normas".[279] Ela nos lembra a definição de Foucault sobre subjetivação: "Os próprios processos e condições que garantem uma subordinação do sujeito também são os meios pelos quais ela se torna uma identidade autoconsciente e agente".[280] Foucault analisou os sujeitos liberais nesses termos; Mahmood sugere que a definição também se aplique a sujeitos religiosos, e isso a leva a uma crítica contundente sobre a insistência na autonomia individual em alguns discursos emancipatórios seculares feministas.

Mack explora o paradoxo cristão de liberdade na servidão a Deus. Escreve que as mulheres *quakers* "se definiam como instrumentos de autoridade divina", que encontravam na autotranscendência a "liberdade de fazer o que [era] certo".[281] Ela continua: "A contradição entre o ideal da autotranscendência e o cultivo de um *self*

---

[277] Mack, Phyllis. Religion, Feminism, and the Problem of Agency: Reflections on Eighteenth-Century Quakerism. *In*: Knott, Sarah; Taylor Barbara (eds.). *Women, Gender, and Enlightenment*. Hampshire: Palgrave Macmillan, 2005. p. 434.

[278] Mack. "Religion, Feminism, and the Problem of Agency", 439.

[279] Mahmood, Saba. *Politics of Piety*: The Islamic Revival and the Feminist Subject. Princeton: Princeton University Press, 2005. p. 15.

[280] Mahmood. *Politics of Piety*, p. 17.

[281] Mack "Religion, Feminism, and the Problem of Agency", p. 439.

competente foi solucionado voltando as energias do indivíduo para fora, em impulsos caridosos para com os outros".[282] Em contraste, Mahmood sustenta que as mulheres pietistas islâmicas, estudadas por ela, não viam sua prática religiosa como um meio de expressar um *self*, mas de corporificar uma vida virtuosa, que aspirasse a atingir os padrões éticos das "tradições discursivas historicamente contingentes, em que [estavam] inseridas".[283] Talal Asad observa que, para algumas muçulmanas, essa tradição supõe "um corpo coletivo de muçulmanos unidos por sua fé em Deus e no Profeta – fé incorporada em formas prescritas de comportamento".[284]

Segundo Mahmood, essas tradições não são retrocessos ao passado, são "modernas" e precisam ser entendidas como tal. "A relação entre islamismo e secularidade liberal", ela escreve, "é de proximidade e coimbricação, e não de simples oposição ou [...] acomodação; sendo assim, precisa ser analisada em termos dos encontros historicamente cambiáveis, ambíguos e imprevisíveis, que esta proximidade tem gerado."[285] Mack recusa-se a posicionar suas *quakers* contra o Iluminismo secular; ela diz que havia "um novo tipo de energia psíquica; uma agência espiritual em que noções liberais de livre arbítrio e direitos humanos juntavam-se a noções religiosas de perfectibilidade, disciplina de grupo e autotranscendência, em que a energia era focada não no estado anterior do indivíduo, mas nas condições de outros grupos carentes".[286] Os *quakers* do século XVIII funcionavam segundo um discurso de escolha individual enquanto os muçulmanos do século XX defendem sua prática em termos de comunidade.

Seja dirigindo-se às necessidades dos outros, ou se sujeitando a uma série de requisitos éticos, essas mulheres religiosas agiam dentro de uma série de restrições normativas. Nem Mack, nem Mahmood negam que a desigualdade de gênero seja uma característica desses

---

[282] Mack "Religion, Feminism, and the Problem of Agency", p. 454.

[283] Mahmood. *Politics of Piety*, p. 32.

[284] Asad. *Formations of the Secular*, p. 229-230.

[285] Mahmood. *Politics of Piety*, p. 25.

[286] Mack. "Religion, Feminism, and the Problem of Agency", p. 445.

movimentos religiosos; na verdade, Mahmood reconhece sua própria repugnância inicial pelas "práticas do movimento da mesquita [...] que pareciam circunscrever a posição subordinada das mulheres dentro da sociedade egípcia".[287] Mas ela vai além, insistindo na importância de se entender não apenas o que está envolvido no conservadorismo social dos movimentos de devoção, mas também as origens de nosso próprio desejo secular feminista em condená-los como exemplos de subordinação forçada, ou de falsa consciência, antes de entendermos do que se trata: "Ao identificar [...] as múltiplas modalidades de agência que informavam as práticas dos participantes da mesquita, espero corrigir a profunda incapacidade dentro do atual pensamento político feminista de vislumbrar formas valiosas de florescimento humano fora dos limites de uma imaginário liberal progressista".[288]

No calor das controvérsias sobre lenços de cabeça, tem sido dada menos atenção às explicações de mulheres que os usam, do que aos críticos que os condenam como um símbolo sexista. Uma vez que consideram que o símbolo só tenha um significado, eles não veem necessidade de perguntar às mulheres por que elas cobrem a cabeça; além disso, qualquer resposta que conteste sua interpretação é dispensada como falsa consciência. Aqui, existe um tipo de fundamentalismo reverso em ação, com secularistas insistindo em sua percepção como a única verdade sobre o véu. "Sou feminista e alérgica ao lenço de cabeça", conta uma professora francesa a uma estudante muçulmana, ao mandá-la retirar seu *hijab*.[289] Quando a menina responde que escolheu usá-lo contra a vontade dos pais, a professora lhe diz que "ao remover seu lenço de cabeça, você voltará à normalidade". "O que isso quer dizer?" a menina pergunta. "O que é normal em uma classe em que os alunos podem usar *dreadlocks*? Aparentemente isso é normal, mas meu lenço de cabeça, não."[290]

---

[287] Mahmood. *Politics of Piety*, p. 37.

[288] Mahmood. *Politics of Piety*, p. 155.

[289] Chouder; Latrèche; Tevanian. *Les filles voilées parlent*. Paris: La Fabrique, 2008. p. 30.

[290] Chouder; Latrèche; Tevania. *Les filles voilées parlent*, p. 42.

Esse desafio aberto é um indicativo de certa agência: uma afirmação forte do direito de ter sua religião reconhecida como um aspecto contínuo de autoconstrução – ainda que esse *self* tenha sido dado para, ou percebido através da, submissão a Deus.[291] Os vários testemunhos apresentados por moças com lenços na cabeça invocam o tema de escolha, para explicar sua volta ao que Asad chama de formas incorporadas de comportamento prescrito. Em parte, isso é estratégico, uma vez que o discurso do individualismo liberal é dominante em nações seculares. Mas também é uma maneira de contestar aquele discurso, ligando escolha não a emancipação, mas à decisão de se submeter. Eis dois exemplos da França: "Afinal, a escolha é minha, se não quero exibir meu corpo".[292] "Uso o véu para me submeter a Deus, e sou totalmente responsável pela minha submissão, mas isso também significa que não me submeto a mais ninguém, nem mesmo a meus pais [...]. Entrego-me a Deus e este Deus promete me proteger e defender. Então, que vão para o inferno aqueles que querem tentar me dizer o que fazer."[293] E o *New York Times* contou a história de Havva Yilmaz, uma garota turca que, contra a vontade dos pais, preferiu largar a escola a retirar o lenço de cabeça que escolhera usar aos 16 anos. "Antes de decidir me cobrir, eu sabia quem eu não era", ela explicou. "Depois de coberta, finalmente soube quem era."[294] A socióloga Nilüfer Göle diz que o

---

[291] A antropóloga Mayanthi Fernando argumenta que as meninas muçulmanas francesas de *hijab* enfrentam uma situação impossível. Seus compromissos religiosos são realizados com o uso do *hijab*, e esses compromissos não podem ser privatizados como exige o Estado. Contudo, essa é uma obrigação religiosa livremente escolhida. Uma vez que o secularismo francês não pode aceitar a ideia de livre escolha como uma escolha de se submeter, as meninas são tratadas como indivíduos desonestos ou vítimas da pressão comunitária. Ver: Fernando, Mayanthi. Reconfiguring Freedom: Muslim Piety and the Limits of Secular Public Discourse and Law. *American Ethnologist*, v. 37, n. 1, p. 19-35. 2010.

[292] Chouder; Latrèche; Tevanian. *Les filles voilées parlent*, p. 127.

[293] Chouder; Latrèche; Tevanian. *Les filles voilées parlent*, p. 288.

[294] Tavernise, Sabrina. Youthful Voice Stirs Challenge to Secular Turks. *New York Times*, 14 out. 2008.

que está em risco nesses tipos de comentário é a apropriação pessoal e reversa de um símbolo visto pela modernidade como inferioridade, e um símbolo da opressão das mulheres – nesse caso, o lenço de cabeça: "Ele expressa a exteriorização e o desejo de transformar o estigma em um símbolo de poder e diferenciação para mulheres [muçulmanas]".[295]

A defesa de seu direito de expressão religiosa levou muitas dessas mulheres ao ativismo público, mas não o tipo normalmente associado a radicais islâmicos que procuram impor a todos sua maneira de fazer as coisas. Também não há ali um endosso da cobertura das mulheres imposta pelo Estado, como na Arábia Saudita ou no Irã. Antes, as manifestações protestam contra as formas de discriminação que as mulheres sofrem em seus países – discriminação que toma o lenço de cabeça como seu objeto, mas também é sobre diferença religiosa, étnica, social e econômica. O objetivo das mulheres não é forçar todos a fazer como elas, mas serem reconhecidas como membros legítimos de uma comunidade nacional. Na Turquia, Yilmaz liderou um movimento para acabar com o banimento de lenços de cabeça nas universidades. "Como posso fazer parte de um país que não me aceita?" ela perguntou. Embora uma tentativa de revisão da lei por parte do primeiro-ministro tenha sido anulada pela Corte Constitucional Turca, em junho de 2008, Yilmaz e suas amigas juraram continuar: "Se agirmos em conjunto, podemos derrubá-la".[296] O Collectif des Féministes pour L'Égalité [Coletivo das Mulheres pela Igualdade], fundado na França em 2004, afirmou o direito de usar ou não um lenço de cabeça; dedicou-se à luta contra a discriminação sexista; e recusou qualquer modelo único de emancipação[297]:

---

[295] Nilüfer Göle, *Interpénétrations: L'Islam et l'Europe* (Paris: Galaade, 2005), p. 27. Mais à frente, no livro, ela escreve: "Hoje, a volta do véu islâmico significa a adoção – voluntária ou imposta, dependendo do caso – de um símbolo de 'estigma' por parte das mulheres que o usam. Elas estão tentando transformá-lo em um símbolo de prestígio" (p. 123).

[296] Tavernise, "Youthful Voice Stirs Challenge to Secular Turks", *New York Times*, 14 de outubro de 2008.

[297] Chouder; Latrèche; Tevanian. *Les filles voilées parlent*, p. 310-311.

"Lutamos contra a obrigatoriedade do véu e contra o desvelamento obrigatório, pelo direito de ter nossas cabeças cobertas ou não; a luta é a mesma: a luta pela liberdade de escolha e, mais precisamente, pelo direito de cada mulher dispor de seu corpo como desejar".[298] Esses são valores democráticos liberais reconhecíveis – liberdade de escolha e controle das mulheres sobre seus corpos – colocados a serviço de formas corporificadas de observância religiosa. Uma das integrantes do Collectif disse: "Sou francesa de cultura ocidental e religião muçulmana".[299]

Aqui, o recado é claramente contraditório: discursos de devoção religiosa e conduta ética incorporada combinam com afirmações de noções modernistas de direitos individuais e democracia pluralista. São tão suscetíveis a mudança quanto quaisquer outros discursos. Embora a luta seja sobre expressão religiosa em espaços públicos, a neutralidade do Estado é assumida. Na verdade, banimentos dos lenços de cabeça são considerados uma violação da neutralidade do Estado e da liberdade de consciência religiosa do cidadão. Também não existe tolerância para o argumento de que o Estado deva proteger as mulheres dos conservadores religiosos que as forçariam ao véu. Essas jovens mulheres (e a maioria delas é jovem) consideram isso uma forma de paternalismo em contradição com os compromissos de princípios com a igualdade; é tão refutável em sua maneira quanto as regulações do Estado que obrigariam o uso do véu.

O argumento contra o paternalismo estatal foi apresentado em 2005, em um caso perante a Grande Câmara do Conselho da Europa (*Şahin* versus *Turquia*) em uma eloquente divergência por parte de uma das juízas, Françoise Tulkens, da Bélgica. A maioria apoiou a decisão da corte turca de que o banimento do uso dos lenços de cabeça nas universidades era consistente com os valores seculares do Estado, e com a igualdade de mulheres e homens perante a lei. A juíza Tulkens discordou, observando não ter sido demonstrada pela maioria qualquer ligação entre o banimento e a igualdade sexual:

---

[298] Chouder; Latrèche; Tevanian. *Les filles voilées parlent*, p. 327.

[299] Chouder; Latrèche; Tevanian. *Les filles voilées parlent*, p. 238. Para um exemplo turco semelhante, ver Capítulo 3 deste livro, nota 231, na página 129.

A requerente, uma jovem adulta estudante universitária, disse – e não há nada que sugira que não estivesse dizendo a verdade – que usava o lenço de cabeça por sua livre vontade. Nesse sentido, não consigo ver como o princípio da igualdade sexual possa justificar a proibição de que uma mulher siga uma prática que, na falta de prova em contrário, deve-se considerar que ela tenha adotado livremente. A igualdade e a não discriminação são direitos subjetivos que devem permanecer sob o controle de seus titulares, para que se beneficiem deles. Esse tipo de "paternalismo" é contrário à jurisprudência da corte, que desenvolveu um verdadeiro direito à autonomia pessoal. Por fim, se o uso do lenço de cabeça fosse realmente contrário ao princípio da igualdade entre homens e mulheres em qualquer caso, o Estado teria uma obrigação positiva de proibi-lo em qualquer lugar, seja público ou privado.[300]

É precisamente em defesa de certa visão da agência individual que a juíza Tulkens e outras citadas por mim protestam contra o banimento dos lenços de cabeça pelo Estado. Mas essa é uma visão que – implicitamente na discordância de Tulkens, explicitamente nos comentários de jovens mulheres de *hijab* – reconhece uma distinção entre autogovernança e autonomia, distinção que Asad associa à *umma* islâmica: "O sistema da *sharia* de razão prática, moralmente obrigatório a cada indivíduo fiel, existe, independentemente dele ou dela. Ao mesmo tempo, todo muçulmano tem a capacidade psicológica de descobrir suas regras e se conformar a elas".[301] A submissão, então, sob esse ponto de vista é – paradoxalmente – uma escolha feita livremente. Este é o ponto dessa questão irônica de uma mulher protestando contra o banimento francês: "Se meu véu é um 'símbolo de opressão', devo então concluir que estou oprimindo a mim mesma?".[302]

Muitas das mulheres que defendem seu direito de usar um lenço de cabeça admitem que nem todas as mulheres cobertas tiveram a

---

[300] Corte Europeia de Direitos Humanos, *Grand Chamber Judgement: Leyla Şahin versus Turkey*, opinião dissidente da Juíza Tulkens, 2005, p. 15.

[301] Asad. *Formations of the Secular*, p. 197.

[302] Chouder; Latrèche; Trevanian. *Les filles voilées parlent*, p. 53.

liberdade de escolher usá-lo. Mas insistem em que isso não é diferente das mulheres que se sentem pressionadas por namorados ou maridos para se adequar aos ditames da moda ocidental ou – para pegar um exemplo extremo – das prostitutas forçadas por seus cafetões a usar minissaias e maquiagem pesada. Existe uma gama de explicações para a escolha de roupas por qualquer mulher, então por que insistir em apenas um significado para o uso do véu?[303]

Agência, então, não é a propriedade inata de um indivíduo abstrato, mas o atributo de sujeitos definidos por – e sujeitos a – discursos que os levam a ser tanto subordinados quanto capazes de ação. Conclui-se que a crença religiosa por si só não nega agência; antes, ela cria formas particulares de agência, cujos significados e história não são assinalados com transparência pelo uso de um véu. Se um desses significados tiver a ver com a ideia de que mulheres são subordinadas a homens, comenta uma muçulmana, este não é um problema limitado ao Islã: "A dominação masculina é muito generalizada, por que ela é mais provável quando uma mulher usa um véu? Não se trata de uma questão do véu ou do Islã, o relacionamento entre homens e mulheres é que é um relacionamento de dominação".[304] Nessa perspectiva, o Islã é apenas uma variante da "mais antiga de todas as desigualdades" de Tocqueville, e o secularismo não é a antítese da religião, mas, em vez disso, oferece um enquadramento diferente dentro do qual abordar o problema que a diferença sexual parece representar para os sujeitos modernos.

Diferença sexual

Essas breves citações de histórias muito diferentes contêm um tema recorrente: a diferença sexual, vista como uma distinção natural fundamentada em corpos físicos, é a base para a representação de alternativas entre passado e futuro, superstição e racionalidade, privado e público. A incompatibilidade dessas opções é sublinhada

---

[303] Bouzar, Dounia; Kada, Saïda. *L'une voilée, l'autre pas*: Le témoinage de deux musulmanes françaises. Paris: Albin Michel, 2003. p. 58-59.

[304] Chouder; Latréche; Trevanian. *Les filles voilées parlent*, p. 217.

ligando-as a mulheres e homens – uma divisão fundamental que parece não admitir ambiguidade, ainda que os papéis que os sexos realmente desempenhem não se encaixem com tanta perfeição em uma ou outra categoria. Na medida em que essas representações aplaquem ansiedades profundamente enraizadas, mesmo que inconscientes, elas garantem a plausibilidade do secular. Ao passo que elas estruturam os significados do secularismo, elas se sustentam em suas expectativas normativas; na verdade, contribuem para a produção de sujeitos sexuados seculares. Nesse campo, as observações da psicanálise – que, no fim, é um comentário crítico sobre o racionalismo do secular – são uteis. De fato, poderia se argumentar que a melhor teorização que temos da sexualidade e da subjetividade sexual nas sociedades seculares modernas ocorre nos textos de Freud e de seus seguidores.[305]

O enigma da diferença sexual está no cerne da teoria psicanalítica. Apesar de normas que tentam prescrever comportamentos para homens e mulheres, que supostamente se adequam a suas exigências físicas, permanece a confusão sobre os próprios assuntos que o secularismo supostamente enterrou. A confusão é expressa em fantasia, mas também em tentativas conflitantes de se impor um significado definitivo. Como deveríamos definir o prazer que dizem que sujeitos liberais são livres para desfrutar? Qual é a relação entre

---

[305] Estou ciente de que existam teóricos *queer* que se opõem fortemente a esse ponto de vista. Como Michael Warner me colocou: "vindo do meio da teoria *queer* e trans[gênero], é difícil eu levar a sério o tipo de discurso baseado na psicanálise sobre a diferença sexual dimórfica, tão comum nos debates franceses, assim como me é difícil pensar que o desejo seja o mesmo para todos" (correspondência pessoal por e-mail, 26 de agosto de 2010). Eu argumentaria que existe uma diferença entre a literalização de "diferença sexual dimórfica" por alguns psicanalistas e divulgadores do discurso psicanalítico – em poucas palavras, a noção de que a anatomia é destino – e as teorias de Freud, Lacan e seus seguidores, citados por mim. Para esses teóricos, a diferença sexual é um problema, não uma prescrição, e as fantasias às quais ela dá vazão surgem para permitir todo tipo de identidades, identificações e práticas: *queer*, hetero, transgênero e outros. E o desejo, longe de ser pressuposto como "o mesmo para todos", é considerado um processo, em que direção e substância são questões abertas a serem examinadas contextual e especificamente.

direitos individuais e as operações do desejo? Em um relacionamento sexual, de quem é o desejo em questão: de homens? De mulheres? De ambos? De nenhum deles? O comentário de Lacan de que "não há relação sexual" é simplesmente um olhar pessimista para o amor, ou um diagnóstico perspicaz da assimetria entre o desejo masculino e feminino nas sociedades modernas?

Assim como Freud, Lacan começa com a suposição de que as identidades psíquicas não correspondem a corpos anatômicos; masculinidade e feminilidade, macho e fêmea são posturas psíquicas, e não expressões de constituições biológicas inatas. Além disso, elas não são maneiras de ser claramente definidas, ainda que existam normas sociais que pretendam oferecer definições irrefutáveis. Em vez disso, existe uma lacuna entre anatomia e sua sexualização, e, portanto, entre processos psíquicos e sociais (ou culturais) de subjetivação, com o campo psíquico lançando dúvidas sobre as prescrições sociais. Essa lacuna – a falta de ajuste entre fisiologia, sexualidade e desejo – jamais pode ser fechada, e explica a dificuldade recorrente, talvez permanente, de definir os significados da diferença sexual. A diferença sexual é um problema intratável.

O problema compõe-se de uma assimetria entre as diferentes posições sexuais (macho ou fêmea) que impede uma relação complementar, paralela, ou, até mesmo, inversa. Quando Lacan disse que qualquer posição em que um sujeito estivesse excluía uma relação com o outro, ele não quis dizer que as pessoas não têm relações sexuais – claro que têm. O que ele quis dizer – como coloca Bruce Fink – é que não existe uma "*relação direta* entre homens e mulheres, na medida em que são homens e mulheres. Em outras palavras, eles não interagem entre si, como homem para mulher e mulher para homem. Algo se interpõe para que eles tenham tal relacionamento; algo distorce suas interações".[306] Esse algo é o falo, o significante do desejo.

Segundo Lacan, a individuação da criança é acompanhada por uma falta imaginada de completude, do tempo em que todas as suas exigências eram satisfeitas por um Outro, cuja atenção focava-se

---

[306] Fink. *The Lacanian Subject*, p. 104.

exclusivamente na criança. Chegar à linguagem e à separação da figura parental primária (em geral, a mãe) envolve certa alienação, a perda do que, em retrospecto, parece ter sido o prazer (gozo) associado a uma total realização. Essa perda ou falta imaginada é o que Lacan quer dizer com castração. O desejo é a vontade impossível de recuperar a perda ou de preencher a falta; seu significante é o falo.

Sujeitos masculinos e femininos diferem em sua relação com o falo. O sujeito masculino é totalmente definido em termos de castração simbólica, entendida como a proibição do pai do desejo incestuoso da criança em se reunir com a mãe – desejo que, não obstante, continua a animar suas fantasias, e que ele desvia para outros objetos (referidos por Lacan como "objeto (a)"). O poder desse desejo vem da crença de que possa haver uma exceção para a castração: imagina-se que o pai simbólico, a origem da proibição, não seja governado por sua própria lei, e essa exceção sugere a possibilidade de que a castração possa ser evitada ou negada. Lacan apresenta isso como uma antinomia, uma contradição: Por um lado, todos os homens são castrados; por outro, existe um que não é castrado, não é limitado pela lei (essa é a "exceção fálica"). Mas se um não é castrado, deve haver outros (qualquer um dos que se identificam com o pai) – ou assim segue a fantasia, mantendo para os sujeitos masculinos a possibilidade de plenitude ou de presença plena.

Em contraste, o sujeito feminino presume que, assim como sua mãe, ela já está castrada. Não reage a uma proibição nem pode se identificar com uma exceção. Sendo assim, não compartilha da fantasia do homem de obter uma presença plena.[307] Mas é animada por desejo, e isso articula-se em relação ao falo ("em nossa cultura, uma mulher geralmente ganha acesso ao significante do desejo via um homem ou uma 'instância masculina', ou seja, alguém que entre na categoria psicanalítica 'Homens'") –, mas não inteiramente.[308] Lacan supõe outro gozo para as mulheres que, pelo menos parcialmente,

---

[307] Lacan, Jacques. *On Feminine Sexuality*: The Limits of Love and Knowledge. Tradução de Bruce Fink. New York: W. W. Norton, 1998; Lacan, Jacques. *Écrits*. Tradução de Alan Sheridan. New York: W. W. Norton, 1977.

[308] Lacan. *On Feminine Sexuality*, p. 113.

"escapa ao reinado do falo", mas isso não é generalizável do mesmo modo que a exceção masculina.[309] Portanto, a masculinidade é associada ao universal (uma completude abrangente, a possibilidade de identificação com o falo), e a feminilidade com o particular (nenhum significante de desejo é equiparado à mulher; elas são definidas nas diferenças que têm em relação a ele.)

Se pegarmos a teorização de Lacan dos sujeitos sexuados modernos, a serem localizados na história da modernidade, podemos fazer uma série de perguntas que podem ser respondidas historicamente: como a identificação da masculinidade com o universal e da feminilidade com o particular se conectam com as ideias de público e privado do secularismo, com as abstrações da cidadania, e com a definição de mulheres como "o sexo"? Esses são atributos atemporais de diferença sexual, ou características específicas de sujeitos seculares, o que significaria então que as identificações são padrões de desenvolvimento psíquico de base histórica? Existem maneiras singulares com as quais o secularismo aborda a diferença sexual? Faz diferença se Deus, a natureza ou a cultura for a base em que se apoiam as explicações para a diferença sexual? Em que sentido? Existem abordagens específicas para a sexualidade que possam ser chamadas "seculares"? Elas estão necessariamente ligadas à igualdade de gênero em sua implementação substantiva, bem como formal? Ou, paradoxalmente, a igualdade de gênero fica comprometida pelos processos psíquicos associados ao secularismo, que insiste nas diferenças irreconciliáveis entre homens e mulheres, nas esferas que os separam? O que os secularistas querem dizer com igualdade? Como esse significado mudou com o passar do tempo? E o que a igualdade significou em relação às ansiedades psíquicas sobre os significados da diferença sexual? Pensando a diferença sexual dessa maneira – como irritante para as explicações que presumem que práticas econômicas, sociais e políticas sejam completamente racionais –, ultrapassemos a história emancipatória que o secularismo aprendeu a contar sobre si mesmo.

---

[309] Lacan. *On Feminine Sexuality*, p. 112.

Conclusão

Não estou sustentando que não exista diferença entre as chamadas sociedades seculares e religiosas em seu tratamento dado às mulheres. É claro que existem diferenças, estas que importam para as possibilidades oferecidas a mulheres (e homens) ao longo de suas vidas. Mas até que ponto as diferenças são uma questão de "secularismo" ou de "religião"? Olhando historicamente, fica claro que as diferenças nem sempre são tão nítidas quanto sugerem os debates contemporâneos (influências religiosas persistem em sociedades chamadas seculares), e que a agudeza da distinção funciona para obscurecer os contínuos problemas evidentes nas chamadas sociedades seculares, atribuindo à religião tudo que seja negativo. Essa abordagem também presume que, diferentemente do secularismo, a religião não é afetada por circunstâncias históricas cambiantes e não é, por si só, um fenômeno moderno, quando claramente é. Um dos grandes problemas para o secularismo, assim obscurecido, é a ideia de igualdade – ou, colocando de maneira mais precisa, a ideia da relação entre igualdade e diferença. Qual é a medida da igualdade perante a diferença? Como podemos conciliar as próprias formas diferentes de igualdade – política, substantiva e subjetiva – com o fato de que uma não necessariamente garante a outra? Este é um problema com o qual o secularismo liberal vem se debatendo no curso de sua longa história, não apenas em referência a mulheres e homens. Um esforço de solução – o que testemunhamos, agora, de forma dramática em relação ao Islã – é o deslocamento do problema para sociedades inaceitáveis, com outras formas de organização social. É este deslocamento que questionei, insistindo, em vez disso, numa abordagem histórica mais complexa e com mais nuances para os dois conceitos supostamente antitéticos: o religioso e o secular. Tal abordagem não apenas oferece um maior *insight* para os dois lados da divisão, mas também questiona a própria divisão, revelando sua interdependência conceitual e o trabalho político que ela realiza. Então, isso abre caminho para um pensar diferente, não apenas sobre os outros e sobre nós mesmos, mas também sobre a natureza do relacionamento entre nós – o que existe e o alternativo, que podemos querer criar.

CAPÍTULO 5

A teoria da sedução francesa

O bicentenário da Revolução Francesa ofereceu a políticos e acadêmicos uma oportunidade não apenas para celebrar o capítulo inaugural da história da república francesa, mas também para repensar o significado da identidade nacional. Em meio a louvores à liberdade, igualdade e fraternidade; críticas ao jacobinismo; condenações ao Terror, e revisões de histórias anteriores de todo o evento, surgiu uma valorização sem precedentes do legado do absolutismo e da aristocracia. Isso teve origem em um pequeno grupo de parisienses reunido ao redor da editora Gallimard, dos jornais *Le Débat* e *L'Esprit*, e do semanário *Le Nouvel Observateur*. Em livros e artigos, eles criaram o que poderia ser chamado uma ideologia de republicanismo aristocrático, que recusava noções liberais de igualdade formal e noções democráticas de igualdade social, em nome das inerentemente desiguais diferenças de sexo. A atração supostamente natural entre homens e mulheres, melhor exemplificada pela sedução, foi apresentada como um modelo para todas as formas de relação,[310] uma maneira de viver feliz com a diferença, quando hão havia possibilidade de paridade no relacionamento entre as partes.

O filósofo Philippe Raynaud descreve a sedução como "uma forma particular de igualdade".[311] E a historiadora Mona Ozouf,

---

[310] No original, "intercourse", que pode remeter tanto ao ato sexual propriamente dito, quanto a outras formas de relacionamento e intercâmbio. (N.E.)

[311] Raynaud, Philippe. Les femmes et la civilité: aristocratie et passions révolutionnaires. *Le Débat*, p. 182, nov./dec. 1989.

em uma resenha do livro da historiadora da literatura Claude Habib sobre galanteria (dedicado a Ozouf), pergunta: "A sedução é uma arte francesa?". Sua resposta é, inequivocamente, um "sim".[312] Segundo ela, a sedução não tem qualquer uma das conotações negativas associadas às histórias de moralidade do século XIX, com moças inocentes corrompidas e depois abandonadas por seus superiores ardilosos. Não tem nada a ver COM as teorias freudianas, ligando sintomas histéricos a desejo reprimido. Antes, nas palavras de Habib, a sedução é uma estratégia de honra, marcada por "uma alegria frívola e dissimulada".[313] Brincar é, acima de tudo, prazeroso.

Essa teoria da sedução explora uma tradição literária histórica de longa data, que alardeou a cultura estética e erótica da nobreza francesa. Ao recorrer com inteligência a aspectos distintos dessa cultura, como um modelo para todos os aspectos da vida social e política, Ozouf e suas colegas propõem uma alternativa para o que consideram os perigos da democracia. A sedução não oferece igualdade, mas uma versão naturalizada, a-histórica, da desigualdade. Insistindo em sua francesice transcendente, Ozouf refere-se a ela como *"la singularité française"* [a singularidade francesa].[314] Éric Fassin, criticando essa caracterização, considera-a "a sacralização da diferença sexual [...] no cerne do projeto nacional".[315]

Para os defensores do republicanismo aristocrático, a sedução *à la française* passou a ser a resposta tanto para as exigências domésticas para a igualdade social, econômica e política, por parte de ativistas feministas, gays e lésbicas, e de imigrantes muçulmanos, quanto para sistemas políticos alternativos em outros lugares, sejam eles baseados no individualismo (como nos Estados Unidos), sejam eles no coletivismo (como em regimes totalitários comunistas). Em todos esses maus

---

[312] Ozouf, Mona. Un essai de Claude Habib: séduire est-il un art français?. *Le Nouvel Observateur*, 9 nov. 2006.

[313] Habib, Claude. *Galanterie française*. Paris: Gallimard, 2006. p. 410.

[314] Ozouf, Mona. *Les mots des femmes*: essai sur la singularité française. Paris: Gallimard, 1995.

[315] Fassin, Éric. National Identities and Transnational Intimacies: Sexual Democracy and the Politics of Immigration in Europe. *Public Culture*, v. 22, n. 3, p. 519, 2010.

exemplos, dizem que o resultado final é uma mesmice que nivela. Por outro lado, ao insistir no jogo da diferença entre os sexos, os intelectuais nacionalistas mantiveram as coisas mais próximas da natureza e da cultura. A aparente contradição entre hierarquia (aristocracia) e igualdade (republicanismo) foi resolvida, equiparando toda diferença a diferença sexual. A sedução afirmava solucionar o amálgama ideologicamente incoerente que era o republicanismo aristocrático; ela procurou se contrapor às tendências niveladoras da democracia, apelando a uma tradição histórica. Nesse sentido, ela funcionou não como história, mas como mito, na definição de Jacques Lacan: "O mito é sempre [...] uma organização significante, um esboço, por assim dizer, que se articula para suportar as antinomias de certas relações psíquicas".[316]

O mito da sedução desafia a história e a teoria feministas. Dispensa brutalmente a ideia de que a desigualdade entre os sexos seja um problema a ser remediado, e oferece uma versão fantasiada da história, que pouco tem a ver com as realidades vividas, seja de gênero, seja de poder. No entanto, não basta tentar corrigir o registro factual; uma história mais precisa não compete facilmente com o fascínio da fantasia. Para mim, parece mais útil tentar entender analiticamente – psicanaliticamente – a fim de explorar as implicações e compromissos políticos dessa teoria francesa da sedução.

Comunidades imaginadas

A ideia de um caráter nacional demarcado tem uma longa história, e não apenas na França; faz parte da história da emergência de Estados-nação. As ideologias nacionalistas são "tradições inventadas", nos termos de Eric Hobsbawm, "comunidades imaginadas", segundo Benedict Anderson.[317] São construídas discursivamente de diversas

---

[316] Lacan, Jacques. *The Ethics of Psychoanalysis, 1959-1960.* Tradução de Dennis Porter. New York: W. W. Norton, 1992. p. 143. [Ed. bras.: Lacan, Jacques. *O Seminário*: Livro 7, A ética em psicanálise. Rio de Janeiro: Jorge Zahar, 2008. p. 175.]

[317] Hobsbawm, Eric J.; Ranger, Terence O. (eds.). *The Invention of Tradition.* Cambridge: Cambridge University Press, 1983 [Ed. bras.: Hobsbawm, Eric; Ranger, Terence (orgs.). *A invenção das tradições.* Rio de Janeiro: Paz e Terra, 1997]; Anderson, Benedict. *Imagined Communities*: Reflections on the Origin

maneiras: em contraste com outras nações, cujas diferenças estabelecem a superioridade do país de origem; pela supressão de diferenças dentro da nação; pela insistência em traços distintivos de comportamento, como indicação de pertencimento nacional; e pela criação de histórias que produzam linhagens naturalizadas, como prova conclusiva da existência de uma família nacional de longa data. Essas histórias são o material do que chamei, no Capítulo 2, de "ecos da fantasia" ou "ecos fantasiosos" [*fantasy echoes*]. Elas fornecem as cenas para a identificação imaginária pela qual uma nova geração estabelece seu enraizamento no passado.

O mito francês da sedução é particularmente interessante por partir das representações mais emblemáticas de gênero e família, que têm sido usadas para falar sobre a organização dos Estados e traços do caráter nacional. Nas versões padrão, a família é um modelo para o Estado, uma hierarquia baseada na diferença natural, que justifica a preeminência de homens como líderes nacionais. As mulheres são descritas como a incorporação de tradição atemporal e autenticidade da cultura, ao passo que os homens são agentes da história, impelindo as coisas à frente, suas ações assinalando os estágios no crescimento de uma nação. Se são abordadas as relações entre os sexos, normalmente é como um assunto de procriação – o que é preciso para reabastecer a população em números que contribuirão para a prosperidade e o bem-estar nacional. O sexo é discutido funcionalmente, em termos de uma divisão estrita do trabalho reprodutivo: a contribuição masculina da maior importância dá início ao processo (e frequentemente nomeia seu produto final), mas são as mulheres que carregam, nutrem e educam as crianças da nação. Daí decorrem as distinções entre público e privado, político e doméstico, ativo e passivo, razão e paixão. O sexo – como a busca do desejo, do jogo amoroso e da atividade conjugal – permanece no domínio do privado; pode-se referir a ele obliquamente e evocá-lo metaforicamente, mas geralmente não é considerado uma dimensão do caráter nacional.

---

and Spread of Nationalism. London: Verso, 1983 Anderson, Benedict [Ed. Bras.: *Comunidades imaginadas*: Reflexões sobre a origem e a difusão do nacionalismo. São Paulo: Companhia das Letras, 2008]; Eley, Geoff; Suny, Ronald G. (eds.). *Becoming National*. New York: Oxford University Press, 1996.

A teoria da sedução francesa oferece um cenário totalmente diferente. Traz o jogo do sexo o para primeiro plano, como o atributo definidor das relações de gênero; não diz respeito à família nem às crianças. Não é governado por lei, mas por ritual; não depende de regulações formais, mas de um entendimento mútuo das regras do jogo. A sedução não serve a uma função social óbvia, no entanto se torna, nos textos desses intelectuais nacionalistas, um modelo para o funcionamento da sociedade. No modelo deles, a diferença é tratada como um campo de jogos; não se trata de um jogo de guerra sexual ou, aliás, de luta de classe. Nessa visão de sedução não constam conflito e coerção. Em vez disso, os diferentes desejos de mulheres e homens têm rédea solta. Cenas da busca alegre pelo prazer sexual convidam à identificação dos leitores, estimulando seu próprio desejo de desempenhar tais papéis e imaginá-los como a base para um sistema alternativo de relações políticas.

Aqueles que alardeiam a sedução como um traço francês "singular" argumentam que sua proveniência aristocrática não contradiz valores democráticos: "A diferença entre a França e outras democracias não precisa ter a ver com igualdade 'formal' ou com igualdade 'real'; ela vem de certa economia de paixão (économie passionnelle), expressa por um investimento meio sério, meio irônico em papéis reputados como tradicionais".[318] Profundamente integrada ao caráter nacional – fruto de uma história privilegiada, em que maneiras aristocráticas foram incorporadas à prática republicana – "é um predicado especial de ironia que preserva o que é precioso nas diferenças dos sexos, sem renunciar à exigência por direitos e dignidade".[319]

Eros é civilização

O ponto de partida para o projeto pode muito bem ter sido a edição comemorativa do bicentenário de *Le Débat*, publicada em novembro-dezembro de 1989, em que vários artigos eram dedicados

---

[318] Raynaud. "Les femmes et la civilité", p. 181.

[319] Raynaud. "Les femmes et la civilité", p. 185.

a uma reconsideração dos princípios, privilégios e costumes aristo-cráticos. Raynaud fez uma contribuição sobre o papel das mulheres em círculos aristocráticos: "Les femmes et la civilité: aristocratie et passions révolutionnaires" [As mulheres e a civilidade: aristocracia e paixões revolucionárias]. Ele escreve que seu objetivo é oferecer "certa reabilitação das monarquias continentais (aristocráticas e absolutistas, mas ainda assim civilizadas) das quais a França é o modelo clássico".[320] Em resumo, propõe que o absolutismo francês valorizou, na verdade encorajou, um tipo específico de civilidade, que conferiu um reconhecimento especial às mulheres.

Em sua própria contribuição a esta história, *Les mots de femmes: essai sur la singularité française* [*As palavras das mulheres: ensaio sobre a singu-laridade francesa*], Ozouf apoia-se no argumento de Raynaud, afirmando que a França era o "tipo ideal de uma monarquia civilizada". Na corte, as mulheres desfrutavam uma liberdade sem precedentes: "Elas são o verdadeiro motor da vida social".[321] Assim como Raynaud, Ozouf usa o comentário do filósofo escocês, David Hume, sobre a vida na corte, em que se dizia que a polidez e a generosidade trabalhavam em prol das mulheres: "Em resumo, a arte feminina civiliza os homens de um extremo a outro da escala social".[322]

O livro de Ozouf inspirou Habib a pagar um tributo à galan-teria francesa em seu *Galanterie française* [Galantaria francesa], que Ozouf descreve como "uma relação singular (*commerce*) entre homens e mulheres", cujo apogeu, breve demais, foi de meados do século XVII até o XVIII.[323] Em um livro anterior,[324] Habib escreve sobre uma época em que, como consta em outra resenha de Ozouf, as mulheres liam avidamente Rousseau por entender que ele estava do lado delas: "Ele via a mulher como um ser impotente; mas sua fraqueza era seu poder, [ela era] tímida, mas sua modéstia duplicava sua volúpia. Isso acentuava a dissimetria dos sexos, mas para melhor

---

[320] Raynaud. "Les femmes et la civilité", p. 181.

[321] Ozouf. *Les mots des femmes*, p. 323, 329.

[322] Citado em Ozouf. *Les mots des femmes*, p. 326.

[323] Ozouf. "Um essai de Claude Habib".

[324] Habib, Claude. *Consentement Amoureux*. Paris: Hachette, 1998.

uni-los".[325] O consentimento amoroso, insiste Habib, estava livre de cálculos grosseiros e nada tinha a ver com lei ou força; era sim a expressão inefável "misteriosa" e gentil) da "atração natural" entre os sexos. Os homens pagavam um tributo delicado às mulheres, aquecendo-as lentamente para um "desejo viril". "Esse jogo sutil, jogado do primeiro encontro ao orgasmo, envolvia aprender a decodificar sinais de concordância, aceitar nuances e adiamentos", é como o historiador Alain Corbin (quase com nostalgia) descreve o mundo da galanteria retratado por Habib.[326]

Dizia-se que esse comportamento não estava confinado à nobreza, mas respingava em todos os níveis da vida social. Raynaud cita Hume quanto a isso: "Em uma monarquia civilizada [...] existe uma longa cadeia de pessoas dependentes umas das outras, que se estende do soberano ao mais inferior dos súditos; essa dependência não chega a ameaçar a propriedade ou a deprimir o ânimo das pessoas, mas inspira nelas o desejo de agradar seus superiores e se espelhar em pessoas de qualidade e naquelas com uma educação diferenciada. A partir disso era seguido que o costume da gentileza origina-se, naturalmente, das monarquias e cortes".[327]

O mito, então, é este: em uma época agora passada, houve um momento em que os costumes e a natureza estavam de acordo, quando do apesar do – ou talvez por causa do – controle absoluto exercido pela monarquia, homens e mulheres podiam buscar e satisfazer seus desejos eróticos, sem os limites de outras considerações. "O gosto pelo prazer pertence à nobreza", escreve Habib.[328] A ausência de conflito é uma das principais afirmações do mito. Felizes os dias na corte, quando as mulheres gostavam de ser mulheres e os homens gostavam de ser homens, e quando a atração que tinham um pelos outros assumia a forma de encontros educados e civilizados. O repetido uso da palavra "civilidade" e sua sinonímia com civilização

---

[325] Ozouf, Mona. A propos du "Consentement Amoureux": les douces lois de l'attraction. *Le Nouvel Observateur*, 26 nov. 1998.

[326] Corbin, Alain. Faites galant. *L'Express*, 7 dez. 2006.

[327] Citado em Raynaud. "Les femmes et la civilité", p. 182.

[328] Habib. *Galanterie française*, p. 51.

é fundamental. Civilidade é (literalmente) a raiz da civilização e o modo de sedução – *eros* era civilização. Entre sedutor e seduzido havia uma "deliciosa, mas ambígua, relação".[329] Levados pelo desejo, em busca do prazer, os atores olhavam uns aos outros com respeito mútuo. Apesar de sua pretensa fraqueza, as mulheres ganhavam uma posição considerável pelo desejo dos homens de entender o que elas queriam; na verdade, era como objeto do desejo que as mulheres obtinham agência no jogo da sedução. Na visão de Habib, "a força do desejo masculino é o que constitui o poder feminino".[330] Ozouf cita Renan, o arquiteto do nacionalismo francês, para apoiar o seu argumento. O alto tom do discurso da nobreza, o charme de suas mulheres, e suas características de compaixão e espiritualidade, escreve Renan, contribuíram para a "imbatível superioridade da França sobre todos os outros países".[331]

De algum modo, segundo esses historiadores, o que começou como uma prática aristocrática ficou inscrito no DNA cultural da nação. Apesar de séculos de transformação política e social, traços disso persistem hoje. Assim Ozouf escreve: "Se o modelo de relação elegante e educada desapareceu de fato, esse modelo não desapareceu de nossa memória, nem – temos que voltar a isso – de nossos costumes nacionais".[332] Para Habib, a prova definitiva da persistência desses valores, apesar de sua contínua erosão pelo individualismo da democracia moderna, é a reação dos franceses contra o lenço de cabeça islâmico: "A França é o único país ocidental a sentir o véu como um problema".[333] Mesmo em 2006, a França dificilmente era o "único" país, mas o comentário de Habib é uma prova contundente da importância da sedução para se pensar a identidade nacional francesa em termos de diferença sexual.

---

[329] Habib. *Galanterie française*, p. 51.

[330] Habib. *Galanterie française*, p. 55.

[331] Citado em Ozouf. *Les mots des femmes*, p. 355.

[332] Ozouf. *Les mots des femmes*, p. 347.

[333] Habib. *Galanterie Française*, p. 411.

A TEORIA DA SEDUÇÃO FRANCESA

A vida psíquica do poder

Absolutismo – Segundo Raynaud e Habib, a sedução teve seu momento ideal sob a monarquia absoluta. A era de Luís XIV foi a época em que a arte era requintada; a busca do prazer erótico alcançou seu apogeu. É importante notar – um fato que esses historiadores não mencionam – que aquela também foi a época da perda do poder político aristocrático, conforme a monarquia consolidava seu controle. Richelieu falava sobre a necessidade de reduzir o orgulho dos grandes nobres, e isso foi feito sistematicamente, entre outras coisas, pelo ataque ao papel político que as mulheres tiveram permissão de desempenhar no passado. Se houve uma espécie de igualdade de gênero na sedução, ele não se traduziu no mundo da política nem se refletiu nele.

Histórias recentes, especialmente as de Éliane Viennot, documentam exaustivamente o declínio do poder das mulheres aristocráticas, com a consolidação do absolutismo.[334] Viennot está interessada no acesso das mulheres ao poder político, e demonstra o formidável papel de rainhas, regentes, mães e amantes, durante os séculos XV, XVI e XVII. Ela afirma que os reis Valois apoiavam-se deliberadamente em mulheres nobres, que transitavam livremente pelos círculos da corte e tinham um lugar público reconhecido. Com certeza, esse lugar não era aceito universalmente – como demonstrado pela famosa *querelle des femmes*,[335] e vários séculos de escrita misógina por burgueses insatisfeitos, representantes provincianos e estrangeiros. A "redescoberta" da Lei sálica, que proibiu as mulheres de herdar o trono, é outra prova do conflito existente no papel político das

---

[334] Viennot, Éliane (ed.). *La France, les femmes, et le pouvoir*. 2 v. Paris: Perrin, 2006; 2008. Ver também: Viennot, Éliane (ed.). *La France, les femmes, et le pouvoir*. 2 v. Paris: Perrin, 2006; 2008.

[335] Amplo debate literário e político sobre a condição feminina, a educação de mulheres e a diferença entre os sexos. Teve início na França, na passagem do século XIV ao XV, e se estendeu por aproximadamente quatro séculos. Ver: https://www.blogs.unicamp.br/mulheresnafilosofia/querelle-des-femmes-mapeamento-em-portugues. (N.E.)

mulheres nesse período inicial. Ainda assim, Viennot argumenta, foi apenas com os monarcas Bourbon que as nobres foram barradas definitivamente da política. Em um esforço para consolidar o poder monárquico, elas passaram a ser descritas como caprichosas, desmioladas e levadas apenas pelo desejo por luxúria e prazer.[336]

Mas o poder não foi negado apenas às mulheres; os nobres também foram apartados da política e reduzidos, na corte, a papéis suplementares, frequentemente frívolos. Em certo sentido, eles foram feminizados – castrados – tendo perdido as prerrogativas que antes definiam sua própria existência. No regime do absolutismo, todo poder pertencia ao rei; todos os outros serviam para confirmar sua soberania. Não havia confusão sobre quem estava no comando, quem tinha o falo – o significante de todo poder. Nesse contexto, a sedução era, para a nobreza, não política por outros meios, mas um jogo alternativo, uma compensação para a impotência política.

A dinâmica dessa sedução poder ser lida em *As ligações perigosas*, romance epistolar, publicado em 1782, por um membro da pequena nobreza com uma função militar, Pierre-Ambroise-François Choderlos de Laclos. O romance chocou os contemporâneos, alguns dos quais o denunciaram como escandaloso e diabólico, ainda que suas sucessivas edições tivessem se esgotado e ele fosse rapidamente traduzido para várias línguas europeias. Alguns consideraram-no um inteligente *roman à clef*, outros um retrato exagerado dos costumes da corte. Para nós, seu aspecto interessante é retratar a sedução como uma disputa entre dois jogadores, em última análise, impotentes.

A história do Visconde de Valmont e da Marquesa de Merteuil trata de suas repetidas seduções de terceiros, um jogo erótico que abastece o flerte entre eles. Aqui não há um intercâmbio gentil, e o objetivo do jogo é destruir o objeto de desejo – seja homem ou mulher. Valmont escreve à marquesa para convencê-la a humilhar sua última conquista: "Ele tem que ser levado a parecer publicamente ridículo, e eu gostaria de repetir meu pedido para que você faça

---

[336] Viennot. *La France, les femmes et le pouvoir*, v. 1, p. 58.

exatamente isto".[337] O sexo é a forma definitiva de poder, talvez a única. O jogo, inegavelmente prazeroso, prossegue em meio a enganos, violência, e a manipulação cruel de terceiros e de um com o outro. Mas, no final, talvez numa alegoria da impotência dos nobres, nenhum dos lados consegue o que ele ou ela quer; restam apenas um jogo infindável e a morte.

Valmont é o macho predador a quem as mulheres são avisadas para evitar, mas Merteuil é sua igual. Ela se descreve como uma "mulher que se fez sozinha", que descobriu como evitar estrategicamente a degradação que decorre da posição desigual das mulheres no jogo do amor.[338] Sua narrativa sobre si mesma é um reflexo do destino de suas contemporâneas: "Na verdade, nessa troca mútua dos vínculos do amor, para usar o jargão corrente, apenas vocês, homens, são capazes de decidir se os reforçam ou os rompem. Na verdade, podemos nos considerar com sorte se, à sua maneira volúvel, vocês preferem não ser notados a se exibir e ficam satisfeitos simplesmente em nos humilhar abandonando-nos sem transformar a mulher que adoraram ontem na vítima de hoje!".[339] Merteuil se descreve como a exceção, mas ela também pode ser lida, de forma mais geral, como um símbolo de castração nobre. Juntamente com Valmont, ela nos lembra que – no mundo da política real – ele também é feminizado. Afinal, o jogo de sedução dos dois é o mesmo: atraente, caprichoso, impossível de ser evitado e perigoso quando acionado. Nisso, talvez, eles imitem o comportamento monárquico, mas existe uma diferença: nenhum tem o falo, atributo apenas do rei.

A sedução é conduzida segundo um código de comportamento; a civilidade é a regra, mesmo quando são implementadas estratégias de conquista (frequentemente dolorosas). Mas a civilidade que Laclos retrata é está muito distante da evocada por Ozouf e Habib. Sem dúvida, é uma maneira de se relacionar, mas mascara jogos de dissimulação cruéis, as estratégias do fraco quando quer parecer forte.

---

[337] Laclos, Choderlos de. *Les liaisons dangereuses*. Tradução de Douglas Parmée. Oxford: Oxford University Press, 2008. p. 163.

[338] Laclos. *Les liaisons dangereuses*.

[339] Laclos. *Les liaisons dangereuses*, p. 161-162.

A dissimulação acontece sob o manto da civilidade; mulheres, alerta a idosa Madame de Rosemonde, não devem esperar que sua paixão seja retribuída da mesma maneira; em vez disso, devem encontrar seu prazer no prazer que dão aos homens: "Um homem aprecia o prazer que sente, uma mulher, o prazer que proporciona. Essa diferença, tão essencial e tão despercebida, tem, no entanto, um efeito muito marcante em seus respectivos comportamentos, de maneira geral. O prazer de um parceiro é satisfazer seus desejos, o do outro é, fundamentalmente, despertá-los. Para o homem, satisfazer é meramente um meio de ter sucesso, enquanto, para ela, é o próprio sucesso".[340] Ao mesmo tempo uma reflexão sobre os relacionamentos desiguais dos atores definidos pelo gênero no jogo da sedução, este conselho também pode ser lido como um comentário sobre as regras políticas sob o absolutismo.

Republicanismo – Se a sedução aristocrática era definida por sua relação com o absolutismo, o que significa tentar conciliar isto com o republicanismo? Essa é uma questão legítima, uma vez que Ozouf e suas colegas não estão simplesmente endossando estilos de encontro erótico (boas maneiras, civilidade, prazer na caça), também estão insistindo em que a sedução tem implicações políticas importantes. Quais poderiam ser na ausência de um governante absoluto? Será que alguém de fato tem o falo quando, como é o caso nas democracias, "o povo" e "a nação" são abstrações? Este símbolo potente de poder soberano pode ser compartilhado?

Nas histórias de origem contadas por teóricos democratas, um grupo de irmãos mata o pai, dando um fim a seu governo tirânico e abrindo caminho para uma governança compartilhada.[341] Mas aí permanece uma ambiguidade sobre em que reside agora o poder máximo – simbolizado pelo falo. Em alguns relatos, o intercâmbio de mulheres estabelece a masculinidade, e portanto, um poder soberano

---

[340] Laclos. *Les liaisons dangereuses*, p. 292.

[341] Sigmund Freud, *Totem and Taboo*, SE XIII: 1–163. Um panorama com muitas citações do século XVIII pode ser encontrado em Hunt, Lynn. *The Family Romance of the French Revolution*. Berkeley: University of California Press, 1992. Ver também: Pateman, Carole. *The Sexual Contract*. Londres: Polity, 1988.

do indivíduo, mas, mesmo assim, existe a questão incômoda do relacionamento entre os irmãos e com a regra paterna, tida como sendo a proibição do incesto, que está na própria origem da sociedade. Presume-se que todos os irmãos são indivíduos autônomos, mas qual é a relação entre o poder soberano individual e o poder político? O que confirma simbolicamente o poder político? O fim do regime monárquico trouxe com ele um conceito disperso de soberania, mas como uma abstração incorporada em outras abstrações (o indivíduo, o povo, a nação, seus representantes). Embora houvesse muitas tentativas de igualar o falo com o pênis e, assim, o poder político com a masculinidade, o ajuste não foi tão convincente como quando um único governante exercia todo o poder. Na verdade, o pênis poderia ser visto como um substituto insatisfatório para a autoridade ampla, central e singular do rei. Seja como for, defender a causa literal do pênis como falo exigiu um esforço contínuo, a invenção e reinvenção de explicações. E não resolveu o problema de competição entre os irmãos. Um deles pode acabar tomando o lugar do pai, e assim ficar isento, ou acima da lei? Se a resposta for sim, qual deles? Quais são os sinais do seu excepcionalismo? A busca por respostas a essas perguntas desenrola-se na elaboração de constituições, na estrutura dos partidos políticos, na competição por cargos, em debates sobre o acesso de mulheres à política e em uma gama de conflitos políticos, alguns dos quais abalaram os próprios fundamentos do Estado-nação francês.[342]

Se, sob a monarquia, a sedução – representando de maneira mais geral relações amorosas entre os sexos, a encenação da diferença sexual – era um jogo para os politicamente impotentes, na república democrática, a sedução passou a ser uma das maneiras de afirmação do poder político. Trata-se de um jogo em que os limites entre o psíquico e o político são indistintos, e a diferença sexual é a chave para os dois. É claro que até sob o absolutismo, o falo era um símbolo,

---

[342] Uma boa discussão sobre a incerteza que circunda transições da monarquia absoluta para formas mais democráticas encontra-se em Surkis, Judith. Carnival Balls and Penal Codes: Body Politics in July Monarchy France. *History of the Present*, v. 1, n. 1 , p. 59-83, 2011.

cuja implementação psíquica não era delimitada por corpos reais ou por política do mundo real, mas o fato de que tinha um referencial concreto provavelmente fez diferença na relação entre os domínios do psíquico e do político.[343] Sem o rei, o falo não tem referente; sua posse está disponível. Não mais um significante de um poder que pode ser situado no ocupante do trono, o falo é, em vez disso, em termos lacanianos, o significante do desejo instituído pela falta. É aquilo que é constantemente disputado, mas nunca possuído; como consequência, as operações de desejo são movidas pela ansiedade, ainda que provoquem prazeres temporários.

Segundo Lacan, sujeitos sexuados são constituídos em relação ao falo; são posicionamentos psíquicos não identidades conferidas biologicamente, embora, às vezes, seja difícil eliminar completamente as referências biológicas ao se tentar explicar esses posicionamentos psíquicos.[344] Falta significa castração – não no sentido literal, mas como alienação ou separação, a perda daquela sensação de completude que assinala uma vinculação imaginária do bebê com sua mãe, ou daquela imaginária presença completa sugerida pela ideia de um indivíduo autônomo. A teoria psicanalítica coloca o falo como a contradição (nos termos de Žižek, a "obscena face inferior") do conceito de indivíduo autônomo da teoria política republicana.[345] No lugar de atores racionais, dotados de livre vontade, há sujeitos procurando restaurar sua imaginária completude perdida, por meio

---

[343] Lacan, Jacques. Desire and Interpretation of Desire in Hamlet. *Yale French Studies*, n. 55-56, p. 11-52, 1977. "Substitua a palavra 'rei' pela palavra 'falo'", escreve Lacan sobre a relação de Hamlet com Claudius, que é seu tio e seu rei, "e você verá que a questão é realmente esta – o corpo está atado a este assunto do falo – e como – mas o falo, ao contrário, não está vinculado a nada: ele sempre escapa entre seus dedos" (Lacan. "Desire and Interpretation of Desire in Hamlet", p. 52)

[344] Lacan, Jacques. The Signification of the Phallus. *In*: *Écrits*. Tradução de Alan Sheridan. Nova York: W. W. Norton, 1977. p. 281-291.

[345] Žižek, Slavoj. *The Sublime Object of Ideology*. Londres: Verso, 1989 [Ed. bras.: Žižek, Slavoj. *Eles não sabem o que fazem*: o sublime objeto da ideologia. Rio de Janeiro: Jorge Zahar, 1990]; Žižek, Slavoj. *The Plague of Fantasies*. Londres: Verso, 1997.

das interações entre si. A tarefa assume diversas formas, estabelecendo sujeitos em posições assimétricas, sejam masculinas, sejam femininas. A posição masculina busca em seus objetos amorosos uma substituição para a fantasmática mãe perdida. O desejo do(s) Outro(s) por ele serve temporariamente para amenizar sua perda, para aparentemente superar a proibição paterna de incesto, que é a origem da separação. A fantasia possibilitada por isso é, no mínimo, a aparência ou ilusão de posse do falo – em sua tradicional representação simbólica, como uma presença plena e, portanto, como poder. A posição feminina é definida em relação à masculina e a excede. O acesso ao falo (desejo) é obtido, fantasmaticamente, em uma relação com um homem (relação em que o desejo dela serve o dele), mas Lacan acrescenta que as mulheres também podem ser um Outro para si mesmas, assim escapando a um total confinamento na economia fálica.[346]

Sob uma perspectiva lacaniana, a sedução seria, então, sintomática deste sistema fálico – uma economia em que as operações do desejo são turbulentas e incessantes, e na qual a diferença sexual é produzida por meio de processos psíquicos inerentemente instáveis. Sob certos aspectos, aqui existe uma analogia com os processos políticos democráticos, mas apenas uma analogia. Esses processos democráticos podem ser vistos como impulsionados pelo desejo, em geral articulados como interesses de grupo; por disputas por um poder que não tem um referente estabelecido, exceto as instituições – tais como parlamentos, presidentes e cortes –, em que se diz que a abstração que é o poder reside; e por assimetrias nos posicionamentos dos cidadãos, os participantes do sistema, resultado de disputas anteriores e longas histórias.

Se esse fosse o argumento dos republicanos aristocráticos, poderia ser persuasivo, tentando-nos a oferecer genealogias de sedução na *longue durée* da história francesa. Mas, como veremos, eles têm uma abordagem totalmente diferente, que busca eliminar tantos as ansiedades psíquicas da diferença sexual quanto as tensões inevitáveis da democracia.

---

[346] Lacan. *On Feminine Sexuality*. Ver também: Fink. *The Lacanian Subject*.

Uma forma particular de igualdade

Para Ozouf e suas colegas, a sedução lança uma nova luz sobre o significado da desigualdade. É um sistema de contrapesos, em que as chamadas diferenças naturais dos sexos encontram certo equilíbrio. Essas diferenças, em última análise, referem-se à biologia; não existe nada da incerteza ou instabilidade psíquica lacaniana na suposição da identidade sexual. Existem homens e mulheres, e existe uma atração natural entre eles, em que cada um tem um papel diferente a representar. Na verdade, as mulheres são a força civilizatória, refreando a brutalidade inata dos homens. A partir disso, as mulheres derivam sua influência, uma compensação pela falta de poder. Habib escreve que a galanteria é "fundamentalmente desigualitária. O ponto de partida do relacionamento é a vantagem que a mulher tem sobre o homem, de estar no centro dos desejos dele. É apenas uma vantagem relativa: é a força do desejo masculino que estabelece o poder feminino. O poder é desigual; nem todas as mulheres se beneficiam dele. Além do mais, é transitório: não se pode esperar desfrutá-lo a vida toda".[347] O papel da mulher ela prossegue, é "reassegurar" aos homens que eles não ficarão "gravemente prejudicados (*gravemente lésés*) no jogo do amor. Essa era a função mais importante da virtude feminina: ela garantia aos homens – tanto quanto possível – que o respeito pelas [das?] mulheres não era uma mera perda".[348] "Tanto quanto possível" ao mesmo tempo reconhece e dispensa a versão lacaniana em que não existe remédio, nenhuma proteção definitiva para o grave dano que é a castração. Para Habib, sedução não é o sintoma, mas a solução do problema.

Os argumentos dos republicanos aristocráticos acenam para a nobre tradição em que ninguém, ao que parecia, questionava suas identidades sexuais. Na qual, como coloca Habib, havia uma "mínima concordância no fato de que existisse algo 'feminino'".[349] Dizem

---

[347] Habib. *Galanterie française*, p. 55.

[348] Habib. *Galanterie française*, p. 421.

[349] Habib. *Galanterie française*, p. 46.

que a modernidade, sob a forma de militantes feministas e homossexuais, comprometeu aquela tradição, afirmando que os indivíduos podem decidir as próprias identidades. Habib refere-se ao "grave abalo (*ébranlement*) das identidades sexuais" e à "*perplexité sexuelle*", consequência de "uma sociedade de indivíduos". A conversão da delicadeza feminina em reivindicações de igualdade legal, conversas sobre direitos, em vez dos murmúrios gentis de amor, levaram a uma "brutalização dos costumes". Ela escreve: "O que se perdeu na nova disposição é o refinamento da expressão amorosa. Perdemos o segredo disto"[350] – e com ele, a capacidade das mulheres de domar a agressividade natural dos homens, submetendo-se totalmente a seus desejos. O mito da sedução postula um tempo antes de que a diferença sexual se tornasse um problema, e sugere que ainda exista algo na identidade nacional francesa que escapa a suas dificuldades. A galanteria, marca da sedução, baseava-se em identidades sexuais supostamente estáveis, cujas desigualdades nunca eram contestadas; na verdade, aceitar a desigualdade e trabalhar dentro de seus limites era a chave para o prazer que aguardava os atores no jogo da sedução.

A desigualdade é a chave para a importância da sedução para a ideologia do republicanismo aristocrático. A desigualdade é o que Raynaud quis dizer com "uma forma particular de igualdade". Trata-se de uma desigualdade em que ele, Ozouf e outros, simultaneamente, naturalizam e erotizam. A diferença entre os sexos permite que façam ambos. Se a diferença é inegável, a ideia é aceitá-la. Seja como for, suas desigualdades são superficiais. Aqui está Ozouf, resenhando Habib: "o destino dos dois sexos não é simétrico [...] o amor nunca é o triunfo do ego; amar alguém é desejar seu bem-estar, ainda que isso signifique subjugar os próprios objetivos pessoais [...] este tipo de vinculação não é servidão [...]. No entanto, existe consentimento amoroso (*un consentement amoureux*), o fruto da atração natural".[351] Aqui, o reconhecimento para as mulheres é conseguido pela submissão às necessidades e vontade de alguém superior, sempre um homem. Sedução, que em um uso mais convencional denota

---

[350] Habib. *Galanterie française*, p. 44, 51, 93, 77.

[351] Ozouf. "A Propos du 'Consentement Amoureux'".

submissão conquistada pela força ou astúcia, agora é redefinida como "consentimento amoroso".

O consentimento é importante porque demonstra o triunfo do domínio da civilidade sobre o império da lei. A sedução é preferível ao casamento, não apenas por enfatizar o prazer, mas também por não envolver contrato, nenhuma obrigação legal. Os vínculos são estabelecidos não por considerações materiais, mas por atração passional. É por isso que são absurdas as tentativas de legislar contra o assédio sexual. A polícia nunca pode realizar o que só as mulheres conseguem fazer: "civilizar o desejo masculino".[352] Habib cita Montesquieu sobre a importância dos bons modos: "Tudo se baseia nesta oposição entre boas maneiras e leis; feliz o moderado legislador em um país onde os bons modos tomaram o lugar das leis".[353] Referindo-se a essa citação, Ozouf prossegue argumentando que é precisamente a importância superior dos bons modos que, ao longo dos anos, possibilitou às mulheres francesas entender "a inanidade da igualdade jurídica e política", quando comparada à influência e ao prazer derivados de sua parte no jogo da sedução.[354] Habib observa que a busca do feminismo moderno por reconhecimento como "indivíduos de direitos iguais" destrói a própria possibilidade de um relacionamento amoroso, que não se baseia na razão, e sim na paixão e na desigualdade de mulher e homem – desigualdade que, por acompanhar a natureza das coisas, mesmo assim tem suas compensações.[355]

O endosso da sedução como forma de consentimento amoroso, como expressão de arte, e não de lei, pretende ser uma rejeição das feministas, com frequência confundidas com lésbicas, que consideram o amor uma máscara para a dominação masculina. Ozouf preocupa-se que o feminismo seja o novo marxismo. Se, para o marxismo, o conflito final levaria ao fim da luta de classes e ao triunfo nivelador do proletariado, com o feminismo o resultado

---

[352] Ozouf. "A Propos du 'Consentement Amoureux'", p. 426.

[353] Citado em Ozouf. "A Propos du 'Consentement Amoureux'", p. 427.

[354] Ozouf. *Les mots des femmes*, p. 381.

[355] Habib. *Galanterie française*, p. 77.

será ainda mais terrível: "a negação das diferenças entre os sexos". A negação assume duas formas: a supressão de toda evidência visível de diferença, e o repúdio radical da "atração natural" por homossexuais militantes. A homossexualidade é descrita não como uma situação psíquica plausível, mas como um projeto exclusivamente político – uma falsa utopia, "uma promessa deslumbrante"; para as lésbicas, a quimera de "uma ilha rica em perfeita igualdade", oferecendo uma "*jouissance féminine*" "totalmente inovadora" – impelida pela busca por uma alternativa à "aliança de sexo e poder", que os críticos equivocadamente atribuíram à união heterossexual.[356] Habib observa que durante seus anos nos movimentos feministas da década de 1970, "as lésbicas sempre me pareceram elefantes cegos. Estavam na loja, mas não viam a porcelana".[357]

Apesar desses desvios perturbadores, os republicanos aristocráticos acreditam que a França – identificada, como nação, por certas características de gênero – tem sido resistente ao chamado da sereia do feminismo. Para Raynaud, isso fica evidente em vários indicadores – a relativa fraqueza ou "compaixão" da cultura feminista francesa; a ausência em universidades de programas de estudos das mulheres "voltados à releitura de toda a história da civilização ocidental, sob o ponto de vista das mulheres"; a relutância de acadêmicas em denunciar filosofia ou literatura canônica como evidência da dominação masculina; a histórica disposição das francesas em aceitar o "atraso" no acesso ao voto – tudo que indica a satisfação das mulheres com seu destino.[358] Se as provas oferecidas para sustentar essas afirmações são escassas (por exemplo, nem todos as francesas aceitaram de bom grado o atraso no acesso ao voto; algumas protestaram em altos brados), e se elas poderiam ser explicadas de outras maneiras (por exemplo, pelo controle que hierarquias educacionais exercem sobre os currículos universitários), isso não é do interesse de Raynaud.

O que realmente importa é um fator menos tangível – o "espírito" das coisas. Raynaud dá alguns exemplos:

---

[356] Ozouf. *Les mots des femmes*, p. 385.

[357] Habib. *Galanterie française*, p. 417.

[358] Raynaud. "Les femmes et la civilité", p. 180.

FANTASIA DA HISTÓRIA FEMINISTA

No lado da sedução, nunca houve esse boicote maciço da minissaia por parte das jovens francesas (como aconteceu nos Estados Unidos vários meses atrás). Pelo contrário, podemos ver uma ênfase intencional em uma estética de estilo sensual (não necessariamente sexista); no âmbito da família, ainda que exista um compromisso com igualdade, também existe uma distinção mais clara do que em qualquer outro lugar entre a mãe e o pai; no mesmo espírito, notamos que, quando todas as tendências são levadas em conta, a psicanálise francesa fica mais confortavelmente leal aos aspectos "falocêntricos" do pensamento de Freud.[359]

As ressalvas (as roupas são sensuais, mas não sexistas; as famílias buscam igualdade, mas existem claras distinções entre mães e pais) tentam disfarçar o conservadorismo dessa visão, mas fica claro que a cultura francesa permanece "leal" à organização da sexualidade ao redor do falo, pelo qual Raynaud não se refere ao significante de desejo de Lacan, mas ao privilegiar dos homens.

A teoria da sedução que esses escritores apresentam prescinde da incerteza que Lacan atribui ao falo, insistindo em que no jogo do amor (e, como veremos, também no jogo da política) não existe dúvida sobre onde está o poder. O apelo da sedução aristocrática na era do absolutismo acha-se, precisamente, na posição inequívoca e inconteste do rei. A posse do falo nunca é posta em dúvida. Num movimento que revela sua leitura equivocada do passado, esses escritores equivalem o poder do rei ao poder masculino em geral. Pode ser aí que a história deles se torna mito, eliminando a perturbadora impotência do jogo da nobreza, optando, em vez disso, por uma representação mais harmoniosa da história, e, ao mesmo tempo, insistindo em que – na política, assim como no sexo – existe um verdadeiro referente para o falo.

Em grande parte da escrita sobre sedução, é evidente a preocupação com os efeitos do feminismo sobre os homens, e com frequência ela é associada à rejeição de um feminismo explicitamente americano, que oferece um contraponto ultrarradical à formas francesas

---

[359] Raynaud. "Les femmes et la civilité", p. 180.

186

mais moderadas. (Aqui está uma das maneiras de estabelecer uma identidade nacional singular, como um contraste em relação a um Outro injuriado.) Um exemplo dentre muitos – Ozouf e Raynaud também atacam o feminismo americano como um tipo de stalinismo sexual, e Habib atribui uma crise sobre os valores da feminilidade à publicação de *O segundo sexo*, de Simone de Beauvoir[360] – uma resenha de um livro americano de 1997, feita por Jacques Julliard, editor do *Nouvel Observateur*, é uma dessas publicações efêmeras que os comentaristas se apressam a tratar como a chave para toda uma sociedade. O livro chamava-se *The Rules* [*As regras*] e oferecia conselhos a mulheres que tentavam agarrar um marido. Julliard contestou a redução do jogo do amor a um conjunto de regras escritas, e ao poder que o livro parecia atribuir às mulheres, embora achasse a abordagem típica da longa história dos Estados Unidos: "O pesadelo por excelência, do outro lado do Atlântico [...] hoje, bem como ontem, é o amor. Para eliminá-lo, tentaram tudo. Primeiro a repressão, ou seja, o puritanismo. Depois a trivialização, ou seja, práticas liberalizadas, com seu desfile de pesquisas científicas e fofocas sexuais. Por último, a solução final, ou seja, o feminismo ao estilo americano".[361] Ele relatou ter testemunhado os efeitos desse feminismo, durante uma visita a um campus universitário da Nova Inglaterra: "Posso lhes garantir que os pobres rapazes que se aventuraram em território inimigo tinham uma expressão acovardada, ao passo que as meninas só falavam de uma coisa. Além disso, a fim de escapar da suposta luxúria daqueles machos, as mulheres tinham conseguido esconder tão bem suas características sexuais secundárias, que parecia a China de Mao, e não o coração de Massachusetts".[362] O resultado dessa indiferenciação foi um desincentivo tão forte, Julliard comentou, que "os ataques sexuais temidos por aquelas mulheres" não seriam "criminosos, mas heroicos". Ele prosseguiu lamentando a situação dos homens americanos, "os que mais sofrem": "Pegos entre o grupo feminista que quer castrá-lo, e o grupo matrimonial

---

[360] Habib. *Galanterie française*, p. 419.

[361] Julliard, Jacques. Editorial. *Le Nouvel Observateur*, 2-8 jan. 1997.

[362] Julliard. *Le Nouvel Observateur*, p. 25.

que sonha em prendê-lo, o macho americano tem chances limitadas de sobrevivência. Assim ele [compensa]: faz guerra e sonha em dominar o planeta. Para aqueles entre vocês, preocupados com o imperialismo americano, é inútil conversar com os diplomatas deles; melhor é cochichar doçuras a suas mulheres".[363]

Julliard monta seu ataque contra o feminismo americano como um contraste implícito favorecendo a França, que ele representa como a nação que não teme o sexo, sabe como jogar o jogo da sedução ("cochichar conversas moles") e ama amar. As feministas suportaram o impacto de seu ataque. Para ele, e também para Ozouf, legislar relações sexuais resulta em castração. Para Julliard, quer as feministas insistam que não há diferenças entre homens e mulheres, quer se recolham num exclusivo lesbianismo, o efeito é o mesmo. Assim, ele solta um alerta implícito às francesas, sugerindo que a violência masculina generalizada seja uma reação razoável ao feminismo, e que o estupro é um corretivo "heroico" à indiferenciação sexual. Habib oferece outra versão dessa ideia, quando insiste em que cabe às mulheres domar as propensões masculinas à violência. "Por causa de sua fisiologia, os homens têm os meios para associar, até para confundir, agressão e *gozo* [...]. A dissociação dos dois requer cultura e artifício. Trata-se de uma questão de líderes [homens] renunciarem ao prazer sexual predatório, não pela repressão, mas pela persuasão [...]. O desenvolvimento desse tipo de argumento é tarefa de toda mulher."[364] Afinal, ela acrescenta, em uma crítica ao livro de Beauvoir, "ninguém nasce galante, a pessoa se torna", e é em "se fazendo amada, que uma mulher consegue polir um homem".[365] Pareceria que o dever patriótico das francesas é ficar longe do feminismo, e assim poupar seus homens dos sofrimentos vividos por aqueles do outro lado do Atlântico.

As repetidas referências de Julliard à América como *l'outre Atlantique* garante a conexão entre práticas sexuais e identidade nacional. Julliard sugere que a economia política global – que, entre outras

---

[363] Julliard. *Le Nouvel Observateur*, p. 24.

[364] Habib. *Galanterie française*, p. 432-433.

[365] Habib. *Galanterie française*, p. 421.

coisas, parece estar reduzindo a saliência de fronteiras nacionais – é conduzida por americanos emasculados. O desaparecimento de linhas claras de diferença sexual serve tanto como uma ilustração dessa homogeneização global quanto como um comentário sobre seus efeitos antinaturais. A causalidade é recíproca: a frustração sexual leva os homens americanos a conquistar o mundo, enquanto suas ações reproduzem, nos âmbitos político e econômico, a patologia do universo psicossexual.

Felizmente, segundo esses escritores, a França evitou a patologia americana tanto na esfera política quanto na sexual. Ozouf acha que os homens da Revolução Francesa podem ter implementado uma forma mais forte de segregação sexual do que a existente no Antigo Regime, porque intuitivamente temiam que os efeitos niveladores de sua democracia radical levariam a "um mundo sem distinções [...] uma abstração cinza, inumana"[366] – o mundo da China de Mao, evocado por Julliard. Ozouf continua: "O louvor da diferença feminina protege a democracia de si própria".[367] A insistência na preservação dos limites da diferença sexual, ela diz, manteve vivo o padrão da sedução aristocrática, mesmo quando a monarquia deu lugar a uma sucessão de repúblicas, e a burguesia eclipsou a nobreza. E isto, por sua vez, não apenas preservou o lado erótico da vida, como também ofereceu um modelo para a subordinação de todas as diferenças. Habib diz que o legado do absolutismo fez da galanteria uma compensação para a subordinação: "A sociedade de Luís XIV era uma sociedade ordenada, extremamente hierárquica, de superior a inferior [...]. A galanteria foi uma das variações na arte do acomodamento à subordinação".[368]

Ozouf apresenta a sedução como um modelo para uma política em que não existem conflitos de poder – a nação, como uma comunidade afetiva imaginada: "A ameaça constituída pelas diferenças reais espalhadas pelo território francês foi facilmente vencida

---

[366] Ozouf. *Les mots des femmes*, p. 351.

[367] Ozouf. *Les mots des femmes*, p. 360.

[368] "Claude Habib", *Les Echos*, 8 de junho de 2007 (Disponível em: www.lesechos. fr/luxe/people/300180664-claude-habib.htm. Acesso em: nov. 2011).

apenas por causa da certeza emocional profundamente enraizada de se compartilhar uma essência comum a todos os franceses [...]. Ao mesmo tempo, todos podiam cultivar diferenças locais, sentindo seu encanto e seu valor, expressando-as faceiramente ou mesmo com grande orgulho, mas sem um espírito de dissidência; diferenças sem ansiedade ou agressão, contidas dentro de uma unidade abstrata, e concordando, de antemão, em lhe ser subordinada".[369]

A harmonia do passado ("diferenças sem ansiedade ou agressão") pretende corrigir a ênfase do presente em conflitos de poder e discriminação entre homens e mulheres e, além disso, entre grupos sociais. Em vez da intratabilidade do poder, com seu espírito de dissidência, nos oferecem os encantos da sedução. O objetivo é se contrapor às reivindicações de ativistas contemporâneos, proclamando a existência de um *génie national* com raízes históricas profundas, que esses dissidentes compreenderam mal, ou querem destruir. Sejam as dissidentes feministas exigindo igual acesso à política (*parité*), ativistas gays buscando o direito de constituírem famílias (através do casamento, da adoção, e acesso a tecnologias reprodutivas), ou muçulmanas defendendo o *hijab* como uma forma legítima de observância religiosa das mulheres, são acusadas de estarem ameaçando a própria existência da comunidade nacional.

O republicanismo aristocrático, com a diferença sexual em seu cerne, insiste em subordinar diferenças particulares a uma unidade abstrata, e pretende servir ao propósito estratégico de separar os "verdadeiros" franceses dos elementos "estrangeiros", conectando os herdeiros legítimos a sua história. Não é de se surpreender que a ligação entre sedução (uma relação assimétrica entre dois sujeitos diferentes) e unidade nacional (a submersão de todas as diferenças em uma identidade única abstrata) esteja primeiramente localizada na monarquia de Luís XIV. Enquanto a nobreza praticava jogos eróticos de poder simulado, o rei se estabelecia como a corporificação da nação. Mas a ideia de ligação entre sedução e unidade nacional também leva em conta a teoria política republicana. Historicamente, essa teoria identificou o universal com o masculino, e o particular,

---

[369] Ozouf. *Les Mots des femmes*, p. 383.

com o feminino. De fato, Habib, Ozouf e outros reiteram essa teoria, enfatizando, repetidamente, a necessidade de sujeitos femininos (que são particulares e diferentes), se subordinarem a sujeitos masculinos (a corporificação do universal), de bom grado e com grande afeição. A fusão das duas – aristocracia e república – é conseguida pela identificação do poder (o falo) com a masculinidade. As ambiguidades da democracia são evitadas quando os homens (ou aqueles claramente dominantes – ou seja, pessoas nativas francesas, brancas) são, de fato, feitos reis.

A importância, então, da teoria da sedução é oferecer um modelo afetivo com profundas raízes históricas para a política: "uma essência comum a todos os franceses". O casal heterossexual corporifica a diferença não como um campo de força, mas como um jogo em mudança de elementos contrastantes e complementares (agradáveis de experimentar e contemplar). No interior do casal, a subordinação natural de mulheres a homens replica a acomodação que qualquer diferença social precisa fazer no interesse de uma harmonia nacional. Se for introduzida a força no relacionamento, a sedução perde seu fascínio e se torna uma luta violenta; a homossexualidade militante – em sua recusa da diferença – é a consequência abominável da distorção dos laços naturais da erótica heterossexual. Por consequência, qualquer grupo que proteste contra seu tratamento diferenciado, que entre na arena política exigindo uma igualdade que tem sido negada, é uma ameaça à integridade nacional. A homofobia funciona, assim, tanto para garantir a função icônica do casal heterossexual quanto para se proteger contra os efeitos niveladores da democracia. Sintomaticamente, os próprios conflitos que a democracia foi planejada para mediar, tornam-se, nesta visão nacionalista conservadora, ameaças ao próprio tecido social.

A política do véu

A teoria francesa da sedução tem sido articulada para se contrapor às reivindicações de vários grupos dissidentes da sociedade francesa. Ozouf e Julliard tomam o feminismo como seu alvo primário. Habib faz o mesmo, mas ela acrescenta os muçulmanos à lista daqueles que estão em desacordo com o modo de vida francês. Segundo ela, a aversão francesa aos lenços de cabeça teve menos a ver com o racismo ou com a persistência do secularismo jacobino do que com "uma norma implícita sobre as relações entre os sexos – a ascendência da beleza feminina e a fidelidade dos homens".[370] Mencionando o véu como um repúdio à sexualidade das mulheres, Habib o compara à adoração que as mulheres recebiam na corte, em que se misturavam livremente com os homens. Sua aparência, tão engenhosamente produzida para agradar e atrair, era que lhes dava acesso ao jogo da sedução. A visibilidade era vital para o próprio significado da feminilidade, por mais artificial que fossem os aprimoramentos de vestuário, penteado e pó. E a tradição da galanteria dependia não apenas da visibilidade das mulheres, mas também do "prazer e da alegria em estar visível [...]. O uso do véu indica castidade, e isso significava a interrupção, e até a impossibilidade dos benefícios da galanteria. Não existe conciliação possível".[371] Em sua resenha do livro de Habib, Ozouf chamou ainda mais a atenção para isso. Sugeriu que a herança aristocrática persistiu obstinadamente "na inclinação natural das mulheres em não separar amor e sexualidade, em seu desagrado com a separação, em seu sonho de estabelecer compromissos de longo prazo".[372] (Este último ponto é uma das várias veze em que surge uma contradição entre sedução como um jogo transitório e o desejo de permanência, pelo menos da parte das mulheres.) Na medida em que o jogo da sedução era um traço essencial francês, a incapacidade dos muçulmanos em jogá-lo significava que eles jamais poderiam ser totalmente franceses.

A explicação de Habib às objeções francesas ao véu faz sentido; são as objeções de uma "sociedade aberta" a uma "sociedade fechada", um reconhecimento das diferenças de estilo cultural.[373] Fiz uma afirmação parecida sobre o motivo subjacente para o banimento do lenço

---

[370] Habib. *Galanterie française*, p. 412.

[371] Habib. *Galanterie française*, p. 412.

[372] Ozouf. "Um essai de Claude Habib".

[373] Habib. *Galanterie française*, p. 412-414.

de cabeça em meu livro sobre o assunto.[374] O que faz com que meu argumento difira do de Habib, no entanto, é que ela insiste em que as tradições francesas são mais naturais, ou pelo menos superiores, em seu manejo das diferenças entre os sexos, e também em que a natureza fechada da sociedade muçulmana desqualifica os muçulmanos para um pertencimento à nação. Mas há mais. A seu ver, os muçulmanos representam uma ameaça à continuidade da antiga tradição de sedução. Suas práticas "interrompem" o jogo, barrando "a circulação de *coquetterie* e *hommage*", oferecendo outro conjunto de regras para as relações dos sexos – separação estrita. O véu "desrespeita uma norma implícita do que deveria ser as relações entre os sexos – a ascendência da beleza feminina e da lealdade masculina a ela". E, ao condenar "aquilo que tem sido elaborado ao longo dos séculos, como uma forma de coexistência entre os sexos", os muçulmanos ameaçam sua durabilidade.[375]

Em seu livro, Ozouf cita o relato ficcional de Montesquieu sobre a reação de dois persas em visita à França, no início do século XVIII – um exemplo do orientalismo precoce, que ela considera um reflexo das verdadeiras diferenças entre Oriente e Ocidente: "Aqui, um estilo de igualdade entre os sexos e de liberdade. Nada de véus, nada de grades, nada de eunucos [...]. Por detrás da aparência de igualdade, a realidade da supremacia das mulheres".[376] Os persas aproveitam a ausência do controle patriarcal, "o poder de vigiar e punir" para serem desastrosos com uma família bem regulada, mas Ozouf iguala linhas nítidas de segregação à dominação masculina, de uma maneira que ecoa fortemente a discussão contemporânea de véus muçulmanos. Para ela, *mixité* – a mistura dos sexos em espaço público – significa maior liberdade para os dois lados, mas parti cularmente para as mulheres. Enquanto ela descreve o que Montesquieu imagina que os persas viram em Paris, não consegue refrear sua satisfação: "Mulheres sem inibição preparam sua toalete e seus rostos

---

[374] Scott. *The Politics of the Veil*. Ver também: Chafiq, Chahla; Khosrokhavar, Farhad. *Femmes sous le voile face à la loi islamique*. Paris: Félin, 1995.

[375] Habib. *Galanterie française*, p. 412.

[376] Ozouf. *Les mots des femmes*, p. 327.

com o único propósito de seduzir; [elas são] habilidosas em mudar, não apenas suas roupas, mas seus próprios corpos; [elas ficam] fora de si com a voluptuosidade, dedicam-se ao jogo, intervindo para controlar o ritmo da conversa, e para interromper a fala de homens de ciência e intelecto".[377] A atração erótica deu às mulheres certa superioridade, ainda que elas se dedicassem ao prazer dos homens; poderiam "interromper" a fala deles, mas aqui não existia ameaça de castração; nenhuma lei poderia estabelecer essa "forma singular de igualdade".

Ao fundamentar as atitudes francesas contemporâneas em um hábito ancestral, Habib e Ozouf essencializam o francesismo e, assim, eliminam os muçulmanos do pertencimento à comunidade nacional. Os muçulmanos são retratados como estrangeiros, um povo antinatural, sem lugar legítimo na história dessa nação. O fato de que, logicamente, eles tenham, sim, um lugar legítimo em uma longa história de experiência colonial e pós-colonial é obscurecido pela invocação dos ancestrais sedutores. As reivindicações dos muçulmanos pelo reconhecimento de seu lugar legítimo na representação da nação são desqualificadas porque suas atitudes e comportamentos são diferentes demais para se encaixar. Seus pedidos por um fim à discriminação do grupo também levantam o problema da diferença de uma maneira politicamente perigosa, considerada em consonância com o sistema islâmico de segregação sexual. Em vez de subordinar a diferença à maneira dominante de fazer as coisas, esses atores políticos tomam a diferença como sendo um princípio de organização. E na política, eles procuram usar a diferença como uma alavanca para alterar as estruturas de poder que os marginalizam ou os excluem. Para os teóricos da sedução, no entanto, o jogo da política, assim como o da sedução aristocrática, deve ser jogado como se tais estruturas e tal poder não existissem. Aqueles que não conhecem as regras do jogo não são considerados jogadores viáveis em assuntos de política nem em assuntos de amor. Portanto, a conclusão é de que a França não está negando direitos dos muçulmanos; e sim que os muçulmanos – em seu gerenciamento

---

[377] Ozouf. *Les mots des femmes.*

da diferença sexual e, por extensão, de todos os relacionamentos humanos – estão se desqualificando como franceses.

A sedução do signo

Seria possível dizer que os intelectuais nacionalistas conservadores que tenho discutido estão, eles mesmos, praticando a arte da sedução nos termos que Jean Baudrillard empregou para descrevê-la em 1979: "Porque o signo teve seu significado alterado, ou 'seduzido', é que a própria história é sedutora. Quando os signos são seduzidos é que eles se tornam sedutores".[378] Na tradição literária do decoro aristocrático, os intelectuais encontram uma história que deixa de fora os detalhes confusos de traição, poder, e exploração, reformulando hierarquias de dependência em termos de civilidade e galanteria. Eles recusam os desafios que foram colocados às prescrições sociais para a diferença sexual, confundindo o normativo com o natural, o natural com o cultural, e o cultural com o nacional. Em vez do inquieto e irreprimível movimento do desejo, a sedução passa a ser uma expressão previsível de heterossexualidade – o único tipo de relação sexual plausível e satisfatório.

Antes de tudo, a diferença sexual é que é seduzida na história que esses intelectuais contam. Como que para estabilizar a união inerentemente contraditória que é o republicanismo aristocrático, eles apresentam o relacionamento heterossexual como natural e sem problemas – a única solução possível para aquelas questões primordiais e não resolvidas sobre as ligações entre anatomia, sexualidade e identidade. As tensões e conflitos presentes em relações entre os sexos são atribuídas a agitadores contemporâneos – tais como feministas e homossexuais – que estão fora de sintonia com o que a história supostamente nos ensina como sendo inclinações humanas naturais. Essas inclinações estendem-se do sexo à política; a hierarquia do casal torna-se um modelo para a organização social.

---

[378] Baudrillard, Jean. *Seduction*. Tradução de Brian Singer. New York: St. Martin's, 1990. p. 74.

No processo, a igualdade também é seduzida, desviada de seu significado histórico na Revolução Francesa e na atual Constituição Francesa, para representar algo totalmente diferente – um jogo de aparências que se apoia na ilusão, sem outra finalidade que não seja o prazer mútuo. A igualdade não deve ser dimensionada pela distribuição de empregos, salários ou direitos legais, mas por um padrão totalmente outro, um que tenha a ver com trocas eróticas entre os sexos, com as regras do jogo da sedução.

Nesta versão da igualdade, os intelectuais nacionalistas moldaram um *trompe l'oeil*, em que a igualdade da teoria republicana é exemplificada por jogos eróticos aristocráticos, marcados por assimetria entre parceiros e nos quais a política é personificada por um casal (necessariamente francês). O estratagema desses exemplos é, sem dúvida, demonstrar que as desigualdades são, senão igualdade de fato, então uma complementaridade de diferenças sempre subordinadas à unidade da nação. Dessa maneira, esses nacionalistas procuraram distrair seus leitores das dificuldades que os republicanos estão tendo em descobrir como conciliar seu compromisso com o universalismo com o problema de injustiças de longa data (de salários, recursos, acesso social e político, e reconhecimento) no tratamento de grupos (mulheres, muçulmanos, homossexuais e outros), marcados por suas diferenças do indivíduo universal (masculino). Se, na teoria da sedução, o homem e a mulher representam o universal e o particular, e se a natureza exige a submissão dela ao desejo dele – na verdade, recompensa-a com amor por aquela submissão voluntária–, então, a mensagem para os demais na França é clara: jogue o jogo com anuência amorosa e obterá recompensas apropriadas a seu status. O estilo de envolvimento – coquetismo, galanteria, civilidade – também importa. Ele a assinala não apenas como uma jogadora legítima no jogo, mas como profunda e incontestavelmente francesa.

EPÍLOGO

Um arquivo da teoria feminista

Em um ensaio escrito em 2003, que analisava a crítica literária psicanalítica feminista, Elizabeth Weed falou sobre a energia e a excitação, a centelha sexual e o prazer absoluto – seria possível até dizer, o gozo – que se sentia ao encontrar escrita feminista nas décadas de 1970 e 1980. Citando a resenha de Janet Malcom, na *New Yorker* em 1987, intitulada "In Dora's Case: Freud, Histeria, Feminism" [No caso Dora: Freud, Histeria, Feminismo], Weed observa a especial valorização dos escritos feministas daquela compilação por Malcolm.[379] É seu tom emancipado, o aspecto transferencial da crítica feita por elas (que fantasiam ampla e irreverentemente sobre os mestres teóricos) que encanta Malcolm – e Weed, que observa: "Seria possível até argumentar que foi a natureza despudoradamente transferencial das primeiras críticas feministas, mais do que seu aspecto político, que os oponentes acharam desconcertante. Pelo menos até o 'Anxiety of Influence' [A angústia da influência], de Harold Bloom, mesmo a crítica literária, provavelmente a menos desvinculada das disciplinas críticas, podia realizar seu trabalho a uma distância segura. O feminismo acadêmico mudou isso. O que não quer dizer que toda crítica feminista da década de 1970 até o final da década de 1980 resplandeceu com uma irresistível e alegre

---

[379] Bernheim, Charles; Kahane, Claire (eds.). *In Dora's Case*: Freud, Hysteria, Feminism. Nova York: Columbia University Press, 1985; Malcolm, Janet. J'appelle un chat un chat. *New Yorker*, p. 84-102, 27 abr. 1978.

energia. Mas houve uma empolgação geral naqueles trabalhos iniciais".[380] Trata-se de uma empolgação da qual Weed sente falta em escritos mais recentes, embora tenha notado que exista muito a ser admirado e aprendido com os focos mais recentes em questões antes negligenciadas de raça, etnia, sexualidade e discriminação. Como ela descreve, o deslocamento da interação rebelde com os pais, para as exegeses a partir de teorias do trauma e da melancolia, envolve um afeto muito diferente, um tom inteiramente outro e uma relação alterada com a política. Weed não escreve por nostalgia em relação a um mundo perdido, mas certamente há um pouco de pesar em seu ensaio, ainda que aprecie uma nova geração de acadêmicas literárias feministas.

Acho que um pouco desse pesar tornou-se a inspiração para os Feminist Theory Papers [Documentos da Teoria Feminista], uma coleção arquivística lançada por Weed na Biblioteca John Hay, da Brown University. O arquivo não foi concebido como um monumento, seja para as feministas mortas (embora um fator imediato para a sua criação fosse a necessidade de se encontrar um local para o acervo da acadêmica literária Naomi Schor), seja para um expirado movimento social e político. Não foi um gesto compensatório, com o intuito de provar que as mulheres também mereciam um lugar nos anais do pensamento filosófico. Nem foi uma tentativa de reunir a documentação para uma versão confiável e sistematizada da teoria feminista, da maneira como os primeiros arquivos eram usados para autorizar o governo de monarcas e nações. Certamente, a memória estava em questão – qualquer arquivo é uma incitação à memória –, mas não havia um propósito de dirigi-lo ou controlá-lo para um objetivo claramente definido. A ideia não era imortalizar certo tipo de teórica de certo período histórico como a corporificação de um verdadeiro feminismo. Antes, a questão era insistir, perante a atual reação contra o feminismo e a teoria, os quais não eram efêmeros mas acontecimentos, este no sentido dado por Foucault – importantes mudanças discursivas com ramificações extensas e continuadas.

---

[380] Weed. "Feminist Psychoanalytic Literary Criticism", p. 262.

Foucault refere-se ao arquivo como "o conjunto de discursos efetivamente pronunciados", o conjunto que determina o que conta como conhecimento em um determinado período.[381] Não existe homogeneidade no arquivo de Foucault, mas "temos na densidade das práticas discursivas sistemas que instauram os enunciados como acontecimentos (tendo suas condições e seu domínio de aparecimento) e coisas (compreendendo sua possibilidade e seu campo de utilização)".[382] A teoria feminista reunida nesse arquivo é parte de um conjunto de discursos, uma evidência de que existem disputas sobre o que conta como conhecimento, que o conhecimento não é algo certo ou sobre o qual exista uma concordância comum, mesmo dentro do que poderia ser chamado de um "sistema" discursivo ou cultural. Aqui está Foucault novamente: "Longe de ser o que unifica tudo que foi dito no grande murmúrio confuso de *um* discurso, longe de ser apenas o que nos assegura a existência no meio *do* discurso mantido, [o arquivo] é o que diferencia *os* discursos em sua existência múltipla e os especifica em sua duração própria".[383] Nessa perspectiva, a decisão de reunir e abrigar os documentos de uma geração de acadêmicas feministas, e também de outras, é um esforço para continuar o trabalho crítico em que elas (nós) se engajaram, atribuindo-lhe valor como história. Não estou dizendo história no sentido de algo morto e enterrado, mas sim de algo a

---

[381] Foucault, Michel. *Foucault Live: Interviews*, 1966-84. Edição de Sylvère Lotringer. Tradução de John Johnston. New York: Semiotext(e), 1989. p. 27. [Ed. bras.: Foucault, Michel. Michel Foucault explica seu último livro. *In*: Ditos e escritos: arqueologia das ciências e história dos sistemas de pensamento. Rio de Janeiro: Forense Universitária, 2000. v. 2. p. 145.] Ver também: Flynn, Thomas. Foucault's Mapping of History. *In*: Gutting, Gary (ed.). *The Cambridge Companion to Foucault*. Cambridge: Cambridge University Press, 1994. p. 28-46.

[382] Foucault, Michel. *The Archaeology of Knowledge*. Tradução de A. M. Sheridan Smith. New York: Harper and Row, 1972. p. 128. [Ed. bras.: Foucault, Michel. *A arqueologia do saber*. Rio de Janeiro: Forense Universitária, 2008. p. 146.]

[383] Foucault. *The Archaeology of Knowledge*, p. 129. [Ed. bras.: Foucault. *A arqueologia do saber*, p. 147.]

que valha a pena se apegar – uma herança viva, ou, se preferir, um legado duradouro. Este arquivo é um lembrete vivo, uma reprovação ao pensamento "pós-" agora em voga em questões de teoria e feminismo. É uma instituição "pós-pós". Assinala não a exaustão ou morte da teoria feminista, mas sua contínua vitalidade.

Ao conceber o plano para o arquivo, Weed (tendo lido *Mal de arquivo*, de Derrida)[384] perguntou-se se poderia haver uma contradição em seu âmago, entre a tendência conservadora de qualquer arquivo e o declarado compromisso com a revolução de suas contribuintes. O que significava conter crítica corrosiva em caixas livres de ácido, submetê-la a uma série de operações tecnológicas (classificação, catalogação, digitalização) e confiná-la em categorias adequadas a um índice (ainda que concebido de forma empática)? A crítica sobreviveria a seu aprisionamento, ou se tornaria domesticada, sucumbindo, inevitavelmente, às exigências disciplinares da história? E mesmo que essas não fossem práticas questionáveis, uma tentativa de preservar o pensamento crítico de outra época abalaria o próprio sentido da crítica, que era o de desconstruir os legados do passado, a fim de abrir novos caminhos para se pensar o futuro? Colocar esses papéis em um arquivo imporia o peso do passado, o fardo da tradição, às possibilidades para um novo pensamento? Confirmaria a ideia de que as origens – de movimentos, ideias e acontecimentos – podem, de fato, ser encontradas? Seria possível que o que já foi uma crítica viva se tornasse ortodoxia paralisante? Essas questões são perturbadoras, quando colocadas abstratamente, e sugiro que somente possam ser feitas por filósofos e outros que não tenham passado muito tempo em arquivos. Os historiadores sabem que existe uma realidade diferente, ainda que não isenta de suas próprias dificuldades.

O arquivo em que os historiadores trabalham não é uma prisão com celas trancadas e numeradas, ou um cemitério em que fileiras de tumbas com inscrições de nomes e datas transmitem uma sensação

---

[384] Derrida, Jacques. *Archive Fever*: A Freudian Impression. Tradução de Eric Prenowitz. Chicago: University of Chicago Press, 1996. [Ed. bras.: Derrida, Jacques. *Mal de arquivo*: uma impressão freudiana. Rio de Janeiro: Relume Dumará, 2001.]

de finalidade e conclusão. O arquivo do historiador não é um lugar lúgubre, mas um em que os vivos continuam a encontrar vida. Escrevendo na *New Yorker*, Jill Lepore comparou um instituto de criogenia (lugar em que os mortos são congelados, à espera de sua derradeira ressurreição) a um arquivo: "um lugar em que as pessoas depositam seus documentos – o conteúdo de suas cabeças – quando estão mortas, de modo a que alguém, algum futuro historiador, possa achá-los e trazê-los de volta à vida".[385] O conceito de enganar a morte é generalizado entre os historiadores. Talvez seja melhor dizer que os historiadores fazem da morte um episódio insignificante, algo transitório e não final. Metáforas são abundantes: existem sombras materializadas por luz; fantasmas que recebem corporeidade; corpos exumados para uma segunda vida. Ouvem-se sussurros das "almas que sofreram tanto tempo atrás e que agora foram sufocadas no passado".[386] É maravilhoso ouvir a esse respeito Jules Michelet, historiador francês totalmente lírico do século XIX. "Conforme respirei a poeira deles", ele escreve, sobre seu contato com os mortos em velhos documentos e pergaminhos encadernados em couro, "vi-os se levantar. Eles se ergueram do sepulcro [...] como no Dia do Juízo Final de Michelangelo, ou na Dança da Morte. Essa dança frenética [...] tentei reproduzi-la em [meu] trabalho."[387] Aqui é tentador pensar nesses dançarinos vivenciando *la petite mort* – a pequena morte –, que, em francês, é sinônimo de gozo. O frenesi orgíaco dos dançarinos evoca a imagem, assim como faz o próprio prazer evidente de Michelet, ao recontar a história.

Carolyn Steedman escreveu um livro chamado *Dust* [*Poeira*], uma resposta de uma historiadora social às reflexões filosóficas de Derrida sobre o arquivo. (Entre outras coisas, ela insiste – brincando com a reputação que historiadores sociais têm de ler de forma literal – que se existe um mal de arquivo, deve ter a ver com a efetiva inalação de poeira com vestígios de antraz agarrados à encadernação

---

[385] Lepore, Jill. The Iceman. *New Yorker*, p. 27, 25 jan. 2010.

[386] Jules Michelet citado por Steedman, Carolyn. *Dust*: The Archive and Cultural History. New Brunswick, NJ: Rutgers University Press, 2002. p. 27.

[387] Jean Michelet citado por Steedman. *Dust*, p. 27.

de pele de carneiro quando se toca ali. É claro que isso também é uma metáfora para a persistência do passado, e sua capacidade em infectar aqueles que entram em contato com ele.) No livro, Steedman enfatiza a importância da aleatoriedade e do acidente, até nos arquivos produzidos com o máximo de cuidado, aqueles cujas origens acham-se nos impulsos racionalizadores do poder do Estado: "O Arquivo é feito de uma documentação selecionada e conscientemente escolhida do passado, e também das loucas fragmentações que ninguém pretendia preservar e que, simplesmente, acabaram ali".[388] As loucas fragmentações ficam em espera nos interstícios das categorias estabelecidas, envolvendo a imaginação da pesquisadora solitária, que, hoje em dia, normalmente não está em busca de origens, mas sim de documentação para uma interpretação que ela quer desenvolver. Eu deveria acrescentar que as pesquisadoras raramente são confinadas pelas rubricas formais de classificação; rotineiramente, elas se recusam a ser limitadas por elas. Na verdade, parte da diversão da pesquisa em arquivo é imaginar o que poderia ser encontrado em uma caixa de documentos cuja etiqueta é aparentemente irrelevante para a pesquisa em questão. Historiadores, até os mais convencionais, sabem que o que procuram pode não ser o que algum arquivista pensou que seria.

A busca do conhecimento no arquivo é uma tarefa altamente individualizada, mas não é solitária. A pesquisadora cerca-se das almas sussurrantes que ela invoca do material que lê. Se for uma boa leitora, ela também fica atenta a silêncios e omissões. Reflete sobre a aparente ordem de pensamentos e textos. Michel de Certeau, referindo-se a Foucault, diz que "pensar [...] é passar; é questionar essa ordem, surpreender-se pelo fato de sua presença aí, indagar-se sobre o que tornou possível essa situação, procurar – ao percorrer suas paisagens – os vestígios dos movimentos que a formaram, além de descobrir nessas histórias, supostamente jacentes, 'o modo como e até onde seria possível pensar diferentemente'".[389] O envolvimento

---

[388] Steedman. *Dust*, p. 65.

[389] Certeau, Michel de. *Heterologies*: Discourse on the Other. Tradução de Brian Massumi. Minneapolis: University of Minneapolis Press, 1996. p. 194. [Ed.

da historiadora com o que ela encontra ali é que torna o arquivo um lugar social, dinâmico, em que os objetos de seu desejo também têm algo de uma vida própria.

O desafio, é claro, para todos, exceto as empiristas mais ingênuas, é que os textos não falam por si sós; os sussurros são escutados apenas por um processo de tradução, e as próprias palavras – faladas ou escritas – carregam significados diferentes em cada uma de suas iterações. Os mortos não voltam à vida como eram, mas como nós os representamos. Michelet pensou que estivesse exumando *le peuple* e, assim, revelando o que eles tinham como o desejo mais profundo, mas o seu – como qualquer história – foi um trabalho de projeção e interpretação.[390] Barthes acrescenta que também foi um trabalho de incorporação – Michelet, ele escreveu "de fato, comeu a história", assim como os cristãos comem o sangue e o corpo de seu salvador, e, sob esse aspecto, ambos se aproximam da morte e a transcendem.[391] Mais uma vez, eu ofereceria *la petite mort* como o termo oposto – a conjunção momentânea dos impulsos psíquicos de morte e vida. No entanto, Steedman sugere que "a vida acadêmica sedentária, confinada, febril, passada em estreita proximidade com livros e documentos encadernados em couro" significa que a infecção por antraz deixou Michelet doente de fato.[392]

A meu ver, o problema do arquivo não é que ele sistematize e preserve; são as práticas de leitura às quais os conteúdos são submetidos. A questão da representação, de maneira nenhuma peculiar aos acervos arquivísticos, ao mesmo tempo que nos salva da ameaça de estagnação também ameaça a integridade do que está ali. Eu gostaria de proteger o passado de sua apropriação pelos tipos errados de pessoa: aqueles que leem de forma literal, que estão surdos para as ressonâncias da linguagem, que recuperam conceitos críticos para os usos normativos e os que buscam confirmar suas identidades pela

---

bras.: Certeau, Michel de. *História e psicanálise*: Entre ciência e ficção. Belo Horizonte: Autêntica, 2011. p. 118.]

[390] Steedman. *Dust*, p. 38.

[391] Citado por Steedman. *Dust*, p. 27-28.

[392] Steedman. *Dust*.

localização de antepassados que são exatamente como eles. Meus maiores medos sobre meus próprios documentos são que eles sejam usados para provar algum argumento ideologicamente motivado, que nunca foi o meu, ou que as coisas que eu mais valorizo sejam banalizadas e que o trivial assuma uma importância imerecida. Eu preferia estar morta a mal interpretada. Por esse motivo, pensei em eliminar, da documentação que entreguei à Brown, os itens que considero mais suscetíveis a uma interpretação errônea. Por saber que história tem a ver com representação, quero controlar a minha própria.

Mas também entendo a futilidade de tentar exercer tal controle. É impossível prever quais, entre aqueles documentos, se prestarão a um uso indevido. Mais importante, meu impulso por controle contradiz meu compromisso com a crítica. Quando penso nos usos aos quais meus artefatos poderiam se prestar, torno-me o pior tipo de historiadora objetiva, insistindo no significado transparente do que está ali. Afinal, meu trabalho alcançou certa legitimidade no mundo da teoria feminista em que trafego; trata-se de uma legitimidade que quero preservada em meus termos. No entanto, a teoria que ele defende endossa a noção de que nenhum pensamento está imune à crítica, que a busca por conhecimento é um processo sem fim e, frequentemente, descontínuo, e que o futuro não pode estar vinculado ao, ou pelo, passado.

Derrida entendeu esse dilema enquanto esboçava planos para o Collège de Philosophie no início da década de 1980:

> A crítica mais impiedosa, a análise implacável de um poder de legitimação é sempre produzida em nome de um sistema de legitimação [...] Já sabemos que o interesse em pesquisas não legitimadas atualmente só encontrará seu caminho se, seguindo trajetórias ignoradas ou desconhecidas por qualquer poder institucional estabelecido, esta nova pesquisa *já estiver em andamento e prometer uma nova legitimidade* até que um dia, mais uma vez [...] e assim por diante. Também sabemos – quem não iria querer isto? – que se o Collège for criado com os recursos de que necessita e, acima de tudo, se sua vitalidade e riqueza um dia forem o que antevemos, então, ele, por sua vez, se tornará uma instância legitimadora que terá forçado muitas outras instâncias a levá-la em consideração.

É esta situação que deve ser continuamente analisada, hoje e amanhã, para evitar que o Collège seja isento de seu próprio trabalho analítico.[393]

Ao contrário de uma instituição educacional, que tem a tarefa de certificar seus formandos, um arquivo não tem responsabilidade sobre os usos que forem feitos dele. É óbvio que os arquivistas tentam impor ordem na massa de papéis que precisam processar, estabelecendo padrões de seleção, e assim, de inclusão e exclusão, mas eles não podem realmente controlar a imaginação dos pesquisadores ali sentados, inalando a poeira. Não são apenas os fragmentos loucos que atraem a atenção de uma pessoa, essas peças curiosas que dissipam o tédio da pesquisa acadêmica. São também as operações de nossas psiques – sempre disciplinadas de maneira incompleta – que nos vinculam a substitutos dos objetos perdidos em nossa infância, ou nos atraem a rompantes de paixão em formas que não compreendemos, ou nos levam a julgamentos que nem sempre são racionalmente defensáveis.[394]

Como podemos dar conta de nossa atração (ou repulsão) por acontecimentos, filosofias, personagens ou figuras de linguagem específicos? Não estou pedindo um teste psicanalítico como um pré-requisito a usuários de arquivos. A questão é que o arquivo é uma provocação; seu conteúdo oferece recursos inesgotáveis para pensar e repensar. Steedman coloca isso da seguinte maneira: "O Arquivo, então, é algo que, por meio da atividade cultural da História, pode se tornar um espaço potencial da Memória, um dos poucos campos da imaginação moderna em que um lugar duramente conquistado e construído com cuidado possa voltar a ser um espaço ilimitado, inesgotável".[395] Gosto da maneira como ela justapõe o lugar – um local físico definível (a Biblioteca John Hay, no caso dos Documentos da Teoria Feminista) – e o espaço – reino ilimitado da imaginação, em que nossos *selves* passados, presentes e futuros, e os dos outros

---

[393] Derrida, Jacques. *Eyes of the University*: Right to Philosophy 2. Tradução de Jan Plug *et al.* Stanford: Stanford University Press, 2004. p. 226-227.

[394] Jean Laplanche citado por Steedman. *Dust*, p. 77.

[395] Steedman. *Dust*, p. 83.

se intersectam imprevisivelmente. Não estou dizendo que tudo seja válido. É claro que existe disciplina, é impossível avançar em uma investigação sem ela, mas é a confrontação, o contraste de discursos – para voltar a Foucault por um momento – que provoca excitação e, assim, novo conhecimento. Como ele diz, o arquivo "é o que diferencia os discursos em sua existência múltipla e os especifica em sua duração própria".[396] Eu acrescentaria que o usuário dos arquivos é parte daquela mistura discursiva. O arquivo é um lugar que abre o espaço em que a crítica pode florescer.

Não existe nada de contraditório em abrigar teoria em um arquivo. O que faríamos sem os acervos de Kant, Hegel, Marx, os da Escola de Frankfurt, os de Simone de Beauvoir e dezenas de outros praticantes da crítica? Não apenas saberíamos menos sobre como e por que eles pensavam daquela maneira, mas seríamos privados dos detalhes práticos da articulação da crítica (quem eles leram e a quem escreveram; como eles qualificaram, expandiram ou mudaram suas ideias, e em que contextos políticos, sociais, econômicos e pessoais). E nos faltariam os recursos para investigar o lado afetivo de seus processos de pensamento. Acima de tudo, no entanto, perderíamos o material no qual a imaginação se desenvolve e por meio do qual ela se satisfaz. Nossa própria capacidade crítica se apraz não apenas ao seguir o exemplo deles, mas também ao saber mais sobre eles e depois criticar e ultrapassar o que fizeram.

Não podemos impedir os estúpidos de lerem nossos documentos, e certamente eles nos retratarão de maneiras que não podemos tolerar, mas a aposta que uma pessoa faz ao deixar os registros de uma vida (ou, por falar nisso, ao escrever um livro) comprometida com o pensamento crítico é de que alguns leitores serão levados a pensar como nós, ainda que de um jeito diferente. Se nossa própria morte é certa, damos à próxima geração de historiadores a oportunidade para *la petite mort* – o prazer extraordinário que resulta não só da exposição a ideias admiráveis e corajosas, atos transgressores e comportamento ousado e irreverente, mas também da necessidade

---

[396] Foucault. *Archaeology of Knowledge*, p. 129. [Ed. bras.: Foucault. *A arqueologia do saber*. p. 147.]

de se desconcertar sobre essas coisas para entendê-las na diferença de seus momentos históricos. Uma nova geração de acadêmicas nos lerá diferentemente? Elas sentirão a mesma empolgação que tanto comoveu Janet Malcolm e Elizabeth Weed? Sentirão o mesmo prazer, ou, na verdade, algum prazer sequer?

Por definição, o gozo é transitório. Assim sendo, é como a crítica. E, como a crítica, ele se repete (embora nunca da mesma maneira) se as circunstâncias estiverem corretas. Os arquivos – os livros também – não podem conter ou preservar o gozo, mas oferecem o material para sua a recorrência. No processo, não são apenas os pesquisadores que mudam, mudam também os materiais. O repositório de documentos, então, é qualquer coisa, menos uma seção de cartas não reclamadas. Em vez disso, é o lugar e o espaço de onde podem emanar, sem fim, novas ideias.

Referências

Abu-Lughod, Lila. Women and Islam: An Interview with Lila Abu-Lughod. Entrevista concedida a Nermeen Shaikh. *Asia Source*, fev. 2002. Disponível em http://www.ciaonet.org/wps/ablo2/index.html. Acesso em: nov. 2011.

Adams, Parveen; Cowie, Elizabeth (eds.). *The Woman in Question*: *m/f*. Cambridge: MIT Press, 1990.

Adams, Parveen; Minson, Jeffrey. The "Subject" of Feminism. *In*: Adams, Parveen; Cowie, Elizabeth (eds.). *The Woman in Question*. Cambridge: MIT Press, 1990. p. 81-101.

Addams, Jane; Balch, Emily G.; Hamilton, Alice. *Women at the Hague*: The International Congress of Women and Its Results. 1915. New York: Garland, 1972.

Agrama, Hussein Ali. Secularism, Sovereignty, Indeterminacy: Is Egypt a Secular or a Religious State?. *Comparative Studies in Society and History*, v. 52, n. 3, p. 495-523, 2010.

Althusser, Louis. Ideology and Ideological State Apparatuses. *In*: *Lenin and Philosophy, and Other Essays*. Tradução de Ben Brewster. New York: Monthly Review Press, 1972. p. 127-188.

Anderson, Benedict. *Comunidades imaginadas*: Reflexões sobre a origem e a difusão do nacionalismo. São Paulo: Companhia das Letras, 2008.

Anderson, Benedict. *Imagined Communities*: Reflections on the Origin and Spread of Nationalism. London: Verso, 1983.

Anderson, Bonnie S. *Joyous Greetings*: The First International Women's Movement, 1830-1860. New York: Oxford University Press, 2000.

Antrobus, Peggy. *The Global Women's Movement*: Origins, Issues, and Strategies. London: Zed, 2004.

Asad, Talal. *Formations of the Secular*: Christianity, Islam, Modernity. Stanford: Stanford University Press, 2003.

Asad, Talal. *On Suicide Bombing*. New York: Columbia University Press, 2007.

Bachelot, Roselyne; Fraisse, Geneviève. *Deux femmes au royaume des hommes*. Paris: Hachette, 1999.

Banner, Lois; Hartman, Mary S. (eds.). *Clio's Consciousness Raised*: New Perspectives on the History of Women, Sex and Class in Women's History. New York: Harper and Row, 1974.

Bard, Christine. *Les filles de Marianne*: histoire des féminismes 1914-1940. Paris: Fayard, 1995.

Bard, Christine. *Les filles de Marianne*: histoire des féminismes 1914-1940. Paris: Fayard, 1995.

Bassin, Donna; Honey, Margaret; Kaplan, Meryle Mahrer (eds.). *Representations of Motherhood*. New Haven: Yale University Press, 1994.

Baudrillard, Jean. *Seduction*. Tradução de Brian Singer. New York: St. Martin's, 1990.

Beauvoir, Simone de. *O segundo sexo*. 2 v. São Paulo: Difel, 1970.

Beauvoir, Simone de. *O segundo sexo*. 2 v. São Paulo: Difel, 1970.

Beauvoir, Simone de. *The Second Sex*. Tradução de H. M. Parshley. New York: Random House, 1974.

Bernheim, Charles; Kahane, Claire (eds.). *In Dora's Case: Freud, Hysteria, Feminism*. Nova York: Columbia University Press, 1985.

Boris, Eileen. The Power of Motherhood: Black and White Activist Women Redefine the "Political". *Yale Journal of Law and Feminism*, v. 2, p. 25-49, 1989.

Bouzar, Dounia; Kada, Saïda. *L'une voilée, l'autre pas*: Le témoinage de deux musulmanes françaises. Paris: Albin Michel, 2003.

Bowen, John R. *Why the French Don't Like Headscarves*: Islam, the State, and Public Space. Princeton: Princeton University Press, 2006.

Braun, Lily. *Memoiren einer Sozialistin*: Lehrjahre. Berlin: Hermann Klemm, 1923. (Gesammelte Werke, v. 2.)

Brown, Wendy. *Politics out of History*. Princeton: Princeton University Press, 2001.

REFERÊNCIAS

Brown, Wendy. *States of Injury*: Power and Freedom in Late Modernity. Princeton: Princeton University Press, 1995.

Brown, Wendy. Tolerance and Equality: "The Jewish Question" and "the Woman Question". *In*: Scott, Joan Wallach; Keates, Debra (eds.). *Going Public*: Feminism and the Shifting Boundaries of the Private Sphere. Urbana: University of Illinois Press, 2004. p. 15-42.

Brown, Wendy. Women's Studies Unbound: Revolution, Mourning, Politics. *Parallax*, v. 9, n. 2, p. 3-16, 2003.

Brown, Wendy; Halley, Janet (eds.). Left Legalism/Left Critique. Durham: Duke University Press, 2002.

Burke, Peter. Freud and Cultural History. *Psychoanalysis and History*, v. 9, n. 1, p. 5-15, 2007.

Butler, Judith. *A vida psíquica do poder*: Teorias da sujeição. Belo Horizonte: Autêntica, 2017.

Butler, Judith. *Bodies That Matter*: On the Discursive Limits of "Sex". New York: Routledge, 1993.

Butler, Judith. *Corpos que importam*: Os limites discursivos do "sexo". São Paulo: n-1; Crocodilo, 2019.

Butler, Judith. *Gender Trouble*: Feminism and the Subversion of Identity. New York: Routledge, 1990.

Butler, Judith. *Problemas de gênero*: Feminismo e subversão da identidade. Rio de Janeiro: Civilização Brasileira, 2003.

Butler, Judith. *Problemas de gênero*: Feminismo e subversão da identidade. Rio de Janeiro: Civilização Brasileira, 2018.

Butler, Judith. *The Psychic Life of Power*: Theories in Subjection. Stanford: Stanford University Press, 1997.

Butler, Judith. *Undoing Gender*. New York: Routledge, 2004.

Butler, Judith; Weed, Elizabeth (eds.). *The Question of Gender*: Engaging with Joan W. Scott's Critical Feminism. Bloomington: Indiana University Press, 2012.

Caton, Steven C. *Lawrence of Arabia*: A Film's Anthropology. Berkeley: University of California Press, 1999.

Caton, Steven C. The Sheik. *In*: Edwards, Holly (ed.). *Noble Dreams, Wicked Pleasures*: Orientalism in America, 1870-1930. Princeton: Princeton University Press, 2000. p. 99-117.

Certeau, Michel de. *A escrita da História*. Rio de Janeiro: Forense, 2015.

Certeau, Michel de. *Heterologies*: Discourse on the Other. Tradução de Brian Massumi. Minneapolis: University of Minneapolis Press, 1996.

Certeau, Michel de. *História e psicanálise*: Entre ciência e ficção. Belo Horizonte: Autêntica, 2011. p. 118.

Certeau, Michel de. *The Writing of History*. Tradução de Tom Conley. New York: Columbia University Press, 1988.

Chafiq, Chahla; Khosrokhavar, Farhad. *Femmes sous le voile face à la loi islamique*. Paris: Félin, 1995.

Chakrabarty, Dipesh. *Provincializing Europe*: Postcolonial Thought and Historical Difference. Princeton: Princeton University Press, 2000.

Chodorow, Nancy J. *The Power of Feelings: Personal Meaning in Psychoanalysis, Gender and Culture*. New Haven: Yale University Press, 1999.

Chouder, Ismahane; Latrèche, Malika; Tevanian, Pierre. *Les filles voilées parlent*. Paris: La Fabrique, 2008.

Christ, Carol. Victorian Masculinity and the Angel in the House. *In*: Vicinus, Martha (ed.). *A Widening Sphere*: Changing Roles of Victorian Women. Bloomington: Indiana University Press, 1977. p. 146-162.

Clancy-Smith, Julia. Islam, Gender, and Identities in the Making of French Algeria, 1830-1962. *In*: Clancy-Smith, Julia; Gouda, Frances (eds.). *Domesticating the Empire*: Race, Gender, and Family Life in French and Dutch Colonialism. Charlottesville: University of Virginia Press, 1998. p. 154-174.

Cobb, Richard. *Les armées révolutionnaires*: instrument de la terreur dans les départements, avril 1793 – Floréal an II. Paris: Mouton, 1961-1963.

Collingwood, R. G. *A ideia de história*. Lisboa: Presença, 1972.

Collingwood, R. G. *The Idea of History*. New York: Oxford University Press, 1956.

Conseil d'Etat. *Réflexions sur la laïcité*. Paris: Conseil d'Etat, 2004.

Copjec, Joan. Cutting Up. *In*: Brennan, Teresa (ed.). *Between Feminism and Psychoanalysis*. New York: Routledge, 1989. p. 227-246.

Copjec, Joan. *Read My Desire*: Lacan against the Historicists. Cambridge: MIT Press, 1996.

Corbin, Alain. Faites galant. *L'Express*, 7 dez. 2006.

Cott, Nancy. *The Grounding of Modern Feminism*. New Haven: Yale University Press, 1987.

Cowell, Alan. *In*: "Hidden Vote" for Le Pen, French Bared Growing Discontent. *New York Times*, 3 maio 2002.

REFERÊNCIAS

Davis, Natalie Zemon. "Women's History" in Transition: The European Case. *Feminist Studies*, v. 3, n. 3-4, p. 83-103, 1976.

Deroin, Jeanne. *Almanach des femmes*, pour 1853. London: J. Watson, 1853.

Deroin, Jeanne. Compte-rendu du résultat de notre appel aux électeurs. *L'opinion des femmes*, [suplemento] n. 4, 7 maio 1849.

Derrida, Jacques. *Archive Fever*: A Freudian Impression. Tradução de Eric Prenowitz. Chicago: University of Chicago Press, 1996.

Derrida, Jacques. *Eyes of the University*: Right to Philosophy 2. Tradução de Jan Plug *et al.* Stanford: Stanford University Press, 2004.

Derrida, Jacques. *Mal de arquivo*: uma impressão freudiana. Rio de Janeiro: Relume Dumará, 2001.

Derrida, Jacques. Women in the Beehive: A Seminar. *In*: Jardine, Alice; Smith, Paul. *Men in Feminism*. New York: Methuen, 1987. p. 189-203.

Deschaumes, Ghislaine Glasson; Slapsak, Svetlana (eds.). *Femmes des Balkans pour la paix*: itinéraires d'une militante à travers les frontières. Paris: Transeuropéenes; RCE, 2002.

Dosse, François. *História do estruturalismo*. 2 v. Bauru: Edusc, 2007.

Dosse, François. *History of Structuralism*. 2 v. Minneapolis: University of Minnesota Press, 1997.

Duparc, François. *L'image sur le divan*. Paris: L'Harmattan, 1995.

Duparc, François. Secondary Revision. *In*: Mijolla, Alain de. *International Dictionary of Psychoanalysis*. Framington Hills, MI.: Thomson Gale, 2005. v. 3, p. 1558-1560.

Eley, Geoff; Suny, Ronald G. (eds.). *Becoming National*. New York: Oxford University Press, 1996.

Engelstein, Laura. Culture, Culture Everywhere: Interpretations of Modern Russia, across the 1991 Divide. *Kritika*, v. 2, n. 2, p. 363-393, 2001.

Eribon, Didier. *Echapper à la psychanalyse*. Paris: Léo Scheer, 2005.

Eribon, Didier. *Hérésies*: Essais sur la théorie de la sexualité. Paris: Fayard, 2003.

European Court of Human Rights. Grand Chamber Judgment. *Leyla Sahin v. Turkey*.Dissenting opinion of Judge Tulkens. 2005.

Evans, Dylan. *An Introductory Dictionary of Lacanian Psychoanalysis*. London: Routledge, 1996.

Fanon, Frantz. Algeria Unveiled. *In*: *A Dying Colonialism*. Tradução de Haakon Chevalier. New York: Grove, 1965. p. 35-67.

Fassin, Éric. L'empire du genre. L'histoire politique ambiguë d'un outil conceptuel. *L'homme*, n. 187-188, p. 375-392, juil./déc. 2008.

Fassin, Éric. National Identities and Transnational Intimacies: Sexual Democracy and the Politics of Immigration in Europe. *Public Culture*, v. 22, n. 3, p. 507-529 2010.

Fassin, Éric. The Rise and Fall of Sexual Politics. A Transatlantic Comparison. *Public Culture*, v. 18, n. 1, p. 79-92, 2006.

Fernando, Mayanthi. Reconfiguring Freedom: Muslim Piety and the Limits of Secular Public Discourse and Law. *American Ethnologist*, v. 37, n. 1, p. 19-35. 2010.

Ferree, Myra Marx; Tripp, Aili Mari (eds.). *Global Feminism*: Transnational Women's Activism, Organizing, and Human Rights. New York: New York University Press, 2006.

Fink, Bruce. *The Lacanian Subject*: Between Language and Jouissance. Princeton: Princeton University Press, 1995.

Flynn, Thomas. Foucault's Mapping of History. *In*: Gutting, Gary (ed.). *The Cambridge Companion to Foucault*. Cambridge: Cambridge University Press, 1994. p. 28-46.

Forum on Transnational Sexualities. *American Historical Review*, v. 114, n. 4, p. 1250-1353, 2009.

Foucault, Michel. *A arqueologia do saber*. Rio de Janeiro: Forense Universitária, 2008. p. 146.

Foucault, Michel. *As palavras e as coisas*. São Paulo: Martins Fontes, 1999.

Foucault, Michel. *Foucault Live: Interviews*, 1966-84. Edição de Sylvère Lotringer. Tradução de John Johnston. New York: Semiotext(e), 1989.

Foucault, Michel. Michel Foucault explica seu último livro. *In*: *Ditos e escritos: arqueologia das ciências e história dos sistemas de pensamento*. Rio de Janeiro: Forense Universitária, 2000. v. 2. p. 145.

Foucault, Michel. *The Archaeology of Knowledge*. Tradução de A. M. Sheridan Smith. New York: Harper and Row, 1972.

Foucault, Michel. *The Order of Things*: An Archaeology of the Human Sciences. New York: Vintage, 1994.

Freud, Sigmund. "A Child Is Being Beaten": A Contribution to the Study of the Origin of Sexual Perversions. *In*: *The Standard Edition of the Com-*

REFERÊNCIAS

plete Psychological Works of Sigmund Freud. Tradução de James Strachey *et al*. London: The Hogarth Press, 1995. v. 17, p. 175-203.

Freud, Sigmund. "Bate-se numa criança": contribuição para o estudo da origem das perversões sexuais. *In: Neurose, psicose, perversão*. Belo Horizonte: Autêntica, 2016, p. 123-156.

Freud, Sigmund. Construções na análise. *In: Fundamentos da clínica psicanalítica*. 2. ed. Tradução de Claudia Dornbusch. Belo Horizonte: Autêntica, 2023. p. 365-381.

Freud, Sigmund. Constructions in Analysis. *In: The Standard Edition of the Complete Psychological Works of Sigmund Freud*. Tradução de James Strachey *et al*. London: The Hogarth Press, 1995. v. 23, p. 255-270.

Freud, Sigmund. Creative Writers and Day-Dreaming. *In: The Standard Edition of the Complete Psychological Works of Sigmund Freud*. Tradução de James Strachey *et al*. London: The Hogarth Press, 1995. v. 9, p. 141-154.

Freud, Sigmund. Luto e melancolia. *In: Neurose, psicose, perversão*. Tradução de Maria Rita Salzano Moraes. Belo horizonte: Autêntica, 2016. p. 99-122.

Freud, Sigmund. Mourning and Melancholia. *In: The Standard Edition of the Complete Psychological Works of Sigmund Freud*. Tradução de James Strachey *et al*. London: The Hogarth Press, 1995. v. 14, p. 243-258.

Freud, Sigmund. O poeta e o fantasiar. *In: Arte, literatura e os artistas*. Belo Horizonte: Autêntica, 2015. p. 53-66.

Gaspard, Françoise. Les Femmes dans les relations internationales. *Politique Étrangère*, v. 3, n. 4, p. 731-741, 2000.

Gearhart, Suzanne. Reply to Stephen Greenblatt. *New Literary History*, v. 28, n. 3, p. 483-485, 1997.

Gearhart, Suzanne. The Taming of Foucault: New Historicism, Psychoanalysis and the Subversion of Power. *New Literary History*, v. 28, n. 3, p. 457-480, 1997.

Geertz, Clifford. O mundo em pedaços: Cultura e política no fim do século. *In: Nova luz sobre a Antropologia*. Rio de Janeiro: Jorge Zahar, 2001. p. 191-228.

Geertz, Clifford. The World in Pieces: Culture and Politics at the End of the Century. *In: Available Light*: Anthropological Reflections on Philosophical TopicsPrinceton: Princeton University Press, 2000. p. 218-263.

Göle, Nilüfer. Interpénétrations: L'Islam et l'Europe. Paris: Galaade, 2005.

Gordon, Lewis; Sharpley-Whiting, T. D.; White, Renée (eds.). *Fanon*: A Critical Reader. Cambridge, MA: Wiley-Blackwell, 1996.

Gouges, Olympe de. *Déclaration des droits de la femme et de la citoyenne*. Paris, 1791.

Grewal, Inderpal. *Transnational America*: Feminisms, Diasporas, Neoliberalisms. Durham: Duke University Press, 2005.

Grogan, Susan K. *French Socialism and Sexual Difference*: Women and the New Society, 1803-44. London: Macmillan, 1992.

Gullickson, Gay. *Unruly Women of Paris*: Images of the Commune. Ithaca: Cornell University Press, 1996.

Gutting, G. (ed.). *The Cambridge Companion to Foucault*. Cambridge: Cambridge University Press, 1994.

Gutwirth, Madelyn. The Twilight of the Goddesses: Women and Representation in the French Revolutionary Era. New Brunswick, NJ: Rutgers University Press, 1992.

Habib, Claude. *Consentement Amoureux*. Paris: Hachette, 1998.

Habib, Claude. *Galanterie française*. Paris: Gallimard, 2006.

Haraway, Donna J. *Simians, Cyborgs, and Women*: The Reinvention of Nature. New York: Routledge, 1991.

Higginbotham, Evelyn Brooks. African-American Women's History and the Metalanguage of Race. *In*: Scott, Joan Wallach (ed.). *Feminism and History*. Oxford: Oxford University Press, 1996. p. 183-208.

Hobsbawm, Eric J.; Ranger, Terence O. (eds.). *The Invention of Tradition*. Cambridge: Cambridge University Press, 1983.

Hobsbawm, Eric; Ranger, Terence (orgs.). *A invenção das tradições*. Rio de Janeiro: Paz e Terra, 1997.

Hollander, John. *The Figure of Echo*: A Mode of Allusion in Milton and After. Berkeley: University of California Press, 1981.

Homer, Sean. The Frankfurt School, the Father and the Social Fantasy. *New Formations*, v. 38, p. 78-90, Summer 1999.

Hunt, Lynn. *The Family Romance of the French Revolution*. Berkeley: University of California Press, 1992.

Huntington, Samuel P. *The Clash of Civilizations and the Remaking of World Order*. New York: Simon and Schuster, 1996.

Irigaray, Luce. The Bodily Encounter with the Mother. *In*: Whitford, Margaret (ed.). *The Irigaray Reader*. Tradução de David Macy. Oxford: Blackwell, 1991. p. 34-46.

Jakobsen, Janet R.; Pellegrini, Ann (eds.). *Secularisms*. Durham: Duke University Press, 2008.

Jakobsen, Janet R.; Pellegrini, Ann. *Love the Sin*: Sexual Regulation and the Limits of Religious Tolerance. New York: New York University Press, 2003.

Jardine, Alice; Smith, Paul (eds.). *Men in Feminism*. New York: Methuen, 1987.

Julliard, Jacques. Editorial. *Le Nouvel Observateur*, 2-8 jan. 1997.

Kastoryano, Riva. Religion and Incorporation: Islam in France. New York, February 2009. [Unpublished paper presented at the Annual Meeting of the International Studies Association.]

Keates, Debra. Sexual Difference. *In*: Wright, Elizabeth. Feminism and Psychoanalysis: A Critical Dictionary. Oxford: Basil Blackwell, 1992. Khanna, Ranjana. Dark Continents: Psychoanalysis and Colonialism. Durham: Duke University Press, 2003. p. 402-405.

Kesic, Vesna. Response to Catherine [sic] MacKinnon's article "Turning Rape into Pornography: Postmodern Genocide". *Hastings Women's Law Journal*, n. 5, p. 267-280, 1994.

Knott, Sarah; Taylor, Barbara (eds.). *Women, Gender, and Enlightenment*. Hampshire: Palgrave Macmillan, 2005.

Kristeva, Julia. Stabat Mater. *In*: Moi, Toril (ed.). *The Kristeva Reader*. Tradução de Leon S. Roudiez. New York: Columbia University Press, 1986. p. 160-186.

Lacan, Jacques. *Desire and the Interpretation of Desire in Hamlet*. Yale French Studies, n. 55-56, 1977.

Lacan, Jacques. *O Seminário*: Livro 7, A ética em psicanálise. Rio de Janeiro: Jorge Zahar, 2008. p. 175.

Lacan, Jacques. *On Feminine Sexuality*: The Limits of Love and Knowledge. Traduçao de Bruce Fink. New York: W. W. Norton, 1998.

Lacan, Jacques. Subversion of the Subject and the Dialectic of Desire in the Freudian Unconscious. *In*: *Ecrits*. Tradução de Alan Sheridan. New York: W. W. Norton, 1977. p. 292-324.

Lacan, Jacques. *The Ethics of Psychoanalysis, 1959-1960*. Tradução de Dennis Porter. New York: W. W. Norton, 1992.

Lacan, Jacques. *The Four Fundamental Concepts of Psycho-Analysis*. New York: W. W. Norton, 1981.

Lacan, Jacques. The Signification of the Phallus. *In*: *Écrits*. Tradução de Alan Sheridan. Nova York: W. W. Norton, 1977, p. 281-291.

Lacan, Jacques. The Signification of the Phallus. *In*: Lacan, Jacques. *Ecrits*. Tradução de Alan Sheridan. New York: W. W. Norton, 1977. p. 281-291.

Laclos, Choderlos de. *Les liaisons dangereuses*. Tradução de Douglas Parmée. Oxford: Oxford University Press, 2008.

Lairtullier, E. *Les femmes célèbres de 1789 à 1795*: et leur influence dans la révolution, pour servir de suite et de complément à toutes les histoires de la révolution française. 2 v. Paris, 1840.

Langer, William L. The Next Assignment. *American Historical Review*, v. 63, n. 2, p. 283-304, 1958.

Laplanche, Jean. *Life and Death in Psychoanalysis*. Baltimore: Johns Hopkins University Press, 1976.

Laplanche, Jean. *New Foundations for Psychoanalysis*. Tradução de David Macey. London: Basil Blackwell, 1989.

Laplanche, Jean. *Novos fundamentos para a psicanálise*. São Paulo: Martins Fontes, 1992.

Laplanche, Jean. *Novos fundamentos para a psicanálise*. São Paulo: Martins Fontes, 1992.

Laplanche, Jean; Pontalis, Jean-Bertrand. Fantasy and the Origins of Sexuality. *In*: Burgin, Victor; Donald, James; Kaplan, Cora. *Formations of Fantasy*. London: Routledge, 1986. p. 5-34.

Laplanche, Jean; Pontalis, Jean-Bertrand. *The Language of Psycho-analysis*. Tradução de Donald Nicholson-Smith. New York: W. W. Norton, 1974.

Laqueur, Thomas. *Inventando o sexo*: Corpo e gênero dos gregos a Freud. Rio de Janeiro: Relume Dumará, 2001.

Laqueur, Thomas. *Making Sex*: Body and Gender from the Greeks to Freud. Cambridge: Harvard University Press, 1990.

Lazreg, Marnia. *The Eloquence of Silence*: Algerian Women in Question. New York: Routledge, 1994.

Lepore, Jill. The Iceman. *New Yorker*, 25 jan. 2010. p. 24-30.

Levy, Darlene; Applewhite, Harriet; Johnson, Mary (eds.). *Women in Revolutionary Paris, 1789-1795*. Urbana: University of Illinois Press, 1979.

Lewis, Bernard. *The Revolt of Islam*. New Yorker, 19 nov. 2001.

Loewenberg, Peter. *Decoding the Past*: The Psychohistorical Approach. New York: Alfred Knopf, 1983.

Loewenberg, Peter. *Fantasy and Reality in History*. New York: Oxford University Press, 1995.

Mack, Phyllis. Religion, Feminism, and the Problem of Agency: Reflections on Eighteenth-Century Quakerism. *In*: Knott, Sarah; Taylor Barbara. Women, Gender, and Enlightenment. Hampshire: Palgrave Macmillan, 2005. p. 434-459.

MacKinnon, Catharine A. Through the Bosnian Lens. *In*: *Are Women Human? And Other International Dialogues*. Cambridge: Harvard University Press, 2006. p. 141-236.

Mahmood, Saba. *Politics of Piety*: The Islamic Revival and the Feminist Subject. Princeton: Princeton University Press, 2005.

Majid, Anouar. The Politics of Feminism in Islam. *Signs*, v. 23, n. 2, 1998, p. 322-361.

Malcolm, Janet. J'appelle un chat un chat. *New Yorker*, p. 84-102, 27 abr.1978.

Manuel, Frank. The Use and Abuse of Psychoanalysis for History. *Daedalus*, v. 100, n. 1, p. 187-213, 1971.

Mathews, Donald G.; De Hart, Jane Sherron. *Sex, Gender, and the Politics of the era*: A State and the Nation. New York: Oxford University Press, 1990.

McGoldrick, Dominic. *Human Rights and Religion*: The Islamic Debate in Europe. Portland, OR: Hart, 2006.

Modleski, Tania. *Feminism without Women*: Culture and Criticism in a Postfeminist Age. New York: Routledge, 1991.

Moghadam, Valentine. *Globalizing Women*: Transnational Feminist Networks. Baltimore: Johns Hopkins University Press, 2005.

Mohanty, Chandra Talpade. *Feminism without Borders*: Decolonizing Theory, Practicing Solidarity. Durham: Duke University Press, 2003.

Morgan, Robin (ed.). *Sisterhood Is Global*: The International Women's Movement Anthology. New York: Feminist Press, 1996.

Najmabadi, Afsaneh. Gender and the Sexual Politics of Public Visibility in Iranian Modernity. *In*: Scott, Joan Wallach; Keates, Debra. *Going Public*: Feminism and the Shifting Boundaries of the Private Sphere. Urbana: University of Illinois Press, 2004. p. 43-68.

Najmabadi, Afsaneh. Teaching and Research in Unavailable Intersections. *differences*, v. 9, n. 3, p. 65-78, 1997.

Najmabadi, Afsaneh. *Women with Mustaches and Men without Beards*: Gender and Sexual Anxieties of Iranian Modernity. Berkeley: University of California Press, 2005.

Nikolchina, Miglena. *Matricide in Language*: Writing Theory in Kristeva and Woolf. New York: Other Press, 2004.

Nikolchina, Miglena. The Seminar: Mode d'emploi. *differences*, v. 13, n. 1, p. 96-127, 2002.

Nikolchina, Miglena. Translating Gender: The Bulgarian Case. *In*: Braidotti, Rosi. *The Making of European Women's Studies*. Utrecht, NL: Athena, 2001. p. 92-94.

Nouvet, Claire. An Impossible Response: The Disaster of Narcissus. *Yale French Studies*, n. 79, p. 103-134, 1991.

Nussbaum, Martha. *Women and Human Development*: The Capabilities Approach. Cambridge: Cambridge University Press, 2001.

Ovídio. *Metamorphoses*. Edição de G. P. Goold. Tradução de Frank Justus Miller. Cambridge: Cambridge University Press, 1977.

Ozouf, Mona. A propos du "Consentement Amoureux": les douces lois de l'attraction. *Le Nouvel Observateur*, 26 nov. 1998.

Ozouf, Mona. *Les mots des femmes*: essai sur la singularité française. Paris: Gallimard, 1995.

Ozouf, Mona. Un essai de Claude Habib: séduire est-il un art français?. *Le Nouvel Observateur*, 9 nov. 2006.

Pargellis, Stanley (ed.). *The Quest for Political Unity in World History*. v. 3. Washington: US Government Printing Office, 1944. [Annual Report of the American Historical Association for the Year 1942.]

Pargellis, Stanley. Carta para Dorothy Ganfield Fowler. 6 mar. 1942. Papers of the Berkshire Conference of Women Historians, Schlesinger Library, MC 267, Radcliffe College, Harvard University.

Parker, Harold T. Review Essay: A Methodological Gem. *Journal of Urban History*, v. 2, n. 3, p. 373-376, 1976.

Pateman, Carole. *The Sexual Contract*. London: Polity, 1988.

Pelletier, Madeleine. *La femme en lutte pour ses droits*. Paris, 1908.

Pelletier, Madeleine. *La femme vierge*. Paris: Valentin Bresle, 1933.

REFERÊNCIAS

Platão. *Fedro ou da beleza*. Tradução de Pinharanda Gomes. 6. ed. Lisboa: Guimarães Editores, 2000.

Platão. *Phaedrus*, p. 57. [Ed. port.: Platão. *Fedro ou da beleza*. Tradução de Pinharanda Gomes. 6. ed. Lisboa: Guimarães Editores, 2000.]

Plato. *Phaedrus*. Tradução de R. Hackforth. Cambridge: Cambridge University Press, 1952.

Raynaud, Philippe. Les femmes et la civilité: aristocratie et passions révolutionnaires. *Le Débat*, p. 180-185, nov./dec. 1989.

Readings, Bill. *The University in Ruins*. Cambridge: Harvard University Press, 1996.

Riley, Denise. *Am I That Name?* Feminism and the Category of "Women" in History. London: Macmillan, 1988.

Riley, Denise. *The Words of Selves*: Identification, Solidarity, Irony. Stanford: Stanford University Press, 2000.

Riot-Sarcey, Michèle. *La démocratie à l'épreuve des femmes*: trois figures critiques du pouvoir, 1830-1848. Paris: Albin Michel, 1994.

Rivière, Joan. Womanliness as a Masquerade. *International Journal of Psychoanalysis*, v. 8, n. 303-313, 1927.

Rooney, Ellen (ed.). Discipline and Vanish: Feminism, the Resistance to Theory, and the Politics of Cultural Studies. *differences*, v. 2, n. 3, p. 14-28, 1990.

Rooney, Ellen (ed.). *The Cambridge Companion to Feminist Literary Theory*. Cambridge: Cambridge University Press, 2006.

Rose, Jacqueline. *States of Fantasy*. Oxford: Oxford University Press, 1996.

Rosanvallon, Pierre. *Le modèle politique français*: la société civile contre le jacobinisme de 1789 à nos jours. Paris: Seuil, 2004.

Rubin, Gayle. O tráfico de mulheres. Notas sobre a "economia política" do sexo In: *Políticas do sexo*. São Paulo: Ubu, 2017, p. 9-61.

Rubin, Gayle. The Traffic in Women: Notes on the "Political Economy" of Sex. *In*: Reiter, Rayna R. *Toward an Anthropology of Women*. New York: Monthly Review Press, 1975. p. 157-210.

Rupp, Leila. *Worlds of Women*: The Making of an International Women's Movement. Princeton: Princeton University Press, 1997.

Salecl, Renata. *The Spoils of Freedom*: Psychoanalysis and Feminism after the Fall of Socialism. London: Routledge, 1994.

Sands, Kathleen. Feminisms and Secularisms. *In*: Jakobsen, Janet R.; Pellegrini, Ann. *Secularisms*. Durham: Duke University Press, 2008. p. 308-329.

Scott, Anne Firor; Evans, Sara M.; Cahn, Susan K.; Faue, Elizabeth. Women's History in the New Millennium: A Conversation across Three Generations. Part I. *Journal of Women's History*, v. 11, n. 1, 9-30, 1999a.

Scott, Anne Firor; Evans, Sara M.; Cahn, Susan K.; Faue, Elizabeth. Women's History in the New Millennium: A Conversation across Three Generations. Part II. *Journal of Women's History*, v. 11, n. 2, p. 199-220, 1999b.

Scott, Joan Wallach (ed.). *Women's Studies on the Edge*. Durham: Duke University Press, 2009.

Scott, Joan Wallach. Fantasy Echo: History and the Construction of Identity. *Critical Inquiry*, v. 27, Winter, 2001.

Scott, Joan Wallach. *Feminism and History, Oxford Readings in Feminism*. Oxford: Oxford University Press, 1996.

Scott, Joan Wallach. Finding Critical History. *In*: Banner, James; Gillis, John. *Becoming Historians*. Chicago: University of Chicago Press, 2009. p. 26-53.

Scott, Joan Wallach. *Gender and the Politics of History*. New York: Columbia University Press, 1988.

Scott, Joan Wallach. Gender: A Useful Category of Historical Analysis. *American Historical Review*, v. 91, n. 5, 1053-1075, 1986.

Scott, Joan Wallach. Gênero: uma categoria útil de análise histórica. *Educação & Realidade*. Porto Alegre, v. 20, n. 2, p. 71-99, jul./dez. 1995.

Scott, Joan Wallach. Multiculturalism and the Politics of Identity. *In*: Rajchman, John. *The Identity in Question*. New York: Routledge, 1995. p. 3-12.

Scott, Joan Wallach. *Only Paradoxes to Offer*: French Feminists and the Rights of Man. Cambridge: Harvard University Press, 1996.

Scott, Joan Wallach. *Parité*: Sexual Equality and the Crisis of French Universalism. Chicago: University of Chicago Press, 2005.

Scott, Joan Wallach. *The Glassworkers of Carmaux*: French Craftsmen and Political Action in a Nineteenth-Century City. Cambridge: Harvard University Press, 1974.

REFERÊNCIAS

Scott, Joan Wallach. *The Politics of the Veil*. Princeton: Princeton University Press, 2007.

Scott, Joan Wallach; Kaplan, Cora; Keates, Debra (eds.). *Transitions, Environments, Translations*: Feminism in International Politics. New York: Routledge, 1997.

Scott, Joan Wallach; Keates, Debra (eds.). *Going Public*: Feminism and the Shifting Boundaries of the Private Sphere. Bloomington: Indiana University Press, 2005.

Segal, Hanna. *Introduction to the Work of Melanie Klein*. Nova York: Basic, 1964.

Segal, Naomi. Echo and Narcissus. *In*: Brennan, Teresa. *Between Feminism and Psychoanalysis*. New York: Routledge, 1989. p. 168-185.

Serrière, Michèle. Jeanne Deroin. *In*: *Femmes et travail*. Paris: Martinsart, 1981.

Shepard, Todd. *The Invention of Decolonization*: The Algerian War and the Remaking of France. Ithaca: Cornell University Press, 2006.

Shepherdson, Charles. *Vital Signs*: Nature, Culture, and Psychoanalysis. New York: Routledge, 2000.

Silverstein, Paul. *Algeria in France*: Transpolitics, Race, and Nation. Bloomington: Indiana University Press, 2004.

Slama, Béatrice. Écrits de femmes pendant la révolution. *In*: Brive, Marie-France (ed.). *Les femmes et la révolution française*: actes du colloque international. 12-13-14 avril 1989, 2 v. Toulouse, France: Presses universitaires du Mirail, 1989. p. 2291-2306.

Smith-Rosenberg, Carroll. The Female World of Love and Ritual: Relations between Women in Nineteenth-Century America. *Signs*, v. 1, n. 1, p. 1-29, 1975.

Snitow, Ann. A Gender Diary. *In*: Hirsch, Marianne; Keller, Evelyn Fox (eds.). *Conflicts in Feminism*. London: Routledge, 1990. p. 9-43.

Snitow, Ann; Stansell, Christine; Thompson, Sharon (eds.). *Powers of Desire*: The Politics of Sexuality. New York: Monthly Review Press, 1983.

Souffrant, Eddy. To Conquer the Veil: Woman as a Critique of Liberalism. *In*: Gordon, Lewis; Sharpley-Whiting, T. D.; White, Renée (eds.). *Fanon*: A Critical Reader. Cambridge, MA: Wiley-Blackwell, 1996.

Steedman, Carolyn. *Dust*: The Archive and Cultural History. New Brunswick, NJ: Rutgers University Press, 2002.

Stites, Richard. *The Women's Liberation Movement in Russia*: Feminism, Nihilism, and Bolshevism, 1860-1930. Princeton: Princeton University Press, 1978.

Surkis, Judith. Carnival Balls and Penal Codes: Body Politics in July Monarchy France. *History of the Present*, v. 1, n. 1, p. 59-83, 2011.

Taylor, Charles. *A Secular Age*. Cambridge: Harvard University Press, 2007.

Tešanović, Jasmina. *Me and My Multicultural Street*. Belgrado: Feministicka, 2001.

Tocqueville, Alexis de. *Souvenirs*. Paris: Gallimard, 1964.

Tsing, Anna Lowenhaupt. Transitions as Translations. *In*: Scott, Joan Wallach; Kaplan, Cora; Keates, Debra. *Transitions, Environments, Translations*: Feminism in International Politics. New York: Routledge, 1997. p. 253-272.

Vance, Carole S. (ed.). *Pleasure and Danger*. New York: Routledge, 1984.

Viennot, Éliane (ed.). *La démocratie à la française ou les femmes indésirables*. Paris: Cahiers du cedref, 2002.

Viennot, Éliane (ed.). *La France, les femmes, et le pouvoir*. 2 v. Paris: Perrin, 2006; 2008.

Walton, Jean. *Fair Sex, Savage Dreams*: Race, Psychoanalysis, Sexual Difference. Durham: Duke University Press, 2001.

Weed, Elizabeth. Feminist Psychoanalytic Literary Criticism. *In*: Rooney, Ellen. *The Cambridge Companion to Feminist Literary Theory*. Cambridge: Cambridge University Press, 2006. p. 261-280.

Weed, Elizabeth. Gender and Sexual Difference in Joan W. Scott: From the "Useful" to the "Impossible". *In*: Butler, Judith; Weed, Elizabeth (eds.). *The Question of Gender*: Engaging with Joan W. Scott's Critical Feminism. Bloomington: Indiana University Press, 2012.

Whitford, Margaret (ed.). *The Irigaray Reader*. Oxford: Blackwell Publishers, 1991.

Wiegman, Robyn. Feminism, Institutionalism, and the Idiom of Failure. *differences*, v. 11, n. 3, p. 107-136, 1999-2000.

Wiegman, Robyn. What Ails Feminist Criticism? A Second Opinion. *Critical Inquiry*, v. 25, n. 2, p. 362-379, 1999.

Wilson, Kathleen. *The Island Race*: Englishness, Empire, and Gender in the Eighteenth Century. London: Routledge, 2003.

Wright, Elizabeth (ed.). *Feminism and Psychoanalysis*: A Critical Dictionary. Oxford: Basil Blackwell, 1992.

Young, Iris Marion. The Logic of Masculinist Protection: Reflections on the Current Security State. *Signs*, v. 29, n. 1, p. 1-25, 2003.

Zimmerman, Andrew. *Alabama in Africa*: Booker T. Washington, the German Empire and the Globalization of the New South. Princeton: Princeton University Press, 2010.

Žižek, Slavoj. *The Plague of Fantasies*. London: Verso, 1997.

Žižek, Slavoj. *The Sublime Object of Ideology*. London: Verso, 1989.

Agradecimentos

Por sua contribuição crítica a estes ensaios, quero agradecer a Andrew Aisenberg, Wendy Brown, Judith Butler, Gil Chaitin, Brian Connolly, Éric Fassin, Françoise Gaspard, Ben Kafka, Saba Mahmood, Miglena Nikolchina, Claude Servan-Schreiber, Judith Surkis e Elizabeth Weed. Também sou grata a leitores anônimos da Duke University Press e Ken Wissoker, que, mais de uma vez, me mandou de volta à estaca zero em um esforço para que o livro ficasse bom. Como sempre, à atenção cuidadosa e paciente de Nancy Cotterman com os detalhes do manuscrito; à generosa disposição de Donne Petito em ajudar e à assessoria competente de Laura McCune, que não apenas facilitou meu trabalho, como também o tornou melhor. À equipe da biblioteca do Institute for Advanced Study, particularmente Marcia Tucker, que ofereceu um apoio valioso pelo qual sou grata.

Este livro é dedicado a Denise Riley, cuja criatividade intelectual por muito tempo enriqueceu meu pensamento e cuja amizade enriquece minha vida.

Este livro foi composto com tipografia Bembo Std e impresso em papel Off-White 70 g/m² na Formato Artes Gráficas.